中华人民共和国保险法

注释本

法律出版社法规中心 编

法律出版社
LAW PRESS CHINA
·北 京·

图书在版编目（CIP）数据

中华人民共和国保险法注释本／法律出版社法规中心编. --7版. --北京：法律出版社，2025. --（法律单行本注释本系列）. --ISBN 978-7-5197-9725-6

Ⅰ. D922.284.5

中国国家版本馆CIP数据核字第2024WJ1934号

中华人民共和国保险法注释本
ZHONGHUA RENMIN GONGHEGUO BAOXIANFA ZHUSHIBEN

法律出版社法规中心 编

责任编辑 董 昱
装帧设计 李 瞻

出版发行 法律出版社
编辑统筹 法规出版分社
责任校对 张红蕊
责任印制 耿润瑜
经　　销 新华书店

开本 850毫米×1168毫米 1/32
印张 9.875　　**字数** 280千
版本 2025年1月第7版
印次 2025年1月第1次印刷
印刷 涿州市星河印刷有限公司

地址：北京市丰台区莲花池西里7号（100073）
网址：www.lawpress.com.cn
投稿邮箱：info@lawpress.com.cn
举报盗版邮箱：jbwq@lawpress.com.cn

销售电话：010-83938349
客服电话：010-83938350
咨询电话：010-63939796

书号：ISBN 978-7-5197-9725-6
定价：28.00元

凡购买本社图书，如有印装错误，我社负责退换。电话：010-83938349

编辑出版说明

现代社会是法治社会,社会发展离不开法治护航,百姓福祉少不了法律保障。遇到问题依法解决,已经成为人们处理矛盾、解决纠纷的不二之选。然而,面对纷繁复杂的法律问题,如何精准、高效地找到法律依据,如何完整、准确地理解和运用法律,日益成为人们"学法、用法"的关键所在。

为了帮助读者快速准确地掌握"学法、用法"的本领,我社开创性地推出了"法律单行本注释本系列"丛书,至今已十余年。本丛书历经多次修订完善,现已出版近百个品种,涵盖了社会生活的重要领域,已经成为广大读者学习法律、应用法律之必选图书。

本丛书具有以下特点:

1. 出版机构权威。成立于1954年的法律出版社,是全国首家法律专业出版机构,始终秉承"为人民传播法律"的宗旨,完整记录了中国法治建设发展的全过程,享有"社会科学类全国一级出版社"等荣誉称号,入选"全国百佳图书出版单位"。

2. 编写人员专业。本丛书皆由相关法律领域内的专业人士编写,确保图书内容始终紧跟法治进程,反映最新立法动态,体现条文本义内涵。

3. 法律文本标准。作为专业的法律出版机构,多年来,我社始终使用全国人民代表大会常务委员会公报刊登的法律文本，积淀了丰富的标准法律文本资源，并根据立法进度及时更新相关内容。

4. 条文注解精准。本丛书以立法机关的解读为蓝本，给每个条文提炼出条文主旨，并对重点条文进行注释，使读者能精准掌握立法意图，轻松理解条文内容。

5. 典型案例释疑。本书在相应条文下收录典型案例，提炼裁判理由，以精准释法解疑。

6. 配套附录实用。书末“附录”部分收录的均为重要的相关法律、法规和司法解释，使读者在使用中更为便捷，使全书更为实用。

需要说明的是，本丛书中“适用提要”“条文主旨”“条文注释”等内容皆是编者为方便读者阅读、理解而编写，不同于国家正式通过、颁布的法律文本，不具有法律效力。本丛书不足之处，恳请读者批评指正。

我们用心打磨本丛书，以期待为法律相关专业的学生释法解疑，致力于为每个公民的合法权益撑起法律的保护伞。

法律出版社法规中心

2024 年 12 月

目　　录

中华人民共和国保险法

附　录

《中华人民共和国保险法》适用提要

《中华人民共和国保险法》（以下简称《保险法》）于1995年6月30日通过，自1995年10月1日起施行。于2002年10月28日修正，自2003年1月1日起施行。此次修正主要侧重于对保险监管部分的进一步完善。

2009年2月28日第十一届全国人民代表大会常务委员会第七次会议审议通过了修订后的《保险法》，自2009年10月1日起施行。2009年《保险法》最核心的三大变化是突出了保护被保险人，突出了加强监管和防范风险，突出了拓宽保险服务领域。2009年《保险法》共8章187条。在结构上，2009年《保险法》将第2章"保险合同"中原第2节和第3节位置调换，将"人身保险合同"一节放在了"财产保险合同"的前面。这一调整不仅说明了近年来人身保险规模的不断壮大，更在于体现以人为本的思想。同时，2009年《保险法》将原第5章和第6章位置调换，把"保险代理人和保险经纪人"规定在第5章，"保险业监督管理"规定在第6章，从体例上体现出将保险代理人和保险经纪人一并纳入监管的决心，立法技术更加科学。

此后，《保险法》经过两次修正。第一次是根据第十二届全国人民代表大会常务委员会第十次会议于2014年8月31日通过的《全国人民代表大会常务委员会关于修改〈中华人民共和国保险法〉等五部法律的决定》修正，第二次是根据第十二届全国人民代表大会常务委员会第十四次会议于2015年4月24日通过的《全国人民代表大会常务委员会关于修改〈中华人民共和国计量法〉等五部法律的决定》修正。其中2015年修正的重点，主要集中在取消保险销售从业人员、保险代理人、保险经纪人等从业人员的资格核准等行政审批事项上，系为了落实《第十二届全国人民代表大会第一次会议关于国务院机构改革和职能转变方案的决定》，依法推进行政审批制度改革和政府职能转变，促进和保障政府管理由事前审批更多地转为事中事后监管。

《保险法》经过历次修改后，在实践中应重点注意以下问题：

一、关于保险专营和分业经营

《保险法》第6条规定："保险业务由依照本法设立的保险公司以及法律、行政法规规定的其他保险组织经营，其他单位和个人不得经营保险业务。"该条重申了保险专营的思想。同时，考虑到在保险公司以外，还可能有一些其他性质的保险组织，如相互保险组织、互助合作保险组织等也从事保险活动，法律为这些组织将来可能被纳入商业保险范畴预留了口子，故该条规定"以及法律、行政法规规定的其他保险组织经营"。

《保险法》第8条规定："保险业和银行业、证券业、信托业实行分业经营、分业管理，保险公司与银行、证券、信托业务机构分别设立。国家另有规定的除外。"该条明确了金融行业内分业经营、分业管理的原则，但国家可以根据政策需要作出一定的调整，这为今后政策调整预留了口子。

二、关于保险利益

《保险法》第12、31、48条等条文对保险利益的概念进行了界定，并区分人身保险与财产保险的不同特点，对保险利益的确定时点作了规定。这主要有三个方面值得关注：首先，对于人身保险，法律要求投保人对被保险人具有保险利益；对于财产保险，法律要求被保险人对保险标的具有保险利益。其次,保险利益是投保人或者被保险人对保险标的具有的法律上承认的利益。最后,保险利益的确定时点的规定更加科学。人身保险要求在保险合同订立时,投保人对被保险人必须具有保险利益;财产保险则要求在保险事故发生时,被保险人对保险标的必须具有保险利益。

三、关于保险合同的生效

《保险法》提出了保险合同生效的概念。首先,“依法成立的保险合同,自成立时生效”。其次,针对在实务中,很多保险公司也会约定保险单生效的条件或期限的做法,本法予以了明确。例如,人身保险条款中常约定“本合同自本公司同意承保、收取保险费并签发保险单的次日零时起生效”;财产保险条款中一般不约定生效时间,而是在保险单中载明具体生效日期,或者在团体保险的承保协议中约定自交付保险费后次日起生效。《保险法》明确规定,“投保人和保险人可以对合同的效力约定附条件或者附期限”。

四、关于投保人的如实告知义务

投保人的如实告知义务是保险合同最大诚信原则的重要体现。关于如实告知义务,应注意以下几个方面:第一,《保险法》进一步明确了告知义务以保险人的询问为限;保险人没有询问的,投保人不负有主动告知的义务。但是,至于保险人的询问采取哪种方式(书面、口头或者其他方式),法律没有进一步明确。第二,《保险法》规定,构成保险人解除合同的条件为“故意”或者“重大过失”,而非“过失”。即只有投保人的主观过错达到“重大过失”的程度,保险人才可以解除保险合同。至于什么是“重大过失”,法律没有规定,在发生纠纷时将由法官酌情确定。依民法的理论,行为人严重违反普通人的注意义务才构成“重大过失”。第三,《保险法》对于“故意”或者因“重大过失”未履行如实告知义务的情形下,保险人可以解除合同的条件,规定了“足以影响保险人决定是否同意承保或者提高保险费率”的要求。换言之,如果投保人故意或者因重大过失未告知的事项和保险人是否同意承保或者提高保险费率无关,保险人就不得因此而解除合同。第四,《保险法》规定,“保险人在合同订立时已经知道投保人未如实告知的情况的,保险人不得解除合同”。这在英美法系保险法理论中被称为“弃权与禁止反言”规则,是保险合同最大诚信原则的重要内容。当然,对保险人已经知道的事实,投保人应负举证责任。

五、关于免责条款的明确说明义务

《保险法》第 17 条对免责条款的明确说明义务作出了规定,应注意:第一,《保险法》规定,保险人向投保人提供投保单时应当附格式条款。第二,《保险法》要求保险公司“在投保单、保险单或者其他保险凭证上作出足以引起投保人注意的提示”,但《保险法》没有对明确说明义务如何履行作出规定,实践中,多是保险公司在保险条款上对免责条款加粗或以斜体字形式提示并在投保单中由投保人声明已经知悉免责条款事项。第三,关于履行明确说明义务的方式,《最高人民法院研究室关于对〈保险法〉第十七条规定的“明确说明”应如何理解的问题的答复》提出的履行标准有借鉴意义。该答复指出:“明确说明”是指保险人在与投保人签订保险合同之前或者签订保险合同之时,对于保险合同中所约定的免责条款,除了在保险单上提示投保人注意外,还应当对有关免责条款的概念、内容及其法律后果等,以书面或者口头形式向投保人或其代理人作出解释,以使投保人明了该条款的真实含义和法律后果。

六、关于格式条款的不利解释

《保险法》第 30 条规定:“采用保险人提供的格式条款订立的保险合同,保险人与投保人、被保险人或者受益人对合同条款有争议的,应当按照通常理解予以解释。对合同条款有两种以上解释的,人民法院或者仲裁机构应当作出有利于被保险人和受益人的解释。”

关于格式条款的不利解释原则,《中华人民共和国民法典》第498条规定为“对格式条款的理解发生争议的,应当按照通常理解予以解释。对格式条款有两种以上解释的,应当作出不利于提供格式条款一方的解释。格式条款和非格式条款不一致的,应当采用非格式条款”。但是,以往实务中有些司法机关在审理保险合同条款争议时,一味地强调对被保险人利益的保护,对保险条款不按通常含义理解,而只作出有利于被保险人和受益人的解释。《保险法》对此予以明确,首先,不利解释只适用于保险人提供的格式条款的解释,而不适用于保险人与投保人协商确定条款的解释;其次,其适用前提是对该格式条款有两种以上解释。

七、关于人身保险的“手续费”问题

依据《保险法》第32、37、47条解除合同的,不论投保人是否交足2年以上保险费,保险人均应当“退还保险单的现金价值”。应注意以下两个问题:第一,要注意人身保险的“手续费”构成和财产保险的“手续费”构成是不同的,人身保险的“手续费”一般高于财产保险的“手续费”。第二,《保险法》在人身保险中没有规定“手续费”的概念,而全部使用“现金价值”,但对何为现金价值没有进行界定。为此,保险公司在保险合同中应附上现金价值表或直接在保险合同中列明退还保险单的现金价值的数额或计算方法。

八、关于人身保险合同受益人的指定

《保险法》第39条第2款规定,投保人为与其有劳动关系的劳动者投保人身保险,不得指定被保险人及其近亲属以外的人为受益人。这一条款的规定主要是对应《保险法》第31条人身保险保险利益中的“与投保人有劳动关系的劳动者”。《保险法》第39条第2款内容就是杜绝企业为职工投保后,又指定企业为受益人的现象,有利于增强对企业员工的保障。需要注意的是,结合《保险法》第 34 条的规定,以死亡为给付保险金条件的合同,仍需被保险人同意并认可保险金额,否则保险合同无效。

九、关于责任保险中第三人的请求权

《保险法》第 65 条规定,责任保险的被保险人给第三者造成损害,被保险人对第三者应负的赔偿责任确定的,根据被保险人的请求,保险人应当直接向该第三者赔偿保险金。被保险人怠于请求的,第三者有权就其应获赔偿部分直接向保险人请求赔偿保险金。责任保险的被保险人给第三者造成损害,被保险人未向该第三者赔偿的,保险人不得向被保险人赔偿保险金。

针对这一规定,主要应注意以下三个方面:第一,在商业三责险中,根据被保险人的请求,保险人应当直接向该第三者赔偿保险金。被保险人怠于请求的,第三者有权就其应获赔偿部分直接向保险人请求赔偿保险金。而"被保险人怠于请求",需要第三者举证证明。第二,《保险法》要求在责任保险的被保险人向第三者赔偿前,保险人不得向被保险人赔偿保险金。第三,实务中较有争议的问题是,在车辆商业三责险诉讼中,受害第三者是否可以将保险公司一并作为被告。根据《保险法》的规定,第三者将保险公司作为道路交通事故案件的被告是有法律依据的。

十、关于保险公司

2009 年修订时对《保险法》第 3 章"保险公司",作了较大幅度的修改:

(一)取消对保险公司组织形式的限制

2002 年《保险法》规定,保险公司只能采用股份公司或者国有独资公司形式;2009 年《保险法》取消了保险公司组织形式的限制性规定。保险公司的组织形式适用《中华人民共和国公司法》的规定,既可采用股份有限公司的形式,也可采用有限责任公司的形式。保险业务,也可以由保险公司以外的其他依法设立的保险组织经营。

（二）严格规定保险公司的设立条件

一是严格了保险公司主要股东的资格条件。2002 年《保险法》对保险公司股东的资格条件没有限制性规定。2009 年《保险法》规定：设立保险公司，其主要股东应具有持续盈利能力，信誉良好，最近 3 年内无重大违法违规记录，且净资产不低于人民币 2 亿元。这实际上将保险公司的主要股东限制为必须是实力雄厚的企业法人，自然人几乎不可能成为保险公司的主要股东。二是对保险公司的注册资本形式作了更严格的规定。2002 年《保险法》规定，保险公司注册资本最低限额必须是实缴货币资本。2009 年《保险法》规定：保险公司的注册资本必须是实缴货币资本。

（三）明确保险公司董事、监事和高级管理人员的资格条件

2002 年《保险法》对保险公司董事、监事和高级管理人员的资格条件缺乏明确规定；2009 年《保险法》增加了担任保险公司董事、监事和高级管理人员应具备的资格条件的规定，并规定保险公司的高级管理人员在任职前必须取得保险监督管理机构核准的任职资格，保险公司高级管理人员的范围由国务院保险监督管理机构具体规定。这里的具体规定是指《保险公司董事、监事和高级管理人员任职资格管理规定》。

中华人民共和国保险法

（1995 年 6 月 30 日第八届全国人民代表大会常务委员会第十四次会议通过　根据 2002 年 10 月 28 日第九届全国人民代表大会常务委员会第三十次会议《关于修改〈中华人民共和国保险法〉的决定》第一次修正　2009 年 2 月 28 日第十一届全国人民代表大会常务委员会第七次会议修订　根据 2014 年 8 月 31 日第十二届全国人民代表大会常务委员会第十次会议《关于修改〈中华人民共和国保险法〉等五部法律的决定》第二次修正　根据 2015 年 4 月 24 日第十二届全国人民代表大会常务委员会第十四次会议《关于修改〈中华人民共和国计量法〉等五部法律的决定》第三次修正）

第一章　总　　则

第一条　【立法目的】[①]为了规范保险活动，保护保险活动当事人的合法权益，加强对保险业的监督管理，维护社会经济秩序和社会公共利益，促进保险事业的健康发展，制定本法。

条文注释[②]

本条是对本法立法目的的规定。

本法的立法目的是：

---

①② 条文主旨、条文注释为编者所加，仅供参考。

1. 规范保险活动

制定《保险法》的基本目的，是确立商业保险活动应遵守的基本规则，规范保险活动。本法集调整保险合同关系的法律规范和保险业管理的法律规范于一体，总结我国保险业发展的实践经验，研究借鉴国外的保险立法例，对从事保险合同活动应遵循的基本原则、保险合同当事人的权利义务、保险公司及保险中介机构的设立条件及基本行为规范、保险经营规则、保险业监督管理，以及违反本法行为的法律责任等作了明确规定，确立了从事保险活动和对保险业实施监督管理应遵循的基本法律规范。

2. 保护保险活动当事人的合法权益

本法对保险合同的订立、履行、变更、解除过程中当事人的权利义务作了明确规定，为公平保护投保人、被保险人和保险人等保险活动当事人的合法权益提供了法律保障。

3. 加强对保险业的监督管理

确立保险业监管的基本法律制度，依法对保险业实施监督管理，是本法的重要立法目的之一。本法通过以确立严格的商业保险行业准入条件，规范保险公司及保险中介机构的经营行为，强化对保险公司偿付能力监管等为主要内容的保险业监督管理的基本规则，规定了对保险业的监管原则、监管内容、监管机构和监管措施，为加强对保险业的监督管理提供了明确的法律依据。

4. 维护社会经济秩序和社会公共利益，促进保险事业的健康发展

商业保险作为风险管理的重要手段，对社会的稳定和经济的健康发展，对企业的持续经营和扩大再生产，对保障个人及其家庭的财产安全、生活安定、人身健康，都有重要意义。制定《保险法》，依法规范保险活动，加强对保险业的监督管理，对于促进保险业健康发展，维护社会经济秩序和社会公共利益，具有重要意义。

第二条 【保险的定义】本法所称保险，是指投保人根据合同约定，向保险人支付保险费，保险人对于合同约定的可能发生的事故因其发生所造成的财产损失承担赔偿保险金责任，或者当被保险人死亡、伤残、疾病或者达到合同约定的年龄、期限等条件时承担给付保险金责任的商业保险行为。

条文注释

本条对保险的定义作出规定。

保险是一种社会化的安排，是面临风险的人们通过保险人组织，使个人风险得以转移、分散，转由保险人组织保险基金，集中承担。即被保险人如果发生损失或者发生约定的事由，则可以从保险基金中获得补偿。

根据是否以营利为目的，保险可以分为商业保险、社会保险和政策性保险。商业保险是指按照商业规律经营的，以营利为目的的保险。社会保险是指通过国家立法的形式强制实施的，不以营利为目的的保险，其险种主要有：企业职工基本养老保险、职工基本医疗保险、工伤保险、失业保险、社会生育保险等。政策性保险是指以支持国家经济政策为目的、通常受到政府财政税收政策支持的非营利性保险，如出口信用保险、农业保险等。根据本条的规定，只有商业保险才适用本法的规定；而社会保险以及政策性保险一般均由特别立法予以规定，因此应当适用这些特别立法，而不适用《保险法》。

商业保险是由投保人与保险人通过自由订立合同来确立投保人、被保险人、受益人以及保险人之间的权利义务关系的保险形式。该保险合同不得违反法律的强制性规定，特别是不得违反《保险法》以及合同的相关强制性规定。

第三条 【适用范围】在中华人民共和国境内从事保险活动，适用本法。

条文注释

本条规定了本法的适用范围。

按照本条规定，在我国境内从事保险活动，包括保险合同的订立、履行、变更、解除，保险活动各方当事人权利义务的确定，保险公司的设立和保险经营规则，保险中介机构的行业规范，保险监督管理机构对保险业的监督管理活动等，适用本法规定。香港和澳门特别行政区的保险活动，依照两个特别行政区基本法的相关规定，应适用特别行政区的相关法律规定，不适用本法。

第四条 【合法原则】从事保险活动必须遵守法律、行政法规，尊重社会公德，不得损害社会公共利益。

条文注释

本条是对保险活动合法原则的规定。

合法中的"法"从效力层级上讲应是广义上的法，既包括成文的法律与行政法规，也包括社会公德与社会公共利益。虽然本条没有将国务院各部委的行政规章与最高人民法院、最高人民检察院的司法解释包括进来，但从实践效果来看，上述两种行为规范也对保险活动起规制作用，当事人需要遵守。另外，从事保险活动还必须尊重社会公德。社会公德是指社会所公认的调整社会生活中人们之间的关系，维护社会公共生活秩序的行为规范。保险活动同其他市场活动一样，也应当遵守社会公德，不得损害社会公共利益。

第五条 【诚实信用原则】保险活动当事人行使权利、履行义务应当遵循诚实信用原则。

条文注释

本条对诚实信用原则作出了一般性的规定。

保险活动是民商事活动的一种，在《保险法》中明确规定诚实信用原则，有利于与处于基础地位的法律衔接，也有利于当事人对法律制度的理解与适用。

诚实信用原则主要体现在投保人与保险人之间，综合目前实践中保险合同及有关保险法律法规的规定，该原则表现在：对投保人与被保险人规定了告知与保证的义务；对保险人规定了“弃权与禁止反言”的义务。告知，是指在订立保险合同过程中，投保人对已知和应知的与保险标的及其风险程度有关的实质性重要事项如实向保险人做口头或书面陈述。保证，是指投保人或被保险人对在保险期限内的特定事项作为或不作为向保险人做担保或承诺。保证分为明示保证和默示保证。弃权，是指合同一方出于某种目的以明示或默示方式表示放弃其在保险合同中的某种权利。禁止反言，是指放弃权利的一方日后不得再向对方重新主张这种权利。

第六条　【经营主体】保险业务由依照本法设立的保险公司以及法律、行政法规规定的其他保险组织经营，其他单位和个人不得经营保险业务。

条文注释

本条是对保险专营原则的规定。

依据保险专营原则，只能由依法设立的保险公司以及法律、行政法规规定的其他保险组织经营保险业务，其他个人和单位均无权经营保险业务。

1. 保险业务

根据《关于取缔非法商业保险机构和非法商业保险业务活动有关问题的通知》的规定，保险业务活动应为“向社会公众收取保险费，并承诺按合同约定承担保险金赔偿或者给付责任的保险业务活动”，或者“以保险费以外的名义向社会公众收取费用，但承诺履行的义务中含有保险金赔偿、给付责任或者其他类似风险保障责任的活动”，即为保险机构的承保行为，但不包括保险中介机构的保险中介行为。

2. 专营的主体

从事保险业务的机构，既可以包括依照《保险法》与《公司法》①设立的保险公司，也可以包括依照法律、行政法规设立的其他保险

① 为便于阅读，“条文注释”及“关联规定”中的法律法规名称均使用简称。

组织。

保险公司,是指依照我国《保险法》和《公司法》设立的,经国务院保险监督管理机构批准的,经营商业保险业务的金融机构。依照本法的规定,我国保险公司的类型主要有有限责任公司、股份有限公司、相互保险公司以及集团公司等。其中,相互保险公司是所有参加保险的人为自己办理保险而合作成立的法人组织。这种公司类型是与有限责任公司以及股份有限公司相并列的一种公司形式,但其是保险业特有的公司组织形态,也是相互制保险组织中最主要的组织形式。此外,保险公司可以通过组建控股或集团公司,下设财产保险子公司、寿险子公司、资产管理子公司、保险代理子公司和保险经纪子公司的方式来实现集团化经营。

本条中的"其他保险组织",是指依法设立、登记,以经营保险为业且不采取公司制的机构。一般而言,其他保险组织主要有以下几种形式:(1)相互保险社;(2)交互保险社;(3)保险合作社;(4)行业自保组织。上述其他保险组织只有经过法律、行政法规的规定认可才能正式设立,并合法地从事保险业务。

第七条 【境内投保】在中华人民共和国境内的法人和其他组织需要办理境内保险的,应当向中华人民共和国境内的保险公司投保。

条文注释

本条是对强制境内保险规则的规定。即位于中国境内的机构投保中国境内保险的,只能向中国境内的保险机构投保。

强制境内保险规则便于保险人对保险事故及时勘验理赔,有利于被保险人及时获偿,也有利于维护保险当事人的权益。理解本规则需要注意以下条件:

(1)投保人是在中国境内的"法人和其他组织"。强制境内投保只限于在中国境内的法人和其他组织;对于在中国境内的个人,法律没有规定必须境内投保,其可以自由选择保险公司。

(2)依本条规定,在我国境内的法人和其他组织应当向中国境内的保险公司投保;其分支机构如果在境外或财产在境外,需要向当地国家或地区的保险公司投保,不受本条的限制。

(3)我国境内的保险公司,是指中国的保险公司以及经批准在我国境内的中外合资保险公司和外国保险公司(分公司)。

第八条 【分业经营、分业管理】保险业和银行业、证券业、信托业实行分业经营、分业管理,保险公司与银行、证券、信托业务机构分别设立。国家另有规定的除外。

条文注释

本条是对保险业需与其他金融行业分业经营、分业管理的原则所作出的规定。

本法第6条是对保险专营原则的规定,强调保险业务只能由保险公司以及其他合法保险组织经营,此外的任何单位和个人均不可经营保险业务。而本条则是强调保险业与其他金融业分开经营,经营主体除经营保险业外,不得兼营保险业务以外的其他金融业务。

分业经营管理原则一方面要求保险业与其他金融行业分别经营,不可混营,保险业与其他金融行业应具备独立的核算体系;另一方面要求保险业由单独的监管机关独立监管。

需要注意的是,保险业的经营与保险产品的销售并不相同,虽然保险业务只能由依本法设立的保险公司及法律、行政法规规定的其他保险组织经营,但是其他的金融机构可以在经过批准的前提下,通过自身的渠道代理销售部分保险产品。

第九条 【监管机构】国务院保险监督管理机构依法对保险业实施监督管理。

国务院保险监督管理机构根据履行职责的需要设立派出机构。派出机构按照国务院保险监督管理机构的授权履行监督管理职责。

条文注释

本条对保险业的监管机构及监管职权作出了规定。

保险业的监管机构分为两类：中央监管机构与地方监管机构。中央监管机构为国家金融监督管理总局，地方监管机构为各地的监管局。

国务院保险监督管理机构的保险业监管职责主要包括：(1)依法依规独立对辖内保险业实行统一监督管理。(2)制定保险业监管法规、制度方面的实施细则和规定，监督相关法规、制度在辖内的落实。(3)对有关保险业机构及其业务范围实行准入管理，审查高级管理人员任职资格。(4)对有关保险业机构实行现场检查和非现场监管，开展风险与合规评估，保护金融消费者合法权益，依法查处违法违规行为。(5)统计有关数据和信息，跟踪、监测、预测辖内保险业运行情况。(6)指导和监督地方金融监管部门相关业务工作。

关联规定

《中国银保监会行政处罚办法》

第二章 保险合同

第一节 一般规定

第十条 【保险合同、投保人和保险人】保险合同是投保人与保险人约定保险权利义务关系的协议。

投保人是指与保险人订立保险合同，并按照合同约定负有支付保险费义务的人。

保险人是指与投保人订立保险合同，并按照合同约定承担赔偿或者给付保险金责任的保险公司。

条文注释

本条对保险合同、投保人以及保险人的含义作出了界定。其中投保人与保险人是保险合同的当事人，是保险合同得以成立的必备要素。

1. 保险合同

保险合同为合同各类型中的一种，是投保人与保险人约定保险权利义务关系的协议，因此具备普通合同的一般特性。同时由于保险事故发生的不确定性，保险合同又具有自身的特性。具体而言，保险合同的特征在于：

(1)保险合同是最大诚信合同。

诚信是合同的基本要求，而保险合同所要求的不是一般的相对的诚实守信，而是最大限度的诚实守信。

(2)保险合同为射幸合同。

决定保险合同射幸性质的是事故发生的偶然性。在合同有效期内，若发生保险标的的损失，被保险人从保险人处得到远远超过投保人支付保险费价值的赔偿金额；反之，若无损失发生，投保人只付出保险费而被保险人无任何收入。

(3)保险合同是双务合同。

保险人的义务是对投保人提供经济上的保障，这种经济上的保障，对投保人来说是一种期待的利益，投保人保险费的支付正是取得这种期待利益的对价。

(4)保险合同大多是附合合同。

在大多数情形下，保险合同是由保险人拟定保险合同的主要条款，投保人只能在此基础上作出投保或不投保的决定，而不能与保险人自由协商确定保险合同的主要内容。但有一些投保人经济实力很强大，对保险人而言，有较强的议价能力，也能够与保险人自由协商保险合同的内容，如为发射卫星或火箭投保。此时，保险合同不再具有附合性。

(5)保险合同是不要式合同。

投保人与保险人订立保险合同，除法律与行政法规另有规定的外,可以采用当事人接受的任何形式,包括口头形式、书面形式等。因此,保险合同的成立时间是投保人与保险人意思表示达成一致之时,也即保险人同意承保之时,而不是保险单等保险凭证作出之时。保险凭证的作出与否只具有证据效力,并不决定保险合同是否成立。

(6)投保人必须对保险标的具有保险利益。

保险利益是指投保人对保险标的具有的法律上承认的经济利益。保险利益的构成必须是为法律所认可的利益,受到法律保护;同时保险利益必须是经济利益,即可以用货币计算与估价的利益。

2. 投保人

根据本条的定义,投保人是指向保险人申请订立保险合同,并负有支付保险费义务的人。投保人又称要保人。可从以下方面理解投保人:(1)投保人可以是自然人,也可以是法人,还可以是非法人组织。(2)投保人应具有完全民事行为能力。(3)人身保险的投保人对被保险人须有保险利益。(4)投保人须依合同向保险人缴纳保险费。保险费的缴纳与否,不是保险合同成立与否的条件,除非当事人另有约定。(5)再保险合同的投保人必须有原保险中的保险人。

3. 保险人

保险人是向投保人收取保险费,在保险合同规定的保险事故发生时,对被保险人承担赔偿损失给付责任的人。保险人需依法定程序申请批准,取得经营资格才可经营保险业务。此外,保险人必须在规定的经营范围内经营保险业务。

本条第3款中规定的"按照合同约定",旨在强调保险人所履行的赔偿或者给付保险金责任实质上为合同义务,而并非法定义务。

关联规定

《民法典》第464条

第十一条　【合同订立的原则】订立保险合同，应当协商一致，遵循公平原则确定各方的权利和义务。

除法律、行政法规规定必须保险的外，保险合同自愿订立。

条文注释

本条确定了订立保险合同的公平原则与自愿原则。

1. 订立保险合同的公平原则

所谓公平原则，是指民事主体应本着公平正义的观念实施民事行为，司法机关应根据公平的观念处理民事纠纷，民事立法也应充分体现公平的观念。《民法典》第6条对此也有规定。

《保险法》强调在保险合同订立的过程中，双方当事人应当遵循公平原则，实际上是对原《民法通则》以及原《合同法》的相关规定的贯彻与延伸。根据公平原则，在保险合同中，投保人与保险人的权利与义务基本对等，不应存在明显倾向于一方的情形，除非双方当事人发自内心地、真实地同意这种利益倾斜。

2. 订立保险合同的自愿原则

自愿原则，也称意思自治原则，是指民事主体依法享有在法定范围内的广泛的行为自由，并可以根据自己的意志产生、变更、消灭民事法律关系。《民法典》第5条亦有规定。《保险法》确立的保险合同自愿原则实际上是对原《民法通则》与原《合同法》基本原则的贯彻与深化。但同时，保险合同订立由双方当事人自愿，存在以下两种例外情形：(1)如果法律或行政法规另有规定，保险合同必须订立。如果投保义务人不予投保或有资格的保险人不予承保，该投保义务人或有资格的保险人需要承担相应的法律责任。(2)保险合同内容违反了法律中的强制性规范的，该内容应当无效，即使该条款是当事人双方"自愿"订立的。

除自愿保险以外还有一类保险是根据法律、行政法规规定必须参加的保险，也即法定保险。现行法律规定必须参加的保险主要有：《旅游法》规定的旅行社责任保险；《海洋环境保护法》规定的船舶油污责任保险;《公证法》规定的公证执业责任保险;《企业破产法》规定的个人担任破产管理人应当参加的执业责任保险;《合伙企业法》规定的特殊普通合伙企业应当办理的职业保险;《道路交通安全法》规定的机动车第三者责任强制保险;《突发事件应对法》规定的地方各级人民政府、县级以上人民政府有关部门、有关单位应当为其组建的应急救援队伍购买人身意外伤害保险。目前由行政法规规定的必须参加的保险主要有:《内河交通安全管理条例》规定的船舶污染损害责任保险、沉船打捞责任保险;《防治海洋工程建设项目污染损害海洋环境管理条例》规定的污染损害民事责任保险;《道路运输条例》规定的旅客或者危险货物承运人责任险。除法律、行政法规规定必须保险的以外,都应是自愿保险,由投保人自行决定是否参加,保险公司和其他单位不得强制他人订立保险合同。

关联规定

《民法典》第5、6条

第十二条 【保险利益】人身保险的投保人在保险合同订立时,对被保险人应当具有保险利益。

财产保险的被保险人在保险事故发生时,对保险标的应当具有保险利益。

人身保险是以人的寿命和身体为保险标的的保险。

财产保险是以财产及其有关利益为保险标的的保险。

被保险人是指其财产或者人身受保险合同保障,享有保险金请求权的人。投保人可以为被保险人。

保险利益是指投保人或者被保险人对保险标的具有的法律上承认的利益。

条文注释

本条对保险利益作出规定。

保险利益,是指投保人或被保险人对保险标的具有的法律上认可的利益,又称可保利益。保险利益产生于投保人或被保险人与保险标的物之间的经济联系。构成保险利益应当具备以下三个条件:(1)保险利益必须是合法的,是法律上承认并且可以主张的利益,投保人不得以非法所得的利益作为保险合同的标的;(2)保险利益必须是确定的、可以实现的利益,仅由投保人主观上认定存在而在客观实际中并不存在的利益不得作为保险利益;(3)保险利益必须是经济上的利益,由于保险是以补偿损失为目的,如果损失不是经济上的利益,不能用货币来衡量,则损失无法补偿。如果投保人或被保险人对保险标的不具有法律所认可的保险利益,保险合同将无效。

本条第1款对人身保险的保险利益时间效力范围作出了规定。依据本款规定,人身保险的保险利益应存在于保险合同订立时。即在人身保险中,在保险事故发生时,不追究投保人或被保险人与保险标的间是否具有保险利益,即使不具有保险利益,保险合同仍然有效。如投保人为其配偶投保人身险,即使在保险期限内该夫妻离婚,保险合同依然有效,保险事故发生后,保险公司仍须按规定给付保险金。

本条第2款对财产保险的保险利益时间效力范围作出了规定。依据本款规定,财产保险的被保险人在保险事故发生时,对保险标的应当具有保险利益。如果合同订立时具有保险利益,而当保险事故发生时不具有保险利益,被保险人不得向保险人请求赔偿保险金。如果订立合同时被保险人对保险标的不具有保险利益,但是发生保险事故时又具有保险利益,该保险合同仍然有效,保险人需要承担赔付保险金的责任。

关联规定

《保险法》第31、48条

第十三条 【保险合同的成立和生效】投保人提出保险要求，经保险人同意承保，保险合同成立。保险人应当及时向投保人签发保险单或者其他保险凭证。

保险单或者其他保险凭证应当载明当事人双方约定的合同内容。当事人也可以约定采用其他书面形式载明合同内容。

依法成立的保险合同，自成立时生效。投保人和保险人可以对合同的效力约定附条件或者附期限。

条文注释

本条对保险合同的成立和生效作出规定。

1. 保险合同的成立时间与形式

(1)本条第1款对保险合同的成立时间作出了明确规定。保险合同成立于保险人同意承保时；保险单以及其他保险凭证的签发只是保险合同成立后，保险人应当履行的法定义务而已，并不是保险合同成立的标志与时间点。

(2)保险合同成立后，保险人应当及时向投保人签发保险单或者其他保险凭证。由此可见，保险人对保险凭证等书面证明材料的签发并不是保险合同成立或生效的必备要件，只是保险合同成立之后，保险人为证明保险合同之存在，明确双方当事人的权利义务关系而履行法定义务所作出的证明材料。因此，保险合同应是不要式合同，而并非要式合同。

2. 保险单等保险凭证的性质

根据本条第2款的规定，保险单等保险凭证应当载明当事人双方约定的内容，即载明保险合同的内容，也即投保人与保险人的权利与义务。由此可见，保险单等保险凭证只是保险合同的载体之一，并且是书面形式的载体。因此，保险单等保险凭证只是作为证明保险合同内容的证明材料，在无特别约定的情形下，对保险合同的成立与生效并不产生影响。

3. 保险合同的生效时间

《保险法》与《民法典》对保险合同的生效时间规定一致，在法律、行政法规没有特别规定的情形下，保险合同自成立时生效。即如无其他例外情形，保险合同自成立时即产生法律约束力，双方当事人必须按照合同的约定履行义务。投保人必须履行交付保险费的义务，保险人必须承担保险事故发生后或满足条件时给付保险金的义务。如果双方当事人中有人不按约定履行自己的义务，即构成违约。

但保险合同的生效时间也可以因为法定或约定而有所变化。

如果法律、行政法规规定保险合同必须在办理批准、登记手续后才能生效，该保险合同必须依法办理相应的手续后才发生效力。在此之前，保险合同不具有法律约束力，投保人或保险人均不需要按照保险合同约定的内容承担义务。

保险合同如果附停止条件，只有在该条件成就之后，保险合同才能生效，保险合同的双方当事人才需要按照保险合同的约定履行各自的义务；如果条件没有成就，保险合同只是成立，但并没有生效，双方当事人也不必按照保险合同的约定承担义务。

当事人也可约定保险合同附始期，保险合同附始期的效力与保险合同附停止条件的效力完全相同。

关联规定

《民法典》第 469－472、479 条

《最高人民法院关于适用〈中华人民共和国保险法〉若干问题的解释(一)》(以下简称《保险法解释(一)》)第 1、2 条

《最高人民法院关于适用〈中华人民共和国保险法〉若干问题的解释(二)》(以下简称《保险法解释(二)》)第 3、4 条

第十四条　【投保人与保险人主要义务】保险合同成立后，投保人按照约定交付保险费，保险人按照约定的时间开始承担保险责任。

条文注释

本条是对保险合同中投保人与保险人主要义务的规定。

保险合同成立后,投保人的主要义务是在合同成立后按约定交付保险费,而保险人的主要义务则是在保险合同成立后依约定的时间开始承担保险责任。

保险责任,是指保险人承担的经济损失补偿或人身保险金给付的责任。即当保险合同中约定的保险事故发生时,保险人所负的赔偿责任,包括损害赔偿、责任赔偿、保险金给付、施救费用、救助费用、诉讼费用等。

保险费,是指投保人为取得保险保障,按合同约定向保险人支付的费用。保险费的主要特性在于:(1)保险费的必须性。如果投保人不按照保险合同约定的义务缴纳保险费,保险基金池就无法形成,保险人也就无法按照约定承担保险责任,保险的作用自然无法实现。(2)保险费的保障性。由于保险事故的发生具有或然性,因此投保人支付保险费后,并不必然地获得保险金的赔偿或给付。但被保险人所获得的是承诺,即只要发生约定的保险事故或达到约定标准,就肯定能依照保险合同的约定获得保险人支付的保险金。

依照《保险法》第13条第3款的规定,保险合同只要依法成立,如无特别约定,自成立时即依法产生效力。依照本条的规定,保险合同成立且同时生效,之后保险合同的双方当事人,即投保人与保险人需要按照保险合同的约定承担各自的义务。投保人的义务是按照约定支付保险费,保险人的义务是按照约定的时间开始承担保险责任。从本条立法上看,支付保险费与承担保险责任是两个平行的义务,两者没有任何的交叉,支付保险费义务的履行或不履行不会影响保险责任的承担,也不会反过来对合同的成立与生效产生特别的影响。

但是,例外之处有两点:(1)当事人可以在保险合同中通过约定的方式,将保险责任的承担与否以及承担时间与保险费的支付与否以及支付时间联系起来。由于这种约定并不违反强行法的规范,因此该约定有效,当事人间的义务按照该特别约定处理。(2)如果投保人不支付保险费,保险人可以依照《民法典》第525条或第526条的规定，主张同时履行抗辩权或顺序履行抗辩权，中止履行，待投保人交付保险费后再履行自己的义务。

第十五条　【保险合同的解除权】除本法另有规定或者保险合同另有约定外，保险合同成立后，投保人可以解除合同，保险人不得解除合同。

条文注释

本条是对保险合同中投保人任意解除权的规定。

合同解除权，是指在法律规定或合同约定的合同解除条件成就时，当事人一方或双方所享有的可以单方解除合同的权利。解除权行使之后发生合同解除的效果。解除权的行使不需要对方当事人的同意，只需要解除权一方通知对方，通知到达时合同被解除。

依据本条的规定，在一般情形下，投保人可以任意解除保险合同，即投保人的保险合同解除权基本上是不受限制的。但本法对投保人的任意解除权作出了缓和规定，即当立法有特别规定或当事人有特别约定的时候，投保人不得行使该任意解除权。按照本法第50条的规定，“货物运输保险合同和运输工具航程保险合同，保险责任开始后，合同当事人不得解除合同”。根据这一规定，货物运输保险合同和运输工具航程保险合同的投保人，在保险责任开始后就不能解除保险合同，这是由这两种保险合同的性质和特点决定的。另外，如果保险合同已明确约定某些特殊情况下不得解除保险合同，那么在出现约定的这些情况时，投保人也不得任意解除合同。

投保人行使任意解除权，必须是在保险合同成立后，且必须要有行使解除权的行为。一般而言，解除权的行使需以通知的方式进行。在解除合同的通知到达保险人时，通知生效，合同被解除。

关联规定

《民法典》第562－566条

第十六条　【如实告知义务】订立保险合同,保险人就保险标的或者被保险人的有关情况提出询问的,投保人应当如实告知。

投保人故意或者因重大过失未履行前款规定的如实告知义务,足以影响保险人决定是否同意承保或者提高保险费率的,保险人有权解除合同。

前款规定的合同解除权,自保险人知道有解除事由之日起,超过三十日不行使而消灭。自合同成立之日起超过二年的,保险人不得解除合同;发生保险事故的,保险人应当承担赔偿或者给付保险金的责任。

投保人故意不履行如实告知义务的,保险人对于合同解除前发生的保险事故,不承担赔偿或者给付保险金的责任,并不退还保险费。

投保人因重大过失未履行如实告知义务,对保险事故的发生有严重影响的,保险人对于合同解除前发生的保险事故,不承担赔偿或者给付保险金的责任,但应当退还保险费。

保险人在合同订立时已经知道投保人未如实告知的情况的,保险人不得解除合同;发生保险事故的,保险人应当承担赔偿或者给付保险金的责任。

保险事故是指保险合同约定的保险责任范围内的事故。

条文注释

本条是对投保人告知义务的规定。

1. 投保人的告知义务

告知是指投保人在签订和履行保险合同过程中,将其知道或者应当知道的有关保险标的的重要情况如实地向保险人进行说明。告知义务的法理依据在于保险合同是最大诚信合同,投保人远比保险人更了解保险标的的情况,履行告知义务是投保人的法定义务。

各国保险立法上,告知范围的确定有两种形式,即无限告知主义和询问告知主义。无限告知主义是指法律对告知的内容没有确定性的规定,只要事实上存在与保险标的的危险有关的重要事实,投保人就要向保险人进行说明。询问告知主义即投保人对保险人询问的问题必须如实告知;而对保险人没有询问的问题,投保人没有告知义务,不告知不构成告知义务的违反。多数国家立法采用询问告知主义,本条规定采取的也是询问告知主义。保险人可以就保险标的或者被保险人的有关情况向投保人提出询问,投保人应当就知道和应当知道的情况如实回答保险人提出的询问,以便保险人测定危险和厘定保险费率。

2. 投保人未依法履行告知义务的法律后果

投保人未依法履行如实告知义务的,依照本条第 2 款、第 4 款、第 5 款的规定,有以下法律后果:(1)投保人故意或者因重大过失未履行如实告知义务,足以影响保险人决定是否同意承保或者提高保险费率的,保险人有权解除合同。(2)投保人故意不履行如实告知义务的,保险人对于合同解除前发生的保险事故,不承担赔偿或者给付保险金的责任,并不退还保险费。(3)投保人因重大过失未履行如实告知义务,对保险事故的发生有严重影响的,保险人对于合同解除前发生的保险事故,不承担赔偿或者给付保险金的责任,但应当退还保险费。

3. 对保险人解除合同的权利的限制

本条对保险人因投保人未依法履行如实告知义务而解除合同的权利规定了除斥期间、不可抗辩期间和禁止反言的限制。

(1)除斥期间,是指法律预定某种权利于存续期间届满当然消灭的期间。除斥期间的规定有利于督促保险人及时行使自己的权利,也防止有些保险人知道解除的事由后,采取“静观其变”的态度,即如果发生了保险事故就采取解除合同的方式保护自己的利益,如果不发生保险事故就获得了收取保险费的利益。《民法典》第 564 条规定,法律规定或者当事人约定解除权行使期限,期限届满当事人不行使的,该权利消灭。依据本条的规定,保险人解除合同的权利,自保险人知道有解除事由之日起,超过30日不行使而消灭。

(2)不可抗辩期间,是指自保险合同成立之日起满一定时期后,保险合同就成为不可争议的法律文件,进入不可争辩期间,保险人不得以投保人在订立合同时不履行如实告知义务为由主张解除合同。法律设定解除权的目的在于抑制投保人的投机取巧,防止其故意隐瞒危险情况,从而使保险人乃至所有诚信的投保人的利益受到损害。但是,若允许保险人无限期地享有解除权,亦可能对其他保险活动当事人产生损害:一是如果时间过久,被保险的财产或者人身都有可能发生变化,很难核实投保人当时的告知是否属实;二是如果人身保险合同的被保险人死亡,受益人也不一定知道当时的告知是否属实;三是规定了不可抗辩期间,有利于督促保险人在订立保险合同时认真审查保险标的的情况,防止发生纠纷。依据本条的规定,自合同成立之日起超过2年的,保险人不得解除合同。当除斥期间和不可抗辩期间竞合的时候,优先适用不可抗辩期间的规定。例如,自合同成立之日起差20日满2年的时候,保险人才知道有解除事由的,保险人的解除权必须在20日内行使,超过20日,保险合同即不可争辩。

(3)禁止反言又称不得自食其言,即合同一方已经以明示或者默示的方式放弃在合同中可以主张的某种权利,日后不得再向对方主张该项权利。依据本条第6款的规定,“保险人在合同订立时已经知道投保人未如实告知的情况的”,仍然与其签订保险合同,事后,保险人不得再以此为由要求解除合同;发生保险事故的,保险人应当承担赔偿或者给付保险金的责任。由于保险代理人的行为视为保险人的行为,所以如果保险代理人在合同订立时已经知道投保人未如实告知的情况,并且和投保人签订了保险合同,则保险人不能解除合同。

4. 保险事故的定义

本条第7款是对保险事故定义的规定。按照本款规定,保险事故是指保险合同约定的保险责任范围内的事故,也就是造成保险人承担保险责任的事故。例如,财产保险中的火灾,海上货物运输险中的触礁、沉没等，人身保险中的意外伤害、死亡、疾病等。投保人要求保险人承保的事故项目在保险合同中应当列明，从而确定保险人的责任范围。并不是任何事故均可成为保险人承保的事故。构成保险事故应具备以下要件：一是事故须有发生的可能；二是事故的发生须不确定；三是事故的发生须属将来，也就是说，其发生须在保险合同订立以后，才可作为保险事故。

关联规定

《民法典》第563－566条

《保险法解释(二)》第5－8条

《中国保监会关于提醒人身保险投保人正确履行如实告知义务有关事项的公告》

典型案例

投保老年人健康保险已履行告知义务应依法获赔

——李某诉某保险公司健康保险合同纠纷案①

裁判结果：审理法院认为，《保险法》第16条第1款、第2款规定，订立保险合同，保险人就保险标的或者被保险人的有关情况提出询问的，投保人应当如实告知。投保人故意或者因重大过失未履行前款规定的如实告知义务，足以影响保险人决定是否同意承保或者提高保险费率的，保险人有权解除合同。本案中，保险公司在保险单需要告知的部分并未询问被保险人是否患有慢性支气管炎。李某在投保时已合理履行如实告知义务，保险公司无权解除该保险合同。李某被诊断为肿瘤癌变，依据癌症医疗保险条款，判决某保险公司继续履行保险合同，支付李某医疗费16万余元。

---

① 《人民法院老年人权益保护第三批典型案例》，载最高人民法院网2023年4月27日，https://www.court.gov.cn/zixun/xiangqing/398342.html。

第十七条　【格式条款提示与说明义务】订立保险合同，采用保险人提供的格式条款的，保险人向投保人提供的投保单应当附格式条款，保险人应当向投保人说明合同的内容。

对保险合同中免除保险人责任的条款，保险人在订立合同时应当在投保单、保险单或者其他保险凭证上作出足以引起投保人注意的提示，并对该条款的内容以书面或者口头形式向投保人作出明确说明；未作提示或者明确说明的，该条款不产生效力。

条文注释

本条是对保险人的订约说明义务的规定。

保险人的订约说明义务，是指保险人在订立保险合同之前，应向投保人说明保险合同格式条款的真实含义。由于保险业务具有高度的专业性和技术性，一般投保人对于保险合同中的保险术语的含义不甚了解。加之保险合同多以保险人提供的格式条款订立，投保人对于保险合同条款内容的理解可能存在偏差、误解，导致被保险人、受益人在保险事故发生后得不到预期的保险保障。基于公平原则和最大诚信原则，拥有专业技术优势的保险人应当对涉及对方当事人重大利益的条款进行说明，以使最终成立的保险合同建立在双方充分理解合同条款含义的基础之上。依据本条规定，保险人的说明义务有以下特点：一是法定性，即说明义务是保险人的法定义务，保险人不得以合同条款等形式予以限制或者免除；二是先合同性，即说明义务的履行时间是在订立保险合同之前，在双方当事人对合同磋商的阶段；三是主动性，即不以投保人的询问为条件，采用保险人提供的格式条款的，保险人向投保人提供的投保单应当附格式条款，保险人应当主动向投保人说明合同的内容。

保险人对保险合同中免除保险人责任的条款的提示和说明义务。根据保险业的惯例，保险合同一般都有在特定情况下免除保险人责任的条款，这在不违反公平原则的前提下，是法律允许的。鉴于保险合同多为格式合同,为了让投保人充分了解其所购买的保险服务能否提供其所需要的保险保障,就要赋予其充分的知情权。按照本条规定,保险合同中规定了保险人责任免除条款的,保险人在订立合同时应当在投保单、保险单或者其他保险凭证上作出足以引起投保人注意的提示,并对该条款的内容以书面或者口头形式向投保人作出明确说明;未作提示或者明确说明的,该条款不产生效力。

所谓"免除保险人责任的条款",是指保险合同中载明的保险人不负赔偿或者给付保险金责任的范围的条款。免责条款主要体现在"保险单责任免除"一栏,内容一般包括:战争或者军事行动所造成的损失;保险标的自身的自然损耗;被保险人故意行为造成的事故;其他不属于保险责任范围的损失等。除此之外,散见在保险单其他条款中的涉及部分免除保险人责任的条款也属于本条所规定的"免除保险人责任的条款",保险人应当对此作出提示并明确说明。未尽提示和说明义务的,保险合同中上述条款将不产生法律效力。

关联规定

《民法典》第496-498条

《保险法解释(二)》第9-13、17条

《最高人民法院研究室关于对〈保险法〉第十七条规定的"明确说明"应如何理解的问题的答复》

典型案例

段某某等与中国人民财产保险股份有限公司南京市分公司人身保险合同纠纷案①

裁判要旨:外卖的"众包骑手"虽通过外卖平台投保商业保险并实际支付保费,但投保人、被保险人和保险受益人都是骑手本人,而非该外卖平台。保险合同并未明确约定,骑手在配送投保平台之外

① 《人民法院高质量服务保障长三角一体化发展典型案例》,载最高人民法院网2023年5月22日,https://www.court.gov.cn/zixun/xiangqing/400542.html。

的订单时发生保险事故的，保险公司免赔。此种情况下，保险公司以骑手在事故发生时所配送的平台订单并非代为投保的平台订单而主张免赔的，人民法院不予支持。

裁判理由：关于人保南京公司主张的免赔事由是否成立问题。案涉保险单及“众包骑手”意外保险说明系格式条款，该条款由人保南京公司单方提供，供不特定投保人重复使用。人保南京公司有义务对保险合同中免除保险人责任的条款，在投保单、保险单或其他保险凭证上作出足以引起投保人注意的提示，并对该条款的内容以书面或口头形式向投保人作出说明；未作提示或说明的，该条款不产生效力。案涉保险以电子投保的形式购买，人保南京公司主张的因既往病史导致突发身故，以及需有相关鉴定资质机构确定死因的免赔条款，显然属于免除保险人责任条款，其应提交充分有效的证据证明已提请对方注意，如在合同中用黑体字予以特别标记，或以颜色、大小、下划线等方式进行特别标记等。但从本案现有证据看，人保南京公司并未履行相应的提示和说明义务，故人保南京公司主张的免赔事由不能成立。

第十八条　【保险合同的内容】保险合同应当包括下列事项：

（一）保险人的名称和住所；

（二）投保人、被保险人的姓名或者名称、住所，以及人身保险的受益人的姓名或者名称、住所；

（三）保险标的；

（四）保险责任和责任免除；

（五）保险期间和保险责任开始时间；

（六）保险金额；

（七）保险费以及支付办法；

（八）保险金赔偿或者给付办法；

（九）违约责任和争议处理；

(十)订立合同的年、月、日。

投保人和保险人可以约定与保险有关的其他事项。

受益人是指人身保险合同中由被保险人或者投保人指定的享有保险金请求权的人。投保人、被保险人可以为受益人。

保险金额是指保险人承担赔偿或者给付保险金责任的最高限额。

条文注释

本条是对保险合同应当包括的内容的规定。

保险合同当事人的权利和义务关系作为保险合同的内容,是以保险合同条款的形式表现的。按照本条第1款的规定,保险合同应当包括下列事项:

(1)保险人的名称和住所。保险人是保险合同当事人之一,保险合同对其名称和住所应当加以记载,以便投保人、被保险人、受益人行使权利、履行义务。

(2)投保人、被保险人的姓名或者名称、住所,以及人身保险的受益人的姓名或者名称、住所。所谓受益人,按照本条第3款的规定,是指人身保险合同中由被保险人或者投保人指定的享有保险金请求权的人。投保人、被保险人以及人身保险的受益人是保险活动的当事人,对其名称和住所加以记载是履行保险合同的需要。投保人、被保险人、受益人为自然人的,应当使用身份证或者户口簿所记载的姓名,并以其户籍所在地为住所,经常居住地与住所不一致的,以经常居住地为住所。

(3)保险标的。所谓保险标的,是指作为保险对象的财产及其有关利益或者人的寿命和身体。作为保险对象的财产,可以是有形的,也可以是无形的。作为保险对象的人,是指自然人,可以是一个人,也可以是一个特定团体中的所有的人。保险标的既是确定危险程度和保险利益的重要依据,也是决定保险种类、确定保险金额和保险费率的依据。订立保险合同时,保险标的必须明确记载于保险合同中,这样一方面可以认定投保人是否具有保险利益,另一方面可以确定保险人对哪些承保对象承担保险责任。

(4)保险责任和责任免除。保险责任是指保险人按照合同约定,对于可能发生的事故因其发生所造成的财产损失,或者当被保险人死亡、伤残、疾病以及达到合同约定的年龄、期限等条件时承担的赔偿或者给付保险金的责任。在保险合同中,保险责任条款具体规定了保险人所承担的风险范围,保险种类不同,保险责任也不相同。在规定风险范围的同时,保险合同通常还约定责任免除条款,即保险人不负赔偿或者给付保险金责任的情形。

(5)保险期间和保险责任开始时间。保险期间是指保险合同的有效期限,即保险合同从生效到终止的期间。保险期间是保险合同不可缺少的条款,在保险期间内,投保人按照约定交付保险费,保险人则按照约定承担保险责任。多数情况下保险期间的起始时间与保险责任的开始时间是一致的,但有时也不一致。

(6)保险金额。保险金额是指保险人承担赔偿或者给付保险金责任的最高限额。保险金额既是计算保险费的依据,也是保险合同双方当事人享有权利、承担义务的重要依据,对此应在保险合同中载明。

(7)保险费以及支付办法。保险费是指投保人为获得保险保障,向保险人支付的费用。保险费是根据保险金额与保险费率计算出来的,是保险基金的来源,缴纳保险费是投保人应尽的基本义务,对此保险合同应当载明。保险费支付办法是指采用现金支付还是转账支付,使用人民币还是外币,一次付清还是分期付款以及具体支付的时间,这些也需要在合同中明确规定。

(8)保险金赔偿或者给付办法。保险金赔偿或者给付办法是指保险人在保险事故发生造成保险标的损失时,向被保险人、受益人赔偿或者给付保险金的方式和时间等,应由投保人和保险人依法约定,并在保险合同中载明。一般情况下,保险金的赔偿或者给付办法,在财产保险合同中按照合同约定的方式计算赔偿金额,在人身保险合同中按照合同约定的保险金额定额给付。

(9)违约责任和争议处理。违约责任是指合同当事人因其过错致使合同不履行或者不完全履行时,基于法律规定或者合同约定应当承担的法律后果。争议处理是指合同当事人在合同履行过程中发生争议时采取办法进行处理的行为。争议处理办法包括协商、调解、仲裁、诉讼等,投保人和保险人应当在保险合同中对此予以约定,以利于争议的解决。

(10)订立合同的年、月、日。保险合同应当记载订立合同的时间,这对于确定投保人是否具有保险利益、保险合同是否有效、保险责任的开始时间以及计算保险期间等具有重要作用。

按照本条第2款的规定,保险合同除法定记载事项外,投保人和保险人还可以就与保险有关的其他事项作出约定。

本条第3款规定的受益人是人身保险特有的概念。例如,投保人以被保险人的身体或者生命为保险标的,约定在保险事故发生后,由保险人向被保险人的亲属支付保险金,该亲属即该保险的受益人。当然,投保人和被保险人也可以投保以自己为受益人的保险。受益人具有以下法律地位和特征:第一,受益人应当由被保险人或者投保人在投保时指定,并在保险合同中载明。第二,受益人是享有保险金请求权的人,如果发生给付纠纷,受益人可以独立行使诉讼权利,请求得到给付。第三,受益人无偿享受保险利益,受益人不负交付保险费的义务,保险人也无权向受益人追索保险费。第四,受益人权利的行使时间必须在保险事故发生后,如果受益人在保险事故发生前死亡,受益权随之消灭;如果受益人为牟取保险金而杀害被保险人,其受益权即被剥夺。

还应注意保险合同中记载的内容不一致的处理,其规则是:(1)投保单与保险单或者其他保险凭证不一致的,以投保单为准。但不一致的情形系经保险人说明并经投保人同意的,以投保人签收的保险单或者其他保险凭证载明的内容为准。(2)非格式条款与格式条款不一致的,以非格式条款为准。(3)保险凭证记载的时间不同的,以形成时间在后的为准。(4)保险凭证存在手写和打印两种方式的,以双方签字、盖章的手写部分的内容为准。

关联规定

《民法典》第470条

《保险法解释(二)》第14条

第十九条 【无效的格式条款】采用保险人提供的格式条款订立的保险合同中的下列条款无效：

(一)免除保险人依法应承担的义务或者加重投保人、被保险人责任的；

(二)排除投保人、被保险人或者受益人依法享有的权利的。

条文注释

本条是对保险合同中无效格式条款的规定。

本条与《民法典》第497条的规定比较接近。《民法典》第497条规定,格式条款具有该法第506条规定的无效情形的,提供格式条款一方不合理地免除或减轻其责任、加重对方责任、限制对方主要权利的,或者提供格式条款一方排除对方主要权利的,该格式条款无效。依据本条以及《民法典》第497条的规定,只有在发生由一方当事人提供的格式条款出现保险人免除己方法定义务,加重投保人、被保险人责任以及排除投保人、保险人或者受益人法定权利的情形时,该格式条款才会无效。如果是在非格式条款中出现上述约定,并且该约定与法律的强制性规范不冲突,那么该条款将是有效的。

应注意,本条的受益人可以是保险合同之外的第三人。如果受益人是不同于投保人或被保险人的第三人,受益人不属于保险合同的当事人,投保人与保险人不得协商排除其依法享有的权利。

关联规定

《民法典》第497条

第二十条　【保险合同的变更】投保人和保险人可以协商变更合同内容。

变更保险合同的，应当由保险人在保险单或者其他保险凭证上批注或者附贴批单，或者由投保人和保险人订立变更的书面协议。

条文注释

本条是关于保险合同的协议变更以及协议变更方式的规定。

在保险合同有效期内，投保人有权变更受益人、保险金额、缴费方式等内容。每次在接到投保人的变更通知书后，保险公司所作出的附在保险单后的一种单证即保险批单，其法律效力先于原保险凭证。批单需由保险人签署。

保险批注即“背书”，其效力优于保险单和其他保险凭证的效力。批注的内容与保险单或者其他保险凭证的内容相抵触，或者与记载的不一致时，则应以批注为准。批注通常采用附贴、打字或手写的方式。

保险协议书，是指投保人与保险人约定保险权利义务关系的书面协议。保险合同的协议变更，实际上是通过双方当事人的新协议变更旧协议。

依据本条第2款的规定，变更保险合同的，保险人有义务在保险单等保险凭证上批注或附贴批单，或者与投保人订立变更的书面协议。可见作出书面的变更证明材料，是保险人的一项义务，而并不是保险合同被变更的原因。如果保险人没有及时作出批注、批单，或者由于当事人一方的原因，没有按约定及时签订变更协议，导致对方当事人遭受损害，不履行义务一方需要承担赔偿责任，另一方当事人可以依据本条第2款的规定，强制对方当事人补上该书面形式。

我国保险实践中，保险合同以及变更协议的起算点通常采用零时起保制，即从第二天零时开始起算保险合同或变更协议的效力。

关联规定

《民法典》第543、544条

第二十一条 【出险后的通知义务】投保人、被保险人或者受益人知道保险事故发生后，应当及时通知保险人。故意或者因重大过失未及时通知，致使保险事故的性质、原因、损失程度等难以确定的，保险人对无法确定的部分，不承担赔偿或者给付保险金的责任，但保险人通过其他途径已经及时知道或者应当及时知道保险事故发生的除外。

条文注释

本条规定了投保人、被保险人、受益人的出险后的通知义务。

1. 保险事故发生后的通知义务

按照本条规定，投保人、被保险人或者受益人知道保险事故发生后，应当及时通知保险人。这是对投保人、被保险人或者受益人出险通知义务的规定。履行此项通知义务应当遵守以下要求：

(1)通知的内容。通知的内容应当是保险人承担保险责任范围内的保险事故，而不是保险责任范围以外的其他事故，即保险事故发生和造成损失的情况，具体包括出险时间、地点、原因及受损标的的种类、范围、损失程度等。

(2)通知的时间。为有利于保险人及时勘查现场、核定损失和确定责任，法律对投保人、被保险人或者受益人履行通知义务的时间提出基本要求，即要求及时通知。

2. 投保人一方因主观过错未履行义务时的责任承担

根据本条规定，投保人、被保险人、受益人故意或者因重大过失未履行及时通知义务，致使保险事故的性质、原因、损失程度等难以确定，并进而导致保险人的赔付责任全部或部分难以确定的，对于该无法确定的部分损失，如果仍由保险人承担，将导致不公平的局面出现，因此，投保人一方因主观故意或重大过失未履行及时通知义务时，保险人将不承担赔偿或者给付保险金的责任。

需要注意的是，此处投保人一方未及时履行出险通知义务的主观过错应仅限于故意或重大过失。如果当事人主观上仅仅具有较轻过失或者根本没有过失，即使发生保险事故，且该事故无法查清，对于该损失也不能要求投保人一方承担。

3. 投保人一方不履行义务时的除外责任

保险事故发生后，投保人等虽未及时履行出险通知义务，但保险人通过其他途径已经及时知道或者应当及时知道保险事故发生的，无论保险人是否及时到现场勘查，保险事故的性质、原因、损失程度等虽然难以确定，对无法确定的部分，保险人仍然需要承担赔偿或者给付保险金的责任。

第二十二条　【提供资料义务】保险事故发生后，按照保险合同请求保险人赔偿或者给付保险金时，投保人、被保险人或者受益人应当向保险人提供其所能提供的与确认保险事故的性质、原因、损失程度等有关的证明和资料。

保险人按照合同的约定，认为有关的证明和资料不完整的，应当及时一次性通知投保人、被保险人或者受益人补充提供。

条文注释

本条规定了投保人、被保险人、受益人的提供资料的义务。

保险索赔，是指保险事故发生后，根据保险合同的约定，向保险人要求履行赔偿或者给付保险金的行为。保险合同中约定的保险事故得以发生，是保险金请求权人提出保险索赔的前提条件。

依据本条第 2 款的规定，保险人依照保险合同的约定，认为有关的证明和资料不完整的，应当通知投保人、被保险人或者受益人补充提供有关的证明和资料。对于保险人通知义务，第 2 款有两个非常严格的限制：第一，需要及时通知，不能拖延通知的时间；第二，应当一次性通知，而不能分次分批地通知。这样规定的原因主要在于，避免保险人以此为由拖延理赔，损害保险金赔偿请求权人的合法权益，并且可以有效减轻投保人、被保险人或者受益人的负担，同时体现了效率原则。

保险人违反该义务,没有及时通知,或者没有一次性通知,给请求权人造成损害的,需要对请求权人所受损害承担赔偿责任。

关联规定

《保险法解释(二)》第15条

第二十三条 【事故保险责任的核定赔偿】保险人收到被保险人或者受益人的赔偿或者给付保险金的请求后,应当及时作出核定;情形复杂的,应当在三十日内作出核定,但合同另有约定的除外。保险人应当将核定结果通知被保险人或者受益人;对属于保险责任的,在与被保险人或者受益人达成赔偿或者给付保险金的协议后十日内,履行赔偿或者给付保险金义务。保险合同对赔偿或者给付保险金的期限有约定的,保险人应当按照约定履行赔偿或者给付保险金义务。

保险人未及时履行前款规定义务的,除支付保险金外,应当赔偿被保险人或者受益人因此受到的损失。

任何单位和个人不得非法干预保险人履行赔偿或者给付保险金的义务,也不得限制被保险人或者受益人取得保险金的权利。

条文注释

本条对事故保险责任的核定赔偿作出规定。

保险理赔,是指在保险事故发生后,保险人根据被保险人或者受益人提出的索赔请求,依照保险合同的约定,对保险标的遭受损失或者损害的情况进行调查核实,并予以赔付的行为。保险理赔是保险人履行保险合同义务的一个关键环节和具体表现。

保险理赔应当按照以下程序进行:

1. 核定保险请求并通知被保险人或受益人

保险人在收到被保险人或受益人的赔偿或给付保险金的请求后,应当作出核定:(1)如果情形比较简单,保险人应当及时作出核定，其时间最迟不应超过30日。(2)即使遇到保险事故引起的案件情形复杂，也必须在30日之内作出核定。(3)如果当事人另有约定，则保险人必须在双方约定的时间内将核定结果通知被保险人或受益人。需要注意的是，如果双方当事人依格式条款约定该时间，该约定时间短于30日则是合法的，可予以执行；如果该约定时间长于30日，则由于限制了另外一方的主要权利而无效，按30日计算。但如果双方当事人不是依格式条款订立合同，则可以完全依双方当事人之约定来确定核定时间。

2. 达成赔偿或给付协议并履行赔偿或给付义务

依据本条第1款的规定，保险人将核定结果通知被保险人或者受益人后，对属于保险责任的，保险人应当承担赔偿或给付义务，保险人需要与被保险人或者受益人达成赔偿或者给付保险金的协议；并且在达成协议之后的10日内，履行赔偿或者给付保险金义务。如果保险合同对赔偿或者给付保险金的期限有约定，保险人应当按照约定的期限履行赔偿或者给付保险金义务。保险人按照法定或约定的程序履行赔偿或者给付保险金的义务后，保险理赔即告结束。

如果保险人未及时履行赔偿或者给付保险金义务，其行为当然构成违约，依据本条第2款的规定，应当承担赔偿责任，即“除支付保险金外，应当赔偿被保险人或者受益人因此受到的损失”。这里的赔偿损失，主要包括按时支付的保险金的利息损失。

关联规定

《保险法解释(二)》第15条

第二十四条　【拒绝赔付】保险人依照本法第二十三条的规定作出核定后，对不属于保险责任的，应当自作出核定之日起三日内向被保险人或者受益人发出拒绝赔偿或者拒绝给付保险金通知书，并说明理由。

条文注释

本条对拒绝赔付作出规定。

依据本法第23条的规定,经保险人核定后,认为属于保险责任的,自然由保险人按照法定或约定的程序赔偿或给付保险金;但如果经过核定认为不属于保险责任,依本条规定,保险人需要实施下列行为:(1)向被保险人或者受益人发出拒绝赔偿或者拒绝给付保险金通知书,以书面通知索赔申请人;(2)同时附上拒绝赔偿或拒绝赔付的理由;(3)上述拒绝的通知应当在保险人作出核定之日起3日内发出。

第二十五条 【先行赔付】保险人自收到赔偿或者给付保险金的请求和有关证明、资料之日起六十日内,对其赔偿或者给付保险金的数额不能确定的,应当根据已有证明和资料可以确定的数额先予支付;保险人最终确定赔偿或者给付保险金的数额后,应当支付相应的差额。

条文注释

本条是对先行赔付的规定。

依据本条规定,保险人虽然已经确定确实需要赔偿或给付保险金,但仅仅是对其赔偿或者给付保险金的数额不能确定的,那么保险人有义务根据已有证明和资料对已经可以确定的数额先予支付。具体而言,保险人先予支付保险金需满足以下条件:(1)保险人应当履行承担保险责任的义务;(2)保险人自收到索赔申请和有关证明、资料之日起已超过60日;(3)保险人的赔偿或者给付保险金的数额有一部分已经可以确定,另一部分还暂时不能确定。此时,保险人应当将根据已有证明和资料可以确定的数额先予支付。

上述"可以确定的数额"的确定方法有两种:第一,由保险人与赔偿请求权人对数额达成共识。第二,如果双方对数额没有达成任何共识,保险人有义务根据有关证明和资料自行确定一个数额,并先予支付。等待保险人与被保险人或受益人最终确定赔偿或者给付保险金的数额后,保险人再向被保险人或者受益人支付最终确定的数额与已经先予支付数额之间的差额。

第二十六条 【诉讼时效】人寿保险以外的其他保险的被保险人或者受益人，向保险人请求赔偿或者给付保险金的诉讼时效期间为二年，自其知道或者应当知道保险事故发生之日起计算。

人寿保险的被保险人或者受益人向保险人请求给付保险金的诉讼时效期间为五年，自其知道或者应当知道保险事故发生之日起计算。

条文注释

本条规定的是被保险人或者受益人保险金请求权的诉讼时效期间，而非被保险人或者受益人保险金请求权的除斥期间。

依据本条第1款的规定，其所针对的保险是人寿保险以外的其他保险，主要包括：财产保险、健康保险、人身意外伤害保险以及年金保险等险种；诉讼时效针对的请求权是被保险人或受益人就保险金的赔偿或给付请求权；其长度是2年；其起算点是被保险人或受益人知道或者应当知道保险事故发生之日。

依据本条第2款的规定，其所针对的保险是人寿保险；诉讼时效针对的请求权是被保险人或受益人就保险金的给付请求权；其长度是5年；其起算点是被保险人或受益人知道或者应当知道保险事故发生之日。

此外，本条所规定的诉讼时效的起算点是被保险人或受益人"知道或者应当知道保险事故发生之日"，这实际上是保险金请求权的"产生之日"，而不是通常我们认为的"权利受到侵害之日"，这需要特别注意。

关联规定

《民法典》第192、194、195、594条

《最高人民法院关于审理民事案件适用诉讼时效制度若干问题的规定》第2－4条

第二十七条　【保险人的合同解除权】未发生保险事故，被保险人或者受益人谎称发生了保险事故，向保险人提出赔偿或者给付保险金请求的，保险人有权解除合同，并不退还保险费。

投保人、被保险人故意制造保险事故的，保险人有权解除合同，不承担赔偿或者给付保险金的责任；除本法第四十三条规定外，不退还保险费。

保险事故发生后，投保人、被保险人或者受益人以伪造、变造的有关证明、资料或者其他证据，编造虚假的事故原因或者夸大损失程度的，保险人对其虚报的部分不承担赔偿或者给付保险金的责任。

投保人、被保险人或者受益人有前三款规定行为之一，致使保险人支付保险金或者支出费用的，应当退回或者赔偿。

条文注释

本条分三款分别归纳了三种保险欺诈的情形，并规定了不同的法律后果与法律责任。

1. 谎称发生了保险事故

根本未发生保险事故，但是被保险人或者受益人向保险人谎称发生了保险事故，并向保险人提出赔偿或者给付保险金请求。此时，保险人有权解除合同，并不退还保险费。保险人已经支付的保险金或者支出的费用，应当由被保险人或受益人退回或者赔偿。

2. 故意制造保险事故

有些情形下，虽然确实发生了被保险人死亡、伤残或者保险财产损失等事故，但这种事故是投保人、被保险人图谋获取保险金而故意制造的，因此这种事故不属于保险合同约定的保险事故。保险人有权解除合同，不承担赔偿或者给付保险金的责任。如果在人身保险中，投保人故意造成被保险人死亡、伤残或者疾病，并且投保人已交足2年以上保险费，保险人应当按照合同约定向其他权利人退还保险单的现金价值；但在其他保险中或者在人身保险中投保人交付保险费没有满2年的,保险人不退还保险费。

保险人已经支付的保险金或者支出的费用,应当由投保人、被保险人或受益人退回或者赔偿。

3. 编造虚假的事故原因或者夸大损失程度

保险事故发生后,投保人、被保险人或者受益人以伪造、变造的有关证明、资料或者其他证据,编造虚假的事故原因或者夸大损失程度的,保险人对其虚报的部分不承担赔偿或者给付保险金的责任。保险人已经支付的保险金或者支出的费用,应当由投保人、被保险人或受益人退回或者赔偿。

关联规定

《海商法》第242-244条

第二十八条　【再保险】保险人将其承担的保险业务,以分保形式部分转移给其他保险人的,为再保险。

应再保险接受人的要求,再保险分出人应当将其自负责任及原保险的有关情况书面告知再保险接受人。

条文注释

本条规定了再保险。

再保险,也叫分保,是指保险人为了减轻自身直接承保的风险,将其所承担保险责任的一部分,转移给其他保险人的行为。需要注意的是,只有在保险人将其承保的保险业务部分转移给其他保险人分保时,在保险人与分保人之间形成的保险关系才是再保险关系;如果保险人将其承保的保险业务全部转移给其他保险人承保,这就不再是再保险,而是保险合同的转让。

与再保险相对应,在投保人与保险人之间成立的保险关系则为原保险。在再保险关系中,直接接受原保险业务的保险人称为原保险人,也叫再保险分出人;接受分出保险责任的保险人称为再保险接受人,也叫再保险人。再保险人与本来的投保人及被保险人无直接关系,只对原保险人负责。再保险的权利义务关系是由再保险分出人与再保险接受人通过订立再保险合同确立的。作为保险市场一种通行的业务,再保险可以使保险人不致因一次事故损失过大而形成对赔偿责任履行的影响。

本条第2款规定了再保险分出人的告知义务,理解该义务有三点需要注意:(1)这项义务是应再保险接受人的要求而履行的,如果再保险接受人未提出询问要求,再保险分出人不必主动告知;(2)告知义务的内容主要包括原保险人的自负责任的情况和原保险的有关情况;(3)告知必须采用书面形式,如果没有采用书面形式,视为没有履行该告知义务。

关联规定

《再保险业务管理规定》

第二十九条 【再保险与原保险的独立性】再保险接受人不得向原保险的投保人要求支付保险费。

原保险的被保险人或者受益人不得向再保险接受人提出赔偿或者给付保险金的请求。

再保险分出人不得以再保险接受人未履行再保险责任为由,拒绝履行或者迟延履行其原保险责任。

条文注释

本条规定了再保险与原保险的独立性。

再保险合同是约定再保险接受人与原保险人之间权利义务关系的协议,与原保险合同是相互独立的两个合同。再保险接受人与原保险的投保人、被保险人、受益人之间,不存在直接的权利义务关系。即投保人是向原保险人提出保险要求的,由原保险人承担保险责任并收取保险费;而再保险接受人所承担的是对原保险人的保险责任,其不对投保人承担责任。因此,本条第1款规定,再保险接受人不能向投保人提出支付保险费的要求,其只能向原保险人收取再保险费。基于同样道理,本条第2款规定,原保险的被保险人或者受益人不得向再保险接受人提出赔偿或者给付保险金的请求,其只能按照保险合同的约定,向原保险的保险人提出赔偿或者给付保险金的请求。

原保险责任是原保险人对原保险合同中的被保险人、受益人承担的保障责任,原保险人必须按照原保险合同的约定履行赔偿或者给付保险金的责任。在原保险合同的订立和履行过程中,再保险接受人不与原保险的被保险人、受益人发生直接关系,因此,本法第3款规定,原保险人即再保险分出人不得以再保险接受人未履行再保险责任为由,拒绝履行或者迟延履行其原保险责任。

关联规定

《企业会计准则第25号——保险合同》第6章

第三十条　【格式条款的解释】采用保险人提供的格式条款订立的保险合同,保险人与投保人、被保险人或者受益人对合同条款有争议的,应当按照通常理解予以解释。对合同条款有两种以上解释的,人民法院或者仲裁机构应当作出有利于被保险人和受益人的解释。

条文注释

本条规定了格式条款的解释。

理解本条需要注意以下问题:

1. 本条的解释规则只适用于保险合同中的格式条款

前文已述,保险合同可能是格式合同也可能不是格式合同,本条所规定的解释规则只能适用于保险合同中的格式条款,对于非格式合同的保险合同或者保险合同中的非格式条款,均不能依本规则予以解释。

2. 对格式条款的解释

依据本条规定,保险人与投保人、被保险人或者受益人对保险合同的格式条款有争议的,按以下方式处理:第一步,应该首先按照通常理解对该格式条款予以解释;第二步,如果有两种以上(包括两种)解释,才应该作出有利于被保险人和受益人的解释。这里需要注意的问题是:(1)并不是一出现争议,就直接适用对格式条款提供方不利的解释,在此之前应运用通常理解来进行解释;(2)出现多种通常理解之后,也不是一味地寻找对保险人不利的解释,而是应当排除保险人与投保人,寻找对被保险人与受益人有利的解释。

3. 有权解释机关特定

有权作出解释的机关应是人民法院或仲裁机构,而不能是其他单位或个人。

第二节　人身保险合同

第三十一条　【保险利益范围、不具有保险利益的法律后果】投保人对下列人员具有保险利益:

(一)本人;

(二)配偶、子女、父母;

(三)前项以外与投保人有抚养、赡养或者扶养关系的家庭其他成员、近亲属;

(四)与投保人有劳动关系的劳动者。

除前款规定外,被保险人同意投保人为其订立合同的,视为投保人对被保险人具有保险利益。

订立合同时,投保人对被保险人不具有保险利益的,合同无效。

条文注释

本条对人身保险中与投保人具有保险利益的当事人的范围作了详细的列举,并对不具有保险利益的保险合同的效力作出了规定。

1. 具有保险利益的人

本条第1款对人身保险中与投保人具有保险利益的人的范围用立法的形式直接作出了规定,分为法定的保险利益和约定的保险利益。本人，配偶，子女，父母，上述以外与投保人有抚养、赡养或者扶养关系的家庭其他成员及近亲属，与投保人有劳动关系的劳动者都是法定的具有保险利益的人。本条第 2 款规定，除本条第 1 款规定的法定情形外，被保险人如果基于信赖同意投保人为其订立保险合同，视为投保人对被保险人具有保险利益。适用本款时应注意，必须以“被保险人同意”为前提，目的是使被保险人对保险合同的真实性有一个审查权，以防止人身保险中道德风险的发生。

2. 人身保险中保险利益的时间范围

本条第 3 款规定：“订立合同时，投保人对被保险人不具有保险利益的，合同无效。”本款明确规定了人身保险中不具有保险利益时，该保险合同的效力状态。根据前文所述，第一，人身保险中的投保人只需在投保时对被保险人具有保险利益，并不需要在人身保险合同的整个有效期内均具有保险利益。第二，如果投保时投保人对被保险人不具备保险利益，该保险合同将无效。投保人与保险人之间依缔约过失责任来处理。

关联规定

《保险法》第 12、48 条

《保险法解释(二)》第 2 条

第三十二条　【申报年龄不实的后果】投保人申报的被保险人年龄不真实，并且其真实年龄不符合合同约定的年龄限制的，保险人可以解除合同，并按照合同约定退还保险单的现金价值。保险人行使合同解除权，适用本法第十六条第三款、第六款的规定。

投保人申报的被保险人年龄不真实，致使投保人支付的保险费少于应付保险费的，保险人有权更正并要求投保人补交保险费，或者在给付保险金时按照实付保险费与应付保险费的比例支付。

投保人申报的被保险人年龄不真实，致使投保人支付的保险费多于应付保险费的，保险人应当将多收的保险费退还投保人。

条文注释

本条规定了申报年龄不实的后果。

保险公司根据人身保险的特点，按照概率计算，确定了承保年龄的最高上限，对超过这一年龄的，不予承保。同时，保险公司要以被保险人的年龄为参照值，根据生命表等计算出死亡概率，确定被保险人在不同年龄段投保时应缴纳保险费的费率。因此，人身保险合同中被保险人的年龄对保险人决定是否承保、确定保险费率的高低有重大影响。本条对投保人不如实申报被保险人年龄的法律后果作了规定，具体是：

第一，被保险人的真实年龄不符合合同约定的年龄限制，保险人有权解除合同。比如，合同约定被保险人的年龄超过70周岁的，保险人不予承保。如果被保险人的实际年龄超过70周岁，即使因为投保人谎报被保险人的年龄而签订了合同，保险人也有权解除合同。同时，为了保证合同的相对稳定性，本条第1款对保险人解除合同的时限作了规定。即适用本法第16条第3款"自合同成立之日起超过二年的，保险人不得解除合同；发生保险事故的，保险人应当承担赔偿或者给付保险金的责任"的规定。此外，为了更好地保护被保险人、受益人的利益，本条第1款还规定，保险人行使合同解除权，适用本法第16条第6款关于"禁止反言原则"的规定，即保险人在合同订立时已经知道被保险人的实际年龄超过了合同约定的年龄限制而仍与投保人签订合同的，保险人不得解除合同。发生保险事故的，保险人应当承担赔偿或者给付保险金的责任。

此外，本条在赋予保险人合同解除权的同时，本着公平原则，规定保险人应当按照合同约定退还保险单的现金价值。保险单具有现金价值，是人身保险与财产保险的不同之处。人身保险尤其是长期寿险，兼有储蓄和投资的作用。寿险中的保险费由两部分组成：一是危险保险费，二是储蓄保险费。危险保险费是根据每年的危险保险金额计算出来的自然保险费。储蓄保险费则是投保人的储金，是积存起来作为责任准备金的。作为责任准备金的这部分保险费就是保险单的现金价值，它相当于投保人放在保险人处的储蓄存款，最后会以保险金的形式给付受益人。在人身保险合同解除后，合同效力虽然不存在了，但是在投保人长期支付保险费基础上积累起来的现金价值却不会因此而消失，保险人不能据为己有，应当退还投保人。所以本条规定，保险人应当按照合同约定退还保险单的现金价值。

第二，被保险人的真实年龄并未超过合同约定的年龄限制，但是投保人申报的被保险人的年龄比被保险人的真实年龄小的法律后果。根据保险原理，人身保险中被保险人的年龄越大，投保人缴纳的保险费就越多。投保人申报的被保险人的年龄比被保险人的真实年龄小，会使投保人少交保险费。对这种情形，本条规定，保险人有权更正，并要求投保人按被保险人的真实年龄补交保险费，或者在给付保险金时按照实付保险费与应付保险费的比例支付。

第三，被保险人的真实年龄并未超过合同约定的年龄限制，但是投保人申报的被保险人的年龄比被保险人的真实年龄要大，使投保人多交了保险费。对这种情形，本条规定，保险人应当将多收的保险费退还投保人。

第三十三条 【死亡保险的限制】投保人不得为无民事行为能力人投保以死亡为给付保险金条件的人身保险，保险人也不得承保。

父母为其未成年子女投保的人身保险，不受前款规定限制。但是，因被保险人死亡给付的保险金总和不得超过国务院保险监督管理机构规定的限额。

条文注释

本条对为无民事行为能力人投保死亡保险作出禁止性规定，并对该禁止性规定的例外也作了详细规制。

为了防止道德风险的发生，本法对人身保险投保人与被保险人的关系作了严格限定。

依据本条第1款的规定，投保人不得为无民事行为能力人投保以死亡为给付保险金条件的人身保险，同时保险人也不得承保。如果投保人投保并且保险人承保了，该保险合同无效，即使发生保险事故，保险人也不承担给付保险金的责任。但为了防止意外发生，本条对父母投保的限制作出了例外规定。依据本条第2款的规定，如果父母为其未成年子女投保死亡保险，则应当允许，只是死亡保险的保险金总和不得超过国务院保险监督管理机构规定的限额。

关联规定

《民法典》第19－22条

《中国保监会关于父母为其未成年子女投保以死亡为给付保险金条件人身保险有关问题的通知》

第三十四条　【死亡保险合同的订立和转让】以死亡为给付保险金条件的合同，未经被保险人同意并认可保险金额的，合同无效。

按照以死亡为给付保险金条件的合同所签发的保险单，未经被保险人书面同意，不得转让或者质押。

父母为其未成年子女投保的人身保险，不受本条第一款规定限制。

条文注释

本条对普通死亡保险合同的有效条件及其死亡保险单的变动条件作出了明确规定。

依据本条第1款的规定，投保人与保险人以被保险人的死亡作为给付保险金条件的，该保险合同必须经被保险人同意并认可保险金额；否则该保险合同无效。需要注意以下问题：(1)上述的普通死亡保险合同不仅需要被保险人同意，而且同时需要被保险人认可保险人与投保人约定的保险金额。只要被保险人对上述两项内容有一项不同意的，该保险合同就无效。(2)本条第1款中，被保险人的同意,可以是任何方式的同意,书面的、口头的等方式均可,无须拘泥于书面形式的同意;可以在合同订立时作出,也可以在合同订立后追认。有下列情形之一的,应认定为被保险人同意投保人为其订立保险合同并认可保险金额:其一,被保险人明知他人代其签名同意而未表示异议的;其二,被保险人同意投保人指定的受益人的;其三,有证据足以认定被保险人同意投保人为其投保的其他情形。

依据本条第2款的规定,普通死亡保险合同的保险单,只有再次经过被保险人书面同意之后,才能转让或者质押。同样需要注意两个问题:(1)普通死亡保险合同,必须经过被保险人同意,这是第一次同意,同意的方式可以是口头或书面等方式。之后,该死亡保险合同的保险单进行转让或质押的时候,必须就该转让或质押再次获得被保险人同意,这是第二次同意。仅仅有第一次的同意,并不能代表被保险人的第二次同意,两者要严格区分开。(2)第二次同意必须采用书面形式,而不能仅仅是口头或其他形式。

依据本条第3款的规定,父母为其未成年子女投保人身保险中的死亡保险的,无须征得该未成年人的同意。其原因在于,未成年人没有完全的认识能力,从保护其利益的角度出发,应由其法定代理人代理其实施民事法律行为,既然未成年人的父母已经为该未成年人与保险人订立了死亡保险合同,该父母当然就同意了合同的订立以及保险金额。

如果死亡保险合同由于未经被保险人同意或认可金额而归于无效,投保人与保险人的损失应当按照缔约过失责任的规则分担。

关联规定

《民法典》第502、555条

《最高人民法院关于适用〈中华人民共和国保险法〉若干问题的解释(三)》(以下简称《保险法解释(三)》)第1-6条

第三十五条 【保险费的支付】投保人可以按照合同约定向保险人一次支付全部保险费或者分期支付保险费。

条文注释

本条规定了人身保险中保险费的支付。

依本条规定,人身保险中投保人有两种支付保险费的方式:一种是一次性支付全部保险费;另一种是按照约定分期支付保险费。

人身保险中的健康保险、意外伤害保险等是短期保险,保险费的金额不高,投保人完全可以一次性付清,所以对于这类短期人身保险合同,可以约定采用一次性付清的方式支付保险费。但人身保险中的人寿保险,则为长期保险,保险费金额比较高。如果一次性支付,会给投保人带来困难,甚至都达不到保险的初衷。因此,考虑投保人的经济承受能力,同时也为平衡投保人与保险人之间的利益关系,可以允许投保人选择:第一,采用一次性支付全部保险费的方式付款;第二,按合同约定分期支付保险费。

关联规定

《保险法解释(三)》第7条

第三十六条 【逾期支付当期保险费的后果】合同约定分期支付保险费,投保人支付首期保险费后,除合同另有约定外,投保人自保险人催告之日起超过三十日未支付当期保险费,或者超过约定的期限六十日未支付当期保险费的,合同效力中止,或者由保险人按照合同约定的条件减少保险金额。

被保险人在前款规定期限内发生保险事故的,保险人应当按照合同约定给付保险金,但可以扣减欠交的保险费。

条文注释

本条是对支付保险费的宽限期以及逾期支付保险费后果的规定。

宽限期,是指人身保险合同中约定的,在分期支付保险费的情形下,投保人如支付首期保险费后未按时支付续期保险费,在一定的宽限时间内(通常为30日或60日),该人身保险合同效力正常。应从以下角度理解宽限期:

1. 首期保险费必须已经支付

宽限期只适用于第二期及其后各期的付费，与首期交费无关。也就是说，首期保险费的支付是没有所谓的宽限期的。

2. 宽限期的长度

依照本条第1款的规定，宽限期的长度有两种计算方法：(1)主观起算，即投保人过期未交保险费时，如果保险人催告了，则宽限期长度是从保险人催告之日起30日；(2)客观起算，即投保人过期未交保险费时，如果保险人没有催告，则宽限期长度是从约定的期限届满之日起60日。对于此期限可由当事人另行约定，但采用格式条款订立保险合同的，该期限应不能短于法定期限，否则会因排除投保人的主要权利而无效。

3. 宽限期内保险合同仍然有效

依照本条第2款的规定，在宽限期内，保险合同仍旧生效，如果发生保险事故，保险人仍然需要承担给付保险金的责任，但是有权要求扣减投保人欠交的保险费，即保险人需将约定的保险金交付给受益人或被保险人，但是有权将欠交的保险费从保险金中扣除。

4. 超过宽限期的保险合同效力中止

依照本条第1款的规定，如果超过宽限期投保人仍然没有补缴所欠保险费，其结果有两种情形：(1)效力中止。如果保险合同对逾宽限期未支付保险费的情形没有作出约定，则该保险合同效力中止；在效力中止后发生保险事故的，保险人不需要承担赔付保险金的责任。(2)按合同约定赔付。如果合同对此作出约定，则按照合同的约定由保险人按条件减少赔付金额。

关联规定

《保险法解释(三)》第8条

第三十七条 【合同效力的恢复】合同效力依照本法第三十六条规定中止的，经保险人与投保人协商并达成协议，在投保人补交保险费后，合同效力恢复。但是，自合同效力中止之日起满二年双方未达成协议的,保险人有权解除合同。

保险人依照前款规定解除合同的,应当按照合同约定退还保险单的现金价值。

条文注释

本条是对逾期交费而失效的保险合同效力恢复的规定。

保险合同的复效,是指人身保险合同因逾期交费失效后2年内,投保人向保险人申请恢复合同效力,经保险人审查同意,投保人补交失效期间的保险费,保险合同即恢复效力的情形。需要注意的是:

(1)人身保险合同的复效不同于人身保险合同的续效。人身保险合同的续效,是指人身保险合同期限届满后,双方当事人或一方当事人为了使原合同继续发生法律效力,经过双方协商达成新合同,继续履行原合同的部分条款。

(2)如果在法定的2年期间内,保险人与投保人没有就保险合同的复效达成一致,2年期过后保险人有权解除合同。

(3)保险人依照本条规定解除合同的,应当按照合同约定退还保险单的现金价值。虽然从公平角度而言,区分投保人未交足2年保险费与交足2年保险费分别退还可能更加合适,但是本法进行统一规定,却便于实际操作,减轻了保险公司在精算方面的工作量。

第三十八条　【诉讼方式的例外】保险人对人寿保险的保险费,不得用诉讼方式要求投保人支付。

条文注释

本条规定人寿保险的保险费不得采用诉讼方式。

保险合同中的保险费,在财产保险合同和人身保险合同中有所不同。财产保险合同中,投保人支付保险费不是合同生效的前提条件。保险合同生效后,保险人按照合同约定承担保险责任,而不论投保人是否缴纳保险费。因此,在财产保险合同中保险费成为保险人的既得债权。在投保人没有按约定支付保险费的情况下,保险人可以通过诉讼的方式请求支付。人身保险合同特别是寿险合同则与此不同。第一,对于人身保险合同,本法规定投保人于合同成立后,既可以向保险人一次性支付保险费,也可以按照合同约定分期支付保险费。合同约定分期支付保险费的,投保人应当支付首期保险费,并应当按期支付其余各期的保险费。支付首期保险费一般被认为是人身保险合同的生效条件,人身保险合同的保险人于投保人支付首期保险费后承担保险责任。第二,寿险合同具有储蓄性质,投保寿险只是投保人的一种投资选择,应当允许投保人放弃这种投资方式。本法就投保人未按照合同约定的期限缴纳当期保险费规定了宽限期制度,投保人在宽限期满后不缴纳保险费的,合同效力中止,或者由保险人按照合同约定的条件减少保险金额。自合同效力中止之日起2年内双方未达成协议的,保险人有权解除合同。即保险费支付与否,只影响保险合同的效力,最终结果只会导致保险合同的解除,保险人不再承担保险责任,而不会在投保人与保险人之间形成债权债务关系。基于以上两点,本条规定,保险人对人寿保险的保险费,不得用诉讼方式要求投保人支付。

第三十九条 【受益人的指定】人身保险的受益人由被保险人或者投保人指定。

投保人指定受益人时须经被保险人同意。投保人为与其有劳动关系的劳动者投保人身保险,不得指定被保险人及其近亲属以外的人为受益人。

被保险人为无民事行为能力人或者限制民事行为能力人的,可以由其监护人指定受益人。

条文注释

本条对人身保险合同中受益人的指定规则作出具体规定。

本条与本法第31条相对应,同时应注意有关“为与其有劳动关系的劳动者”投保人身保险的规定。

依据本条第1款及第2款的规定,在一般性质的人身保险中,无论该保险是人寿保险、健康保险,还是意外伤害保险,其受益人都由两种方式指定:第一,只能由被保险人或者投保人指定;第二,如果受益人是由投保人指定的,同时还必须征得被保险人的同意,但是该同意可以不用书面形式。由此可见,在指定受益人的过程中,被保险人的同意是必不可少的。投保人指定受益人未经被保险人同意的,则该指定行为无效。

依据本条第2款的规定,第一,雇主可以为有劳动关系的劳动者投保人身保险,但是指定受益人时,仍然需要该被保险人(即该劳动者)同意;第二,即使征得了该被保险人的同意,雇主在指定的时候,仍然只能指定作为劳动者的被保险人及其近亲属为受益人,不能指定其他人为受益人,否则指定无效;第三,被保险人自己指定受益人的,则不受该规则约束,即可以指定任何人为受益人。

依据本条第3款的规定,第一,被保险人为无民事行为能力人或者限制民事行为能力人时,可以由该被保险人指定受益人,但此时被保险人由于民事行为能力受限制,而指定受益人的行为是一种民事行为,必须要求行为人有完全民事行为能力,因此,此时被保险人指定受益人需要征得其法定代理人的同意,也即征得该被保险人的监护人的同意;第二,如果由投保人指定受益人,由于此时仍然需要被保险人同意,而基于与第一种情形相同的理由,也仍然需要被保险人的监护人的同意;第三,可以直接由被保险人的监护人指定受益人。

根据《保险法解释(三)》第9条的规定,当事人对保险合同约定的受益人存在争议,除投保人、被保险人在保险合同之外另有约定外,按照以下情形分别处理:第一,受益人约定为"法定"或者"法定继承人"的,以《民法典》规定的法定继承人为受益人;第二,受益人仅约定为身份关系,投保人与被保险人为同一主体时,根据保险事故发生时与被保险人的身份关系确定受益人;投保人与被保险人为不同主体时,根据保险合同成立时与被保险人的身份关系确定受益人;第三,约定的受益人包括姓名和身份关系,保险事故发生时身份关系发生变化的,认定为未指定受益人。

关联规定

《保险法解释(三)》第9条

第四十条 【受益人的顺序及份额】被保险人或者投保人可以指定一人或者数人为受益人。

受益人为数人的,被保险人或者投保人可以确定受益顺序和受益份额;未确定受益份额的,受益人按照相等份额享有受益权。

条文注释

本条是对受益人顺序及份额的规定。

依据本条第1款的规定,法律对受益人人数未作任何限制,完全由被保险人或者投保人自主决定,即受益人的人数可以是1人,也可以是多人。如果未指定受益人,依据本法第42条的规定,被保险人自己为受益人,保险金作为被保险人的遗产由其继承人继承。

依据本条第2款的规定,在受益人为多人时,规则如下:(1)被保险人或者投保人已经确定受益顺序和受益份额的,依照被保险人或投保人的确定即可;(2)被保险人或者投保人虽指定受益人但未确定受益份额的,受益人处于同一受益顺序且等额享有受益权;(3)依据本法第39条第2款的规定,作体系解释,投保人指定受益人以及指定受益人的顺序与范围同样需要被保险人同意。

根据《保险法解释(三)》第12条的规定,投保人或者被保险人指定数人为受益人,部分受益人在保险事故发生前死亡、放弃受益权或者依法丧失受益权的,该受益人应得的受益份额按照保险合同的约定处理;保险合同没有约定或者约定不明的,该受益人应得的受益份额按照以下情形分别处理:(1)未约定受益顺序和受益份额的,由其他受益人平均享有;(2)未约定受益顺序但约定受益份额的,由其他受益人按照相应比例享有;(3)约定受益顺序但未约定受益份额的,由同顺序的其他受益人平均享有;同一顺序没有其他受益人的,由后一顺序的受益人平均享有;(4)约定受益顺序和受益份额的,由同顺序的其他受益人按照相应比例享有;同一顺序没有其他受益人的,由后一顺序的受益人按照相应比例享有。

关联规定

《保险法解释(三)》第12条

第四十一条 【受益人的变更】被保险人或者投保人可以变更受益人并书面通知保险人。保险人收到变更受益人的书面通知后,应当在保险单或者其他保险凭证上批注或者附贴批单。

投保人变更受益人时须经被保险人同意。

条文注释

本条是对被保险人或投保人变更受益人的规则所作出的规定。

本法第20条第1款规定:"投保人和保险人可以协商变更合同内容。"而保险合同中受益人的变更,属于保险合同变更的情形之一。依据本条的规定,变更受益人时无须与保险人协商,只需满足以下条件:(1)被保险人或投保人通知保险人;(2)采用书面的形式通知。通知到达保险人时起,发生变更受益人的效力。

本法第20条第2款规定:"变更保险合同的,应当由保险人在保险单或者其他保险凭证上批注或者附贴批单,或者由投保人和保险人订立变更的书面协议。"本条第1款后半段与此规定接近,强调在变更受益人时,保险人负有在保险单或者其他保险凭证上批注或者附贴批单的义务。但需要注意的是:第一,受益人的变更仅通知保险人即可,既不需要征得保险人的同意,也不需要与保险人订立书面协议;第二,受益人变更的时间是通知到达保险人时起,而不是作出批注或批单时起。

依据本条第2款的规定,投保人变更受益人的,必须征得被保险人的同意。第一,投保人变更受益人,包括变更受益人的范围、人数、受益顺序以及各受益人的受益份额,即只要受益人的任何一个方面发生变动,均需征得被保险人的同意。第二,被保险人的同意不必是书面形式,口头同意亦可。

关联规定

《保险法解释(三)》第10、11条

第四十二条 【保险金作为遗产的情形】被保险人死亡后,有下列情形之一的,保险金作为被保险人的遗产,由保险人依照《中华人民共和国继承法》的规定履行给付保险金的义务:

(一)没有指定受益人,或者受益人指定不明无法确定的;

(二)受益人先于被保险人死亡,没有其他受益人的;

(三)受益人依法丧失受益权或者放弃受益权,没有其他受益人的。

受益人与被保险人在同一事件中死亡,且不能确定死亡先后顺序的,推定受益人死亡在先。

条文注释

本条对保险金作为遗产的情形作出规定。

根据本条第1款的规定,被保险人死亡后,如果没有受益人,被保险人被法律确定为受益人,保险人应向被保险人支付保险金;但由于被保险人已死亡,因此保险金请求权即作为被保险人的遗产,由被保险人的继承人根据《民法典》的规定予以继承。

依照本条第2款的规定,被保险人与受益人在同一事件中死亡,且不能确定死亡先后顺序的,推定受益人先死亡;则依照本条第1款的规定,保险金将作为被保险人的遗产由被保险人的继承人按照《民法典》的规定予以继承。

关联规定

《民法典》第1122条

《保险法解释(三)》第14、15条

第四十三条 【不承担给付保险金责任之一】投保人故意造成被保险人死亡、伤残或者疾病的，保险人不承担给付保险金的责任。投保人已交足二年以上保险费的，保险人应当按照合同约定向其他权利人退还保险单的现金价值。

受益人故意造成被保险人死亡、伤残、疾病的，或者故意杀害被保险人未遂的，该受益人丧失受益权。

条文注释

本条对投保人、受益人故意造成保险事故的责任作出了规定。

适用本条第1款，必须是投保人主观上有造成保险事故的故意，并且在故意的指引下实施了制造保险事故的行为。如果仅仅是过失，则保险人仍然需要承担给付保险金的责任。

如果投保人故意造成保险事故，则按以下情形处理：第一，保险人可以免除给付保险金的责任；第二，投保人已交足2年以上保险费的，保险人应当按照合同的约定向其他权利人退还保险单的现金价值；这些其他权利人包括保险合同中约定的受益人，如果没有受益人则应当是被保险人自己或者被保险人的继承人；第三，如果投保人没有交足2年以上保险费，可以依照保险合同的约定解决；保险合同如果没有约定，则投保人不能要求退还保险费。

依照本条第2款的规定，受益人故意造成被保险人死亡、伤残、疾病的，或者故意杀害被保险人未遂的，该受益人丧失受益权。必须是受益人主观上有故意，如果仅仅是有过失则不能适用本款规定。如果受益人故意造成保险事故，或者故意杀害被保险人未遂，可能导致制造该保险事故的1个或数个受益人丧失受益权。如果全部的受益人均丧失受益权，则依《保险法》第42条的规定处理。

关联规定

《保险法解释(三)》第16条

第四十四条　【不承担给付保险金责任之二】以被保险人死亡为给付保险金条件的合同，自合同成立或者合同效力恢复之日起二年内，被保险人自杀的，保险人不承担给付保险金的责任，但被保险人自杀时为无民事行为能力人的除外。

保险人依照前款规定不承担给付保险金责任的，应当按照合同约定退还保险单的现金价值。

条文注释

本条对被保险人自杀时保险人的责任作出了规定。

理解本条，应该注意以下几点：(1)保险合同在履行期间中止后恢复效力，被保险人之后又自杀的，2年时间限制从保险合同效力恢复之日起算而不是从原合同成立之日起算。(2)本条规定了被保险人自杀时为无民事行为能力人的除外情况，即当被保险人为无民事行为能力人时，在其无法认知或控制自己行为的情况下自杀身亡，不属于主动剥夺自己生命，也不具备骗取保险金的主观故意，所以在这种情形下保险人仍应按约定给付保险金。(3)只能是被保险人自己造成自己死亡，如果是投保人或者受益人故意造成被保险人死亡，则应当依照本法第43条的规定解决。

关联规定

《最高人民法院关于如何理解〈中华人民共和国保险法〉第六十五条“自杀”含义的请示的答复》

第四十五条　【不承担给付保险金责任之三】因被保险人故意犯罪或者抗拒依法采取的刑事强制措施导致其伤残或者死亡的，保险人不承担给付保险金的责任。投保人已交足二年以上保险费的，保险人应当按照合同约定退还保险单的现金价值。

条文注释

本条是对保险人不承担保险责任的第三种情形——被保险人

因为故意犯罪或者抗拒依法采取的刑事强制措施而导致保险事故发生作出的规定。

犯罪在刑法上是要经过审判之后才能认定的。当保险人抗拒依法采取的刑事强制措施导致其死亡时，虽然没有经过审判不能认定其为犯罪，但抗拒“依法采取的刑事强制措施”，本身就是违法行为，如果情节严重可能构成犯罪；如果这样的行为也能承保，不仅会导致道德风险的发生，而且违背保险经营的基本原则。因此本条规定出现上述情形的，“保险人不承担给付保险金的责任”。

法律效果因区分是否交足2年以上保险费而有所不同：(1)如果投保人交足2年以上保险费，保险人无须承担赔付保险金的责任，但需退还保险单的现金价值。该保险单的现金价值应当退还给投保人。(2)如果投保人没有交足2年以上保险费，保险人同样不承担赔付保险金的责任，并且也不需要退还保险单的现金价值。

关联规定

《保险法解释(三)》第22、23条

第四十六条 【人身保险代位求偿权的禁止】被保险人因第三者的行为而发生死亡、伤残或者疾病等保险事故的，保险人向被保险人或者受益人给付保险金后，不享有向第三者追偿的权利，但被保险人或者受益人仍有权向第三者请求赔偿。

条文注释

本条是对人身保险中保险人代位求偿权的禁止性规定。

代位求偿权只存在于财产保险中，人身保险中无代位求偿权，这是人身保险与财产保险的显著区别之一，这种区别是由于财产保险与人身保险保险标的的不同而产生的。财产保险的保险标的是可以确定的，在发生保险事故后，赔偿额度也是可以确定的。因此，财产保险使用补偿原则，保险人赔偿被保险人因保险事故所受到的损失。财产权利是可以转让的，因此保险人进行赔偿后，就在赔偿限额内取得了对该保险标的的权利。而人身保险合同的保险标的是人的生命或身体,是无法被估价的。同时,人的生命或者身体与财产不一样,是不可能发生权利转移的,保险人在给付保险金后,并不能由此而取得任何权利。因此,人身保险的保险人不享有代位求偿权,而被保险人或者受益人享有侵权赔偿请求权和保险金请求权。

关联规定

《保险法》第60条

第四十七条 【因投保人解除合同的退费】投保人解除合同的,保险人应当自收到解除合同通知之日起三十日内,按照合同约定退还保险单的现金价值。

条文注释

本条是对保险单不丧失其价值的规定。

根据本条的规定,应注意以下几点:(1)不需要区分是否超过2年,只要是投保人解除保险合同的,在人身保险中,保险人均需按照保险合同的约定退还保险单的现金价值;(2)为了防止保险人在退还保险单的现金价值时发生拖延,本条规定了退还期限,即自保险人收到投保人解除合同的通知之日起30日内退还。

关联规定

《保险法解释(三)》第17条

第三节 财产保险合同

第四十八条 【不具有保险利益的法律后果】保险事故发生时,被保险人对保险标的不具有保险利益的,不得向保险人请求赔偿保险金。

条文注释

本条规定了财产保险合同中不具有保险利益的法律后果。

在财产保险中，如果被保险人与财产权利之间存在下述关系，则可以认为被保险人对该财产享有保险利益：(1)物权关系；(2)债权关系；(3)知识产权；(4)民事责任。

保险事故发生时如果被保险人对保险标的不具有保险利益，保险合同的效力应根据不同情形分别处理：(1)保险标的因保险事故的发生而全部毁损灭失的，此时由于保险标的全部毁损灭失，保险合同再无继续存在之必要，因此该合同自然终止。(2)保险标的部分毁损灭失的，此时由于保险标的仍然存在，因此保险合同应继续有效。如果以后在该保险合同的有效期内再次发生保险事故，并且第二次发生保险事故时被保险人对保险标的已经具有保险利益，保险人仍应按照保险合同的约定向被保险人承担赔偿保险金的责任。

关联规定

《保险法》第12、31条

第四十九条 【保险标的的转让】保险标的转让的，保险标的的受让人承继被保险人的权利和义务。

保险标的转让的，被保险人或者受让人应当及时通知保险人，但货物运输保险合同和另有约定的合同除外。

因保险标的转让导致危险程度显著增加的，保险人自收到前款规定的通知之日起三十日内，可以按照合同约定增加保险费或者解除合同。保险人解除合同的，应当将已收取的保险费，按照合同约定扣除自保险责任开始之日起至合同解除之日止应收的部分后，退还投保人。

被保险人、受让人未履行本条第二款规定的通知义务的，因转让导致保险标的危险程度显著增加而发生的保险事故，保险人不承担赔偿保险金的责任。

条文注释

本条对保险标的的转让作出规定。

1. 保险合同的自动转让

财产保险的保险标的转让,是指保险合同生效后,作为保险标的的保险财产及有关利益,因为买卖、赠与、继承等情况发生的转移。依据本条第1款的规定,保险标的转让的,保险标的的受让人自动承继原保险合同的权利义务关系。不需要征得保险人的同意,这是与本法第20条的区别所在。本法第20条主要规定的是投保人与保险人通过协议变更保险合同,而本条是法定变更保险合同的规定。另外,与本法第20条的情形近似,依交易习惯,本条中保险合同对受让人的生效时间应当是第2天0时,此为新的保险责任的开始时间。

2. 被保险人或受让人的及时通知义务及其例外

依据本条第2款的规定,保险标的转让的,被保险人或者受让人负有及时通知保险人的义务。这样便于保险人对保险标的受让人的情况进行调查,了解受让人对保险标的价值的估价,掌握新的受让人所具有的安全常识以及受让人对保险标的可能采取的安全措施等情况,以确定是否继续承保等问题,并以此决定继续承保的条件。但在以下两种情形下,被保险人或者受让人不需要通知保险人:(1)货物运输保险合同有约定的;(2)当事人之间另有约定的。

3. 保险人的保险合同解除权以及保险费增加权

依据本条第3款的规定,理解保险合同解除权以及保险费增加权需要注意以下问题:(1)前提条件。必须是危险程度显著增加,如果危险程度仅仅是发生较小变化,保险人不得享有这两种权利。(2)时效限制。自收到前款规定的通知之日起30日内,超出上述时限的,保险人不得增加保险费或者解除合同。(3)增加保险费的后果。保险人要求投保人增加保险费,而投保人同意,并实际交付保险费的,该保险合同当然继续有效。发生保险事故后,保险人需要按约定赔偿。但如果投保人不增加保险费,在法定的30日期限内,保险人可以解除保险合同。(4)解除合同的后果。保险人解除合同的,保险合同从解除之日起失去效力,但是解除之前的部分仍有效力,对于已经收取的保险费,应当按照合同约定扣除自保险责任开始之日起至合同解除之日止应收的部分后，将剩余的部分退还投保人。注意这里退还的是剩余的保险费，而不是保险单的现金价值。

4. 不及时通知的法律后果

依据本条第4款的规定，被保险人、保险标的的受让人未及时通知的，因转让而导致保险标的危险程度显著增加而发生的保险事故，保险人不承担赔偿保险金的责任。如果保险标的转让未导致危险程度显著增加，即使被保险人或者受让人未及时通知，发生了保险事故，或者保险事故的发生与保险标的转让导致危险程度增加没有关系的，保险人仍然应承担赔偿责任。

关联规定

《民法典》第556条

《最高人民法院关于适用〈中华人民共和国保险法〉若干问题的解释(四)》(以下简称《保险法解释(四)》)第4条

第五十条　【不得解除保险合同的情形】货物运输保险合同和运输工具航程保险合同，保险责任开始后，合同当事人不得解除合同。

条文注释

本条是关于货物运输保险合同和运输工具航程保险合同不得解除的规定。

航程保险，是指在财产保险中，以一次航程或运程来计算保险期间的保险。货物运输保险一般采用航程保险，航程保险的保险期间不是按日期而是按航程或运程计算的，保险责任的起讫一般采用"仓至仓"条款，即保险人对保险标的所负的保险责任从保险单载明的起运地开始，到保险单载明的目的地为止。由于航程保险合同的保险标的是处于运动中的财产，保险期间是一次航程或一次运程，相对于定期保险来说，航程保险合同的保险期间较短，保险人对保险标的的安全和使用情况等不易掌握，如果允许投保人在保险责任开始后解除合同，可能会出现道德风险；如果投保人在投保货物等将要到达目的地时解除合同，不利于保护保险人的利益。因此，航程保险的保险责任一经开始，投保人即不得解除合同。

第五十一条　【维护保险标的安全的义务】被保险人应当遵守国家有关消防、安全、生产操作、劳动保护等方面的规定，维护保险标的的安全。

保险人可以按照合同约定对保险标的的安全状况进行检查，及时向投保人、被保险人提出消除不安全因素和隐患的书面建议。

投保人、被保险人未按照约定履行其对保险标的的安全应尽责任的，保险人有权要求增加保险费或者解除合同。

保险人为维护保险标的的安全，经被保险人同意，可以采取安全预防措施。

条文注释

本条是关于维护保险标的安全的规定。

对于本条规定，应从以下角度理解：

1. 被保险人维护保险标的安全的义务

投保人与保险人订立保险合同，将与保险标的有关的特定风险转移给保险人后，保险标的的安危与被保险人已无很大利害关系。因此，若被保险人对保险标的的安危漠不关心，其直接结果将是保险事故的大量发生。当然，被保险人对该义务的履行也不能超过必要的范围，否则被保险人完全没有必要投保。该义务的平衡点即在于，履行法定义务，维护保险标的安全即可。

2. 保险人对保险标的的检查权与安全建议权

依据本条第 2 款的规定，保险人可以按照保险合同的约定，对保险标的的安全状况进行检查，行使检查权；如果发现被保险人未遵守本条第 1 款规定的义务，保险人有权及时向投保人、被保险人提出消除不安全因素和隐患的建议。该建议必须采用书面形式。投保人、被保险人应当按照保险人的建议，及时采取措施进行改正。

3. 保险人的保险费增加权与合同解除权

依据本条第3款的规定，投保人、被保险人未按照约定履行其对保险标的安全应尽责任的，保险人有权要求增加保险费或者解除保险合同。投保人、被保险人不履行本款义务的后果有两个：(1)保险人可以要求增加保险费，如果投保人不同意增加保险费，保险人可以解除合同；(2)保险人也可以直接解除保险合同。

4. 保险人的安全预防权

依照本条第4款的规定，保险人为维护保险标的的安全，经被保险人同意，可以采取安全预防措施。由此可见，保险人不能直接对保险标的采取安全预防措施，只有在经过被保险人同意之后，才能采取安全预防措施。如果被保险人既不同意保险人采取安全预防措施，其自己也不采取安全预防措施，保险人可以依据本条第3款的规定选择解除合同或者增加保险费。保险人在未征得被保险人同意的情形下对保险标的采取安全措施的，为侵权行为。

第五十二条　【危险程度显著增加的通知义务】在合同有效期内，保险标的的危险程度显著增加的，被保险人应当按照合同约定及时通知保险人，保险人可以按照合同约定增加保险费或者解除合同。保险人解除合同的，应当将已收取的保险费，按照合同约定扣除自保险责任开始之日起至合同解除之日止应收的部分后，退还投保人。

被保险人未履行前款规定的通知义务的，因保险标的的危险程度显著增加而发生的保险事故，保险人不承担赔偿保险金的责任。

条文注释

本条规定了保险标的危险程度显著增加的通知义务。

对于本条规定，应从以下角度理解：

1. 被保险人的保险标的危险程度增加的通知义务

依据本条第1款的规定，在合同有效期内，保险标的的危险程度显著增加的，被保险人应当按照合同约定及时通知保险人。具体而言，保险合同在订立和履行过程中，保险标的的情况可能发生变化，如果发生保险事故的可能性增加，则视为危险程度增加。通知的具体时间、方式和范围可以由保险合同约定，投保人、被保险人应当按照合同约定履行危险程度增加的通知义务。

2. 保险人的保险费增加权与合同解除权

保险标的危险程度显著增加的，被保险人履行了危险通知义务后，保险人有两项权利：一是保险费增加权；二是保险合同解除权。如果被保险人依法履行了危险通知义务，但在一定时间内保险人既未提出增加保险费，也未提出解除保险合同，这视为保险人放弃上述权利，仍应按原保险合同执行。

3. 保险人责任的免除

依照本条的规定，在合同有效期内，保险标的的危险程度显著增加，但是被保险人未履行通知义务的，对于因保险标的的危险程度显著增加而发生的保险事故，保险人不承担赔偿保险金的责任。

第五十三条　【降低保险费的情形】有下列情形之一的，除合同另有约定外，保险人应当降低保险费，并按日计算退还相应的保险费：

（一）据以确定保险费率的有关情况发生变化，保险标的的危险程度明显减少的；

（二）保险标的的保险价值明显减少的。

条文注释

本条规定了保险人减收保险费的情形。

（1）在财产保险中，保险费率由保险人根据不同险种、不同财产、财产的不同占用性质及各种保险事故的损失率等因素事先确定并列表公布，但如果客观因素的变化使保险费率降低，或者保险财产的危险程度明显减少使保险费率相应降低，此时保险费则应当降低。

(2)保险价值通常是保险财产在某个特定时期和特定地区的市场价格。如果保险合同订立后标的的保险价值明显减少,发生保险事故时的财产损失必然会减少,保险人就应该相应降低保险费,否则对于投保人来说,权利义务不对等。

保险费降低以后,保险人应当将相对多收的部分退还给投保人,由于保险费是按日计收的,也应当按日计算退还。退还保险费的起始时间应该是符合降低保险费的条件成就之日。当事人对保险费有特别约定的,如约定无论客观情况如何变化,均不得要求减少保险费,对于该约定,如果是格式条款,则因排除投保人或被保险人的权利而无效;如果是非格式条款,则需要按约定履行。

第五十四条 【因投保人解除合同的退费】保险责任开始前,投保人要求解除合同的,应当按照合同约定向保险人支付手续费,保险人应当退还保险费。保险责任开始后,投保人要求解除合同的,保险人应当将已收取的保险费,按照合同约定扣除自保险责任开始之日起至合同解除之日止应收的部分后,退还投保人。

条文注释

本条是对投保人要求解除合同时如何退还保险费的规定。

按照本法第15条的规定,在本法或者保险合同没有另外约定的情况下,保险合同成立后,投保人可以解除合同。在保险合同中,投保人和保险人履行合同义务的时间是不一样的:投保人的主要义务即交付保险费的义务,通常在合同成立后即已履行;而保险人的主要义务即承担保险责任通常是在投保人按照约定交付保险费之后一段时间才开始进行。本条区分保险责任开始前与开始后的不同情况,对投保人要求解除合同时如何退还保险费作了规定。

第一,保险责任开始前,投保人要求解除合同的,因此时保险人还没有开始履行合同约定的义务,保险人应当将已经收取的保险费全部退还给投保人。但是,保险人为合同的订立也付出了一定的成本，如工本费、人工费或者支付给保险代理人的代理费等，从公平的角度出发，保险人的这部分费用应当从退还的保险费中扣除。为此，本条规定，保险人退还保险费的，投保人应当按照合同约定向保险人支付手续费。

第二，保险责任开始后，投保人要求解除合同的，此时保险人已经开始履行其合同义务，承担起保障保险财产的风险损失的责任。保险人收取的保险费与其承担的保险责任是相对应的。因此，本条规定，在这种情况下，保险人退还保险费时，按照合同约定扣除自保险责任开始之日起至合同解除之日止这一期间的应收部分，将剩余部分退还投保人。

关联规定

《民法典》第566条

第五十五条　【保险价值与保险金额】投保人和保险人约定保险标的的保险价值并在合同中载明的，保险标的发生损失时，以约定的保险价值为赔偿计算标准。

投保人和保险人未约定保险标的的保险价值的，保险标的发生损失时，以保险事故发生时保险标的的实际价值为赔偿计算标准。

保险金额不得超过保险价值。超过保险价值的，超过部分无效，保险人应当退还相应的保险费。

保险金额低于保险价值的，除合同另有约定外，保险人按照保险金额与保险价值的比例承担赔偿保险金的责任。

条文注释

本条规定了定值与不定值保险以及超额与不足额保险的效力。

1. 保险价值与保险金额

保险价值，就是保险标的以金钱估计的价值总额，它是确定保险金额从而确定保险人所承担赔偿责任的依据，确定保险价值对于履行财产保险合同具有重要意义。在财产保险合同中，保险金额十分重要，它是保险人承担赔偿或者给付保险金责任的最高限额，也是投保人缴付保险费的依据。

保险金额与保险价值的关系非常紧密，根据本条的规定，二者的基本法律关系是，保险价值是确定保险金额的依据，保险金额可以低于保险价值，不得高于保险价值；保险金额超过保险价值的，超过的部分无效，保险人应当退还相应的保险费。

2. 定值保险与不定值保险

(1)定值保险合同，是指双方当事人在订立合同时即已确定保险标的的保险价值，并将之载明于合同中的保险合同。依据本条第1款的规定，定值保险合同成立以后，一旦发生保险事故，保险标的发生损失时，以约定的保险价值为赔偿计算标准。如果保险事故造成保险标的全部损失，无论该保险标的实际损失如何，保险人均应支付合同所约定的保险金额的全部，不必对保险标的重新估价；如果保险事故仅造成保险标的部分损失，则只需要确定损失的比例，该比例与双方确定的保险价值的乘积，即为保险人应支付的赔偿金额，同样无须重新对保险标的实际损失的价值进行估量。

(2)不定值保险合同，是指双方当事人在订立合同时不预先确定保险标的的保险价值，仅载明须至危险事故发生后，再行估计其价值而确定其损失的保险合同。依据本条第2款的规定，对于不定值保险合同，在保险标的发生损失时，以保险事故发生时保险标的的实际价值为赔偿计算标准。其通常的方法是以保险事故发生时当地同类财产的市场价格来确定保险标的的实际价值。

3. 超额保险与不足额保险

(1)超额保险，是指保险金额大于保险财产的保险价值的保险。导致超额保险的原因有多种，有的是因为投保人不了解市场行情高估保险财产的价值所致，有的是因为投保人希望出险时多获赔偿而故意高估保险财产的价值所致，有的是因为保险标的的价值在保险期间内减少所致。依据本条第3款的规定，在发生超额保险时，由于超过保险价值的保险金额部分无效，被保险人只能按其所受实际损失获得赔偿，保险人应当退还相应的保险费。

(2)足额保险,是指保险金额等于保险财产的保险价值的保险。足额保险是一种比较理想的保险,被保险人所具有的保险标的的价值可以得到充分的保险保障;在发生保险事故时,被保险人能够得到充分的赔偿。

(3)不足额保险,是指保险金额低于保险财产的保险价值的保险。依据本条第4款的规定,在不足额保险中,其不足额部分应视为被保险人的自保。在发生保险事故时,除合同另有约定外,保险人按照保险金额与保险价值的比例承担赔偿保险金的责任。

第五十六条　【重复保险】重复保险的投保人应当将重复保险的有关情况通知各保险人。

重复保险的各保险人赔偿保险金的总和不得超过保险价值。除合同另有约定外,各保险人按照其保险金额与保险金额总和的比例承担赔偿保险金的责任。

重复保险的投保人可以就保险金额总和超过保险价值的部分,请求各保险人按比例返还保险费。

重复保险是指投保人对同一保险标的、同一保险利益、同一保险事故分别与两个以上保险人订立保险合同,且保险金额总和超过保险价值的保险。

条文注释

本条规定了重复保险的定义及当事人的权利与义务。

重复保险中当事人有以下权利与义务:

1. 投保人的通知义务

依据本条第1款的规定,重复保险的投保人应当将重复保险的有关情况通知各保险人,但可以不用书面的形式通知。该规定的目的在于防止投保人隐瞒已经订立保险合同的情况,又与其他保险人订立保险合同,通过重复保险谋取不正当利益,即防止道德风险的发生。

2. 保险人的按比例赔偿权

依据本条第2款的规定,重复保险的各保险人赔偿保险金的总和不得超过保险价值。除合同另有约定外,各保险人按照其保险金额与保险金额总和的比例承担赔偿保险金的责任。

3. 投保人的保险费返还请求权

依据本条第3款的规定,重复保险的投保人可以就保险金额总和超过保险价值的部分,请求各保险人按比例返还保险费。投保人多支付了保险费,而没有获得约定的超额赔偿,这实际上是保险人获益了;为平衡双方利益,本款规定,投保人可以请求保险人将多收取的保险费予以返还。

关联规定

《保险法解释(二)》第1条

第五十七条 【防止或减少损失的义务】保险事故发生时,被保险人应当尽力采取必要的措施,防止或者减少损失。

保险事故发生后,被保险人为防止或者减少保险标的的损失所支付的必要的、合理的费用,由保险人承担;保险人所承担的费用数额在保险标的损失赔偿金额以外另行计算,最高不超过保险金额的数额。

条文注释

本条规定了被保险人防止或减少保险标的的损失的义务。

保险不只是一种灾后补偿的消极手段,还应该具有防灾防损的积极效果。保险事故造成的损失有时是无法挽回的,保险赔偿也不能完全弥补被保险人的损失。被保险人在保险事故发生后,及时、主动地设法抢救,防止损失扩大,对于被保险人和保险人来说都是有利的。同时,一般情况下,被保险人对保险财产的性能、保险事故现场及其周围情况比较了解,被保险人如果尽力采取措施,能够防止损失扩大或者减少损失程度。因此,许多国家的保险法规定,保险事故发生后,被保险人有尽力施救,以防止或者减少损失的义务。本法也对此作了规定,本条第1款明确规定,保险事故发生时,被保险人有责任尽力采取必要的措施,防止或者减少损失。这里讲的

"必要的措施",是指为防止保险事故的扩大而对保险财产采取的抢救、保护和整理等措施。

被保险人为防止或者减少保险财产损失而采取施救、保护、整理等措施,通常会有一定的费用支出。由于被保险人的财产已经被投保,从某种意义上说,被保险人的这些费用是为保险人的利益而支出的。因此,本法规定,被保险人为防止或者减少保险标的损失而支付的必要的、合理的费用,应当由保险人来承担。这些费用在实践中一般包括两部分:一是保险事故发生时,为抢救财产或者防止灾害蔓延而采取必要措施而造成的损失,如房屋发生火灾,为防止火势蔓延,将房屋周围的附属建筑物拆除,所造成的损失就应由保险人赔偿;二是抢救、保护和整理保险标的所支出的合理费用,如抢救的人工费、材料费等。

由于被保险人的这种费用支出与其保险财产因保险事故所遭受的损失具有不同的性质,因此本条第 2 款规定,保险人所承担的费用数额在保险标的损失赔偿金额以外另行计算,最高不超过保险金额的数额。也就是说,如果被保险人在保险事故发生后,为防止或者减少保险标的的损失而支付了必要的、合理的费用,被保险人最高可以获得相当于两个保险金额数额的赔偿。

关联规定

《民法典》第 591 条

第五十八条　【保险标的部分损失后的合同解除】保险标的发生部分损失的,自保险人赔偿之日起三十日内,投保人可以解除合同;除合同另有约定外,保险人也可以解除合同,但应当提前十五日通知投保人。

合同解除的,保险人应当将保险标的未受损失部分的保险费,按照合同约定扣除自保险责任开始之日起至合同解除之日止应收的部分后,退还投保人。

条文注释

本条对保险标的部分损失后的合同解除作出规定。

(1)保险事故发生后,作为保险标的的保险财产有的全部灭失,有的只发生部分损毁或灭失。保险标的发生损失时,被保险人可以根据保险合同的约定,要求保险人履行赔偿责任。保险人按照保险财产的实际损失支付保险赔偿金后,保险合同的效力根据损失程度和保险金额的多少会出现以下情形:

第一,足额保险,即保险金额等于保险价值的保险,如果保险标的发生了全损,保险人支付了全额保险金,则保险合同自然终止。

第二,不足额保险,即保险金额少于保险价值的保险,如果保险标的发生了全损,保险人支付了全额保险金,则保险合同也自然终止。

第三,如果不足额保险的保险标的发生了部分损失,但保险人按照合同约定根据实际损失程度支付了保险金,并且保险金达到了保险金额的数额,虽然这个时候保险标的仍然存在,但在以后再发生保险事故时保险人没有赔偿保险金的义务,保险合同也应终止。

第四,足额保险或者不足额保险的保险标的发生损失,而保险人赔偿的保险金没有达到保险金额的数额,保险标的仍然存在,保险人对保险标的的未受损失的部分,仍然承担保险责任,在以后发生保险事故时保险人仍有赔偿保险金的义务,此时保险合同的效力仍然维持。

(2)在保险标的发生部分损失,保险合同效力仍然维持的情况下,本条对投保人和保险人是否解除合同提供了选择的机会。表现在:

第一,保险标的发生部分损失,保险赔偿金未达到保险金额,投保人可以自保险人赔偿之日起30日内解除保险合同。在这种情况下,投保人只需向保险人作出解除合同的意思表示,而无须征得保险人的同意,合同效力即行终止。

第二,保险标的发生部分损失,保险赔偿金未达到保险金额,如果合同中没有不得终止合同的条款,保险人在履行了赔偿保险金责任后，也有权解除合同。但是保险人若要解除保险合同，应当提前15日通知投保人。

（3）如果投保人已经履行了支付整个保险期间的保险费的义务，那么，在保险期限届满前合同解除的，按照公平原则，保险人应将其未承担保险责任的那部分保险费退还给投保人。对于发生损失的部分，保险人已经赔偿了保险金，承担了保险责任；对于未受损失的部分，于保险责任开始之日起至合同解除之日止，保险人也承担了保险责任，这一期间的保险费是投保人应该支付的。因此，本条第2款规定，依照本条第1款解除合同的，保险人应当将保险标的未受损失部分的保险费，按照合同约定扣除自保险责任开始之日起至合同解除之日止应收的部分后，退还投保人。

关联规定

《海商法》第247条

第五十九条　【保险标的的权利归属】保险事故发生后，保险人已支付了全部保险金额，并且保险金额等于保险价值的，受损保险标的的全部权利归于保险人；保险金额低于保险价值的，保险人按照保险金额与保险价值的比例取得受损保险标的的部分权利。

条文注释

本条对保险事故发生后，保险标的的权利归属作出规定。

代位原则，是指在财产保险合同中，保险人赔偿被保险人的损失后，代位取得向对保险事故的发生或保险标的的损失负有责任的第三者求偿的权利，或者保险标的发生损失，保险人赔偿后取得保险标的的全部权利。

保险事故发生后，可能造成标的全损，或者造成标的部分损失。但无论造成何种损失，都会产生相关的财产性权利。根据本条以及本法第60条的规定，本条所规定保险标的残值权利应是物权性的权利，比如保险标的只发生部分损失的，对于剩余的没有发生损失的部分,该部分之上的所有权、用益物权以及担保物权,皆属其类。而本法第60条所规定的则是债权性的权利,比如保险标的发生部分或全部损失的,就该部分损失而产生的损害赔偿请求权等皆属其类,这部分债权性的权利同样可以由保险人在一定条件下取得。

依本条规定,保险人取得保险标的残值权利的情形有两种:(1)取得全部残值。在足额保险的情况下,保险事故发生后,保险人支付了全部保险金额的,受损保险标的的全部价值归属于保险人。(2)取得部分残值。在不足额保险的情况下,也就是保险金额低于保险价值的情况下,保险人按照保险金额与保险价值的比例取得受损保险标的的部分权利。

第六十条　【代位求偿权的行使】因第三者对保险标的的损害而造成保险事故的,保险人自向被保险人赔偿保险金之日起,在赔偿金额范围内代位行使被保险人对第三者请求赔偿的权利。

前款规定的保险事故发生后,被保险人已经从第三者取得损害赔偿的,保险人赔偿保险金时,可以相应扣减被保险人从第三者已取得的赔偿金额。

保险人依照本条第一款规定行使代位请求赔偿的权利,不影响被保险人就未取得赔偿的部分向第三者请求赔偿的权利。

条文注释

本条对保险人的代位求偿权作出规定。

保险代位求偿权,是指财产保险的保险人在赔偿被保险人损失后,所取得的向负有责任的第三方请求赔偿的权利。保险代位求偿权发生在保险事故因第三者的违约或者侵权而对保险标的造成损害的财产保险合同中。第三者对保险标的造成损害后,被保险人有权依据有关民事法律的规定向该第三者请求赔偿,同时也有权依据保险合同的约定向保险人请求赔偿保险金。由于财产保险以赔偿实际损失为原则,为避免被保险人因行使上述两种请求权而获得双重利益，在其获得保险人赔偿的保险金后，就不应再向第三者行使损害赔偿请求权。因此这一权利有必要转让给保险人，由保险人代位行使，这就是保险代位求偿权产生的原因。

保险人行使代位求偿权必须以其履行了保险金赔偿义务为前提。第一，保险人与被保险人之间应存在财产保险合同关系，这是保险代位求偿权产生的基础。第二，保险标的因第三者的违约或者侵权而产生损害，如果保险标的的损害不是因第三者的原因造成的，代位求偿自然也无从谈起。第三，第三者对保险标的的损害负有向被保险人赔偿的义务。第四，第三者对保险标的的损害属于保险事故。如果不属于保险事故，保险人不承担保险责任，也不存在代位求偿问题。第五，保险人实际履行了赔偿保险金的义务。

保险人行使代位求偿权的范围不得超过其实际赔偿金额的范围。代位求偿权的设立目的在于防止被保险人因保险事故的发生而获得双重利益，保险人也不应因行使代位求偿权而获得额外利益。因此，保险人行使代位求偿权应在其实际赔偿的保险金范围内，不能超出其实际赔付金额向第三者行使损害赔偿请求权。

保险事故发生后，被保险人已经从第三者处取得损害赔偿的，保险人赔偿保险金时，可以相应扣减被保险人从第三者处已取得的赔偿金额。这一规定的目的在于防止被保险人获得双重利益。

保险人行使代位求偿权，不影响被保险人就未取得赔偿的部分向第三者请求赔偿的权利。本条第 1 款明确规定，保险人在其赔偿保险金的范围内代位行使被保险人对第三者请求赔偿的权利。当保险赔偿金低于被保险人应获得的损害赔偿时，被保险人的损害赔偿请求权在其未获赔偿范围内仍然存在，被保险人有权就这部分损失向第三者请求赔偿。

关联规定

《保险法解释（二）》第 16、19 条

《保险法解释（四）》第 10 条

典型案例

指导案例74号:中国平安财产保险股份有限公司江苏分公司诉江苏镇江安装集团有限公司保险人代位求偿权纠纷案①

裁判要点: 因第三者的违约行为给被保险人的保险标的造成损害的,可以认定为属于《保险法》第60条第1款规定的"第三者对保险标的的损害"的情形。保险人由此依法向第三者行使代位求偿权的,人民法院应予支持。

裁判理由: 关于第一个争议焦点:保险代位求偿权的适用范围是否限于侵权损害赔偿请求权。《保险法》第60条第1款规定:"因第三者对保险标的的损害而造成保险事故的,保险人自向被保险人赔偿保险金之日起,在赔偿金额范围内代位行使被保险人对第三者请求赔偿的权利。"该款使用的是"因第三者对保险标的的损害而造成保险事故"的表述,并未限制规定为"因第三者对保险标的的侵权损害而造成保险事故"。将保险代位求偿权的权利范围理解为限于侵权损害赔偿请求权,没有法律依据。从立法目的看,规定保险代位求偿权制度,在于避免财产保险的被保险人因保险事故的发生,分别从保险人及第三者获得赔偿,取得超出实际损失的不当利益,并因此增加道德风险。将《保险法》第60条第1款中的"损害"理解为仅指"侵权损害",不符合保险代位求偿权制度设立的目的。故保险人行使代位求偿权,应以被保险人对第三者享有损害赔偿请求权为前提,这里的赔偿请求权既可因第三者对保险标的实施的侵权行为而产生,亦可基于第三者的违约行为等产生,不应仅限于侵权赔偿请求权。

---

① 《指导案例74号:中国平安财产保险股份有限公司江苏分公司诉江苏镇江安装集团有限公司保险人代位求偿权纠纷案》,载最高人民法院网2017年1月3日,https://www.court.gov.cn/shenpan/xiangqing/34312.html。

第六十一条 【被保险人放弃赔偿请求权的法律后果】保险事故发生后,保险人未赔偿保险金之前,被保险人放弃对第三者请求赔偿的权利的,保险人不承担赔偿保险金的责任。

保险人向被保险人赔偿保险金后,被保险人未经保险人同意放弃对第三者请求赔偿的权利的,该行为无效。

被保险人故意或者因重大过失致使保险人不能行使代位请求赔偿的权利的,保险人可以扣减或者要求返还相应的保险金。

条文注释

本条规定了被保险人放弃对第三者请求赔偿权的法律后果。

在发生了因第三者对保险标的的损害而造成的保险事故以后,被保险人同时享有向保险人请求赔偿保险金的权利和向第三者请求赔偿的权利。如果被保险人先向第三者进行索赔,第三者承担了赔偿责任,支付了赔偿金,对于已获得赔偿的损失,被保险人不能再向保险人索赔。也就是说,第三者赔偿的金额如果等于或大于保险财产的实际价值,保险人就不再承担赔偿保险金的责任。发生保险事故后,如果被保险人先向保险人请求赔偿,保险人支付了保险赔偿金,则被保险人向第三者请求赔偿的权利依法应由保险人代位行使,被保险人只对未取得保险赔偿的部分享有向第三者请求赔偿的权利。法律赋予保险人代位求偿权,在于防止被保险人因保险事故获得额外利益,同时使有过错的第三者不能逃避损失赔偿责任,体现了财产损失补偿原则和社会公平原则。保险事故发生后,保险人未赔偿保险金之前,被保险人放弃对第三者请求赔偿的权利的,保险人就会失去代位求偿权,实际上使有过错的第三者免除了法定赔偿责任,损害了保险人的合法权益。为了制约被保险人放弃对第三者请求赔偿的权利的行为,本条第1款明确规定了这种行为的法律后果,即被保险人将丧失从保险人处取得保险赔偿金的权利,其保险财产损失不能从保险人处得到赔偿。

保险人的代位求偿权是法定权利，在保险人向被保险人支付了保险赔偿金后，被保险人所享有的向第三者请求赔偿的权利自动转移，保险人的代位求偿权随之产生。被保险人的损害赔偿请求权虽然因第三者对保险标的的损害而产生，但在保险人赔偿保险金后，已经依法由保险人行使，对损害赔偿请求权的任何处置都必须经保险人同意，否则将因无权处分而无效。因此，本条第2款明确规定，保险人向被保险人赔偿保险金后，被保险人未经保险人同意放弃对第三者请求赔偿的权利的，该行为无效；保险人仍有权代位行使被保险人对第三者请求赔偿的权利。

代位求偿权以第三者对保险标的损害而造成保险事故为前提，被保险人是保险事故的直接受害者，其有关行为对以后保险人能否行使代位求偿权有着重要影响，甚至可能直接导致保险人无法行使代位求偿权。比如，被保险人的疏忽大意，造成证据遗失，使损害赔偿的范围无法确定或者减少，或者被保险人怠于行使权利而超过诉讼时效，等等。上述行为是因被保险人的过错所致，被保险人应该承担相应的责任。因此，本条第3款规定，被保险人故意或者因重大过失致使保险人不能行使代位请求赔偿的权利的，保险人可以扣减或者要求返还相应的保险金。

第六十二条　【禁止代位请求赔偿的情形】除被保险人的家庭成员或者其组成人员故意造成本法第六十条第一款规定的保险事故外，保险人不得对被保险人的家庭成员或者其组成人员行使代位请求赔偿的权利。

条文注释

本条对代位求偿权进行了限制。

被保险人的家庭成员，是指作为自然人的被保险人，其配偶、子女、父母以及与被保险人有抚养、赡养或者扶养关系的人。被保险人的组成人员，一般是指作为法人和其他组织的被保险人的内部工作人员。通常情况下，被保险人的家庭成员或者其组成人员与被保险人对保险标的具有共同的利益。如家庭财产遭受损失，不仅被保险人的利益受损害，所有家庭成员的生活及工作都会受到影响；企业财产遭受损失，企业的生产和效益以及职工的利益也会受影响。因此，被保险人的家庭成员或者其组成人员通常不会故意造成保险标的损失，一旦他们造成保险事故，实际上是损害自己的利益。同时，即使在被保险人的家庭成员或者其组成人员造成保险标的损失的情况下，实践中被保险人一般也不会追究其责任：对于家庭成员，追究其财产责任与传统的伦理道德观念不相符；对于组成人员，一般通过纪律处分解决，很少要求其按照实际损失承担赔偿责任。因此，被保险人的家庭成员或者其组成人员造成保险事故的，一般情况下被保险人不会行使损害赔偿请求权；随之而来，对保险人行使代位求偿权也应有所限制。

本条对保险人向造成保险标的损失的被保险人的家庭成员或者其组成人员行使代位求偿权进行了限制，即被保险人的家庭成员或者其组成人员过失造成保险标的损失的，保险人不得行使代位求偿权；被保险人的家庭成员或者其组成人员故意造成保险标的损失的，保险人仍可以依照本法的有关规定行使代位求偿权，向其请求损害赔偿。

典型案例

被保险人的关联公司不构成《保险法》第62条规定的“被保险人的组成人员”，保险人可依法对该关联公司行使代位求偿权①

裁判理由与结果：法院经审理认为，某科技公司作为被保险人（B、C、D三家公司）的关联公司，与被保险人之间不存在经济利益上的同一性，在法律人格上亦不具有依附性。故其不构成《保险法》

① 参见《青岛中院2014－2023金融审判典型案例》，载青岛市中级人民法院网2024年4月30日，http://ytzy.sdcourt.gov.cn/qdzy/spgk66/sszy16/spzdyj/dxxal/19853244/index.html。

第62条规定的“被保险人的组成人员”，保险人可在向该三家公司赔偿保险金后，依法对某科技公司行使代位求偿权。

第六十三条　【协助行使代位求偿权的义务】保险人向第三者行使代位请求赔偿的权利时，被保险人应当向保险人提供必要的文件和所知道的有关情况。

条文注释

本条规定了被保险人协助行使代位求偿权的义务。

由于代位求偿权实际上是被保险人损害赔偿请求权的转移，被保险人是否协助保险人向第三者求偿等，对于保险人能否实现其代位求偿权十分重要。为此，本条对保险人行使代位求偿权时被保险人的义务作了规定。

根据本条规定，保险人向第三者行使代位求偿权时，被保险人应当向保险人提供必要的文件和所知道的有关情况。这是因为保险人行使代位求偿权，需要了解被保险人与第三者的权利义务关系，即第三者是如何对保险标的造成损害的，如损害原因是违约还是侵权：如果是违约，有关合同是如何规定的；如果是侵权，侵权行为是如何发生的，等等。而上述有关情况，被保险人是最清楚的，保险人往往并不掌握。被保险人如果不向保险人提供必要的文件和所知道的有关情况，很可能导致保险人的代位求偿权无法实现。因此，本法对被保险人规定了提供必要的文件和告知其所知道的有关情况的义务。这里所说的“必要的文件和所知道的有关情况”，一般是指能够证明被保险人损害赔偿请求权存在的文件或者其他证据，如被保险人与第三者之间的合同、第三者的有关情况以及能够证明第三者对保险事故的发生负有责任的有关情况和依据等。被保险人如果怠于履行这项法定义务，致使保险人不能行使代位求偿权，保险人可以按照本法第61条第3款的规定，相应扣减保险金。

第六十四条　【合理费用的承担】保险人、被保险人为查明和确定保险事故的性质、原因和保险标的的损失程度所支付的必要的、合理的费用，由保险人承担。

条文注释

本条规定由保险人承担合理费用。

保险事故的性质，主要指事故与保险人责任的关系。查明事故的性质，就是为了确认事故是否为合同中载明的保险责任范围内的事故。对于保险责任范围以外的事故造成的损失，保险人不承担赔偿责任。保险事故的原因是指保险事故发生的直接诱因，查明保险事故的原因，可以确定保险人的除外责任。例如，依据本法的有关规定，对于被保险人的故意行为造成的事故，保险人不承担保险责任。查明保险标的损失程度，是为了确定应该支付的保险金的数额，履行赔偿责任。

查明保险事故的性质、原因和保险标的的损失程度，是保险人明确承担的责任范围，划清除外责任，最终确定应该支付的保险金数额所必须履行的程序，是保险人理赔工作的一部分，不查明这些情况，保险人无法进行合理的赔付。因此，保险人为查明本条规定的上述情况所支出的费用，是理赔所必需的，理应由保险人承担。

被保险人对于保险事故的性质、原因和保险标的的损失程度，没有调查的义务。但是，被保险人可以协助保险人进行上述调查，这有助于缩短理赔时间，使被保险人及时获得赔偿，尽早恢复正常的工作和生活。为了鼓励被保险人协助调查，被保险人为查明上述情况而支出的合理的、必要的费用，也由保险人承担。

典型案例

某某财产保险股份有限公司库车市支公司、某某物流有限公司等机动车交通事故责任纠纷民事二审民事判决书[①]

要旨:关于某某库车市支公司是否应当承担评估费用的问题,《保险法》第64条规定:"保险人、被保险人为查明和确定保险事故的性质、原因和保险标的的损失程度所支付的必要的、合理的费用,由保险人承担。"本案中,某甲公司所有的新M438**新M43***M6467挂新M64**半挂车因本起交通事故导致无法从事相应经营活动,继而产生的合理停运损失,为确定维修费及停运损失具体金额,某甲公司委托某某价格评估有限公司对停运损失进行评估,支付评估费6000元,该鉴定费属于为确定保险标的损失程度产生的合理费用,一审认定由某某库车市支公司承担该费用并无不当,本院予以支持。

第六十五条 【责任保险金的支付】保险人对责任保险的被保险人给第三者造成的损害,可以依照法律的规定或者合同的约定,直接向该第三者赔偿保险金。

责任保险的被保险人给第三者造成损害,被保险人对第三者应负的赔偿责任确定的,根据被保险人的请求,保险人应当直接向该第三者赔偿保险金。被保险人怠于请求的,第三者有权就其应获赔偿部分直接向保险人请求赔偿保险金。

责任保险的被保险人给第三者造成损害,被保险人未向该第三者赔偿的,保险人不得向被保险人赔偿保险金。

---

① (2024)新28民终1624号。

> 责任保险是指以被保险人对第三者依法应负的赔偿责任为保险标的的保险。

条文注释

本条规定了责任保险。

责任保险，又称第三者责任保险，依据本条规定，是指以被保险人对第三者依法应负的赔偿责任为保险标的的保险。即当被保险人对第三者负损害赔偿责任时，由保险人承担其赔偿责任，向被保险人或者第三人赔偿保险金的一种保险。订立责任保险合同的，实际上是由保险人担负被保险人对第三者的损害赔偿责任。实践中的责任保险，包括公众责任保险、产品责任保险、职业责任保险、机动车第三者责任险等。

责任保险的保险标的，是被保险人在法律上应该承担的损害赔偿责任，这与以某一具体的物质形态的财产为标的的保险有所不同。但是，由于发生民事赔偿责任，就需要向受损害的第三者支付金钱或者实物作为赔偿，所以，这种保险实际上是以被保险人的全部财产为保险标的的一种保险，也应属于财产保险的范畴。

责任保险以被保险人对第三者依法应付的赔偿责任为保险标的，在具体赔偿方式上与一般的财产保险有所不同：当保险事故发生时，保险人可以直接向第三者赔偿保险金，这是由责任保险的目的决定的。在责任保险合同的保险期间内，一旦发生被保险人对第三者损害的保险事故，被保险人对第三者的损害赔偿责任，由保险人代为承担，因此，保险人不必先将保险赔偿金支付给被保险人，而可以直接向受损害的第三者赔偿保险金。本条专门对此作了规定，包括：

(1)依照法律规定或者合同约定直接向第三者赔偿保险金。如《道路交通安全法》第75条规定，发生交通事故并且肇事车辆参加机动车第三者责任强制保险的，由保险公司在责任限额范围内支付抢救费用。保险人和被保险人也可以在合同中约定，当保险事故发生时，由保险人直接向第三者赔偿保险金。

(2)应被保险人的请求直接向第三者赔偿保险金。在法律没有规定或者合同没有约定的情况下,当保险事故发生后,保险人对第三者应负的赔偿责任确定的,依照本条第2款的规定,根据被保险人的请求,保险人应当直接向第三者赔偿保险金。这里讲的"赔偿责任确定",实践中一般包括以下情况:第一,法院判决或者仲裁机构的仲裁裁决确定了被保险人应当向第三者赔偿的具体金额;第二,被保险人与第三者达成的并经保险人同意的赔偿协议确定了具体赔偿数额。当然,保险人向第三者赔偿的保险金,应当在合同约定的保险金额范围内。如果法院判决或者赔偿协议确定的赔偿数额超过了保险金额,超过部分由被保险人自己承担。

(3)如果被保险人怠于向保险人请求向第三者支付,第三者有权就其应获赔偿部分直接向保险人请求赔偿保险金。实践中,有的被保险人对第三者造成损害后,无力赔偿,又不请求保险人直接向第三者赔偿保险金,损害了第三者的利益。根据《民法典》中关于因债务人怠于行使其债权,对债权人造成损害的,债权人可以以自己的名义代位行使债务人的债权的规定,本法作出上述规定,以更好地保护第三者的利益。

为了更好地保护第三者的利益,防止被保险人在获得保险金后不向第三者赔偿,本条第3款明确规定,责任保险的被保险人给第三者造成损害,被保险人未向该第三者赔偿的,保险人不得向被保险人赔偿保险金。当然,这一规定并不影响保险人依据本条第1款和第2款的规定,直接向第三者赔偿保险金。

关联规定

《保险法解释(四)》第14、20条

第六十六条 【责任保险的其他费用】责任保险的被保险人因给第三者造成损害的保险事故而被提起仲裁或者诉讼的,被保险人支付的仲裁或者诉讼费用以及其他必要的、合理的费用,除合同另有约定外,由保险人承担。

条文注释

本条对责任保险的其他必要、合理费用的承担作出规定。

被保险人给第三者造成损害后,如果双方不能达成赔偿协议,则需要提起仲裁或诉讼,由仲裁机构或法院裁定或判决,否则赔偿金额无法确定。由此可见,在被保险人与受损害的第三者不能达成赔偿协议的情况下,仲裁或者诉讼是确定赔偿金额所必须经过的程序。责任保险的保险人的责任范围,包括被保险人对第三者所负的一切赔偿责任。

本条规定的"由保险人承担",是指最终由保险人负担这些费用。如果被保险人已经支付了仲裁或者诉讼费用,其可以向保险人请求给付。如果被保险人尚未支付这些费用,则可以由保险人代为支付。本条规定的"其他必要的、合理的费用",是指因赔偿纠纷引起的,为分清责任、确定赔偿金额所必须支出的费用,如律师费等,也包括保险人同意支付的其他为处理赔偿纠纷而发生的费用。如果保险合同中有不同的约定,应按照合同约定办理。

第三章　保 险 公 司

第六十七条　【设立的审批】设立保险公司应当经国务院保险监督管理机构批准。

国务院保险监督管理机构审查保险公司的设立申请时,应当考虑保险业的发展和公平竞争的需要。

关联规定

《保险公司管理规定》第2、3条

第六十八条　【设立条件】设立保险公司应当具备下列条件:

（一）主要股东具有持续盈利能力，信誉良好，最近三年内无重大违法违规记录，净资产不低于人民币二亿元；

（二）有符合本法和《中华人民共和国公司法》规定的章程；

（三）有符合本法规定的注册资本；

（四）有具备任职专业知识和业务工作经验的董事、监事和高级管理人员；

（五）有健全的组织机构和管理制度；

（六）有符合要求的营业场所和与经营业务有关的其他设施；

（七）法律、行政法规和国务院保险监督管理机构规定的其他条件。

关联规定

《保险公司管理规定》第6、7条

第六十九条　【注册资本的最低限额】设立保险公司，其注册资本的最低限额为人民币二亿元。

国务院保险监督管理机构根据保险公司的业务范围、经营规模，可以调整其注册资本的最低限额，但不得低于本条第一款规定的限额。

保险公司的注册资本必须为实缴货币资本。

条文注释

本条对保险公司注册资本的最低限额作出规定。

依本条第1款的规定，保险公司注册资本的最低限额为人民币2亿元。保险公司也是公司的一种，为保证其经营以及偿付债权的必要，必须拥有一定的注册资本。同时，保险行业是典型的金融行业，其所面临的风险与压力明显高于其他行业，因此保险公司的最低注册资本额也应高于其他行业。本款将该数额确定为2亿元人民币。设立保险公司,注册资本额必须不低于该数额。

依据本条第2款的规定,国务院保险监督管理机构可以根据保险公司的业务范围、经营规模,调整其注册资本的最低限额,但不得低于2亿元人民币。本款授权国务院保险监督管理机构针对不同的保险公司调整其最低的注册资本额,以达到个案的公平。但是所有的保险公司其最低注册资本额不能低于本条第1款规定的2亿元人民币。

依据本条第3款的规定,保险公司的注册资本必须为实缴货币资本。即设立保险公司,所有的出资形式只能是货币,不能是土地使用权、知识产权等其他权利。同时,保险公司与一般公司不同,为了保证其偿付能力,本法对保险公司的股东出资提出了更高的要求,不能采用分期缴纳的方式进行出资,必须一次性出资完成。

第七十条　【申请设立应提交的资料】申请设立保险公司,应当向国务院保险监督管理机构提出书面申请,并提交下列材料:

(一)设立申请书,申请书应当载明拟设立的保险公司的名称、注册资本、业务范围等;

(二)可行性研究报告;

(三)筹建方案;

(四)投资人的营业执照或者其他背景资料,经会计师事务所审计的上一年度财务会计报告;

(五)投资人认可的筹备组负责人和拟任董事长、经理名单及本人认可证明;

(六)国务院保险监督管理机构规定的其他材料。

关联规定

《保险公司管理规定》第8条

第七十一条 【设立申请的审批】国务院保险监督管理机构应当对设立保险公司的申请进行审查，自受理之日起六个月内作出批准或者不批准筹建的决定，并书面通知申请人。决定不批准的，应当书面说明理由。

条文注释

本条对保险公司设立申请的审批作出规定。

依本条规定，国务院保险监督管理机构应当对设立保险公司的申请，即筹建申请进行审查。该审查应为实质审查，即不但要审查申请人所提交材料是否符合法定要求，同时还必须审查申请人所提交材料内容是否真实可信，是否具有说服力。并根据审查的结果作出批准筹建或者不批准筹建的决定。作出不批准筹建决定的，同时需要向申请人说明理由。说明理由需要采用书面形式。

本条同时规定了主管机关作出审批的时限，其长度为受理之日起6个月。即国务院保险监督管理机构应当自受理之日起6个月内作出决定。需要注意的是：(1)受理之日并不等同于收到申请之日。主管机关收到申请之后需要对申请的材料作形式审查，确定申请材料是否齐全并符合法定形式。如果申请材料齐全并符合法定形式，主管机关必须受理并出具受理凭证。(2)本条规定的期间明显长于普通行政许可的审批期限。根据《行政许可法》第42条第1款的规定，普通行政许可的最长审批期限为30天，法律、法规另有规定的，依其特别规定。而本法规定保险公司筹建申请的审批时间为6个月，即属于“法律、法规另有规定的”情形。

关联规定

《行政许可法》第42条

《保险公司管理规定》第9、10条

第七十二条 【筹建工作】申请人应当自收到批准筹建通知之日起一年内完成筹建工作；筹建期间不得从事保险经营活动。

条文注释

本条对筹建工作作出规定。

依本条规定，筹建期间的长度为1年，起算点为申请人收到批准筹建通知之日。申请人在法定期限内没有完成筹建工作的，批准筹建决定自动失效，保险公司设立失败。

本条同时规定，申请人在筹建期间不得以筹建机构的名义从事保险经营活动。这是因为经营保险业务必须取得保险业的经营许可证，并取得工商登记。而筹建中的保险公司不是保险公司，因而不能从事保险业务，如果从事保险经营活动，将会受到保险监督管理机构依据本法有关规定给予的行政处罚。筹建机构只能进行与筹建工作有关的事项。

关联规定

《保险公司管理规定》第11条

第七十三条　【开业申请及其审批】筹建工作完成后，申请人具备本法第六十八条规定的设立条件的，可以向国务院保险监督管理机构提出开业申请。

国务院保险监督管理机构应当自受理开业申请之日起六十日内，作出批准或者不批准开业的决定。决定批准的，颁发经营保险业务许可证；决定不批准的，应当书面通知申请人并说明理由。

条文注释

本条规定了保险公司的开业申请与审批。

应注意以下三点：(1)申请人具备条件的，可以向国务院保险监督管理机构提出“开业申请”。保险公司的筹建和开业是两个不同的概念，本法第71条、第72条和第73条对此进行了严格的区分。(2)审查期限是自受理开业申请之日起60日内。(3)本条同时规定，“决定批准的，颁发经营保险业务许可证；决定不批准的，应当书面通知申请人并说明理由”，该规定与《行政许可法》第38条的规定相互衔接。

关联规定

《保险公司管理规定》第12、13条

第七十四条　【分支机构】保险公司在中华人民共和国境内设立分支机构，应当经保险监督管理机构批准。

保险公司分支机构不具有法人资格，其民事责任由保险公司承担。

条文注释

本条对保险公司的分支机构作出规定。

保险公司的境内分支机构，是指保险公司在我国境内依据我国相关法律设立的、构成保险公司组成部分的、不能独立承担民事责任的、以自己的名义开展保险业务的机构，也称保险公司的分公司、支公司。依据本条第1款的规定，保险公司在我国境内设立分支机构的，应当经保险监督管理机构批准。需要注意以下内容：

第一，只有在我国境内设立分支机构的时候需要批准，并且颁发经营许可证，在我国境外设立分支机构则无须我国监管机构颁发经营许可证。

第二，依据《保险公司管理规定》第18条的规定，设立分支机构，应当提出设立申请，并符合下列条件：(1)上一年度偿付能力充足，提交申请前连续2个季度偿付能力均为充足；(2)保险公司具备良好的公司治理结构，内控健全；(3)申请人具备完善的分支机构管理制度；(4)对拟设立分支机构的可行性已进行充分论证；(5)在住所地以外的省、自治区、直辖市申请设立省级分公司以外其他分支机构的，该省级分公司已经开业；(6)申请人最近2年内无受金融监管机构重大行政处罚的记录，不存在因涉嫌重大违法行为正在受到国务院保险监督管理机构立案调查的情形；(7)申请设立省级分公司以外其他分支机构，在拟设地所在的省、自治区、直辖市内，省级分公司最近2年内无受金融监管机构重大行政处罚的记录，已设立的其他分支机构最近6个月内无受重大保险行政处罚的记录;(8)有申请人认可的筹建负责人;(9)国务院保险监督管理机构规定的其他条件。

保险公司所设立的分支机构不具有独立的法人资格,没有权利能力与行为能力,不享有独立的财产权,当然也就不能独立地承担民事责任。依据本条第2款的规定,保险公司分支机构的民事责任应当由保险公司承担。保险公司的分支机构具备诉讼主体资格,可以独立地参与民事诉讼。

关联规定

《保险公司管理规定》第15－18、35－40条

《保险公司分支机构市场准入管理办法》

《保险法解释(二)》第20条

第七十五条 【申请设立分支机构应提交的资料】保险公司申请设立分支机构,应当向保险监督管理机构提出书面申请,并提交下列材料:

(一)设立申请书;

(二)拟设机构三年业务发展规划和市场分析材料;

(三)拟任高级管理人员的简历及相关证明材料;

(四)国务院保险监督管理机构规定的其他材料。

关联规定

《保险公司管理规定》第19条

第七十六条 【设立分支机构的审批】保险监督管理机构应当对保险公司设立分支机构的申请进行审查,自受理之日起六十日内作出批准或者不批准的决定。决定批准的,颁发分支机构经营保险业务许可证;决定不批准的,应当书面通知申请人并说明理由。

条文注释

本条就监管机构对分支机构设立申请的审查与决定作出了规定。

比较对保险公司的审查和决定，保险监督管理机构对分支机构设立申请的审查与决定过程大致相同。依本条规定，保险监督管理机构应当对设立分支机构的申请进行审查。该审查应为实质审查。在实质审查之后，监管机构应当根据审查的结果作出批准或者不批准的决定。作出不批准决定的，同时需要向申请人说明理由。说明理由需要采用书面形式。本条同时规定了监管机构作出审批的时限，其长度为受理之日起60日内。自受理之日起算，该时间大大短于对保险公司筹建申请的审批时间。

关联规定

《保险公司管理规定》第20条

第七十七条 【工商登记】经批准设立的保险公司及其分支机构，凭经营保险业务许可证向工商行政管理机关办理登记，领取营业执照。

条文注释

本条规定保险公司及分支机构应办理工商登记。

设立中的保险公司及其分支机构获得保险监督管理机构的批准并取得经营保险业务许可证，只是说明监管机构允许该公司或其分支机构设立完成后可以从事保险业务，但如果它们没有完成设立过程，当然也就没有成立公司或公司的分支机构，当然也就不能从事保险业务。而完成工商登记，并领取营业执照是公司和分支机构设立完成的标志，营业执照签发之日为保险公司及其分支机构成立之时，自此才能从事保险业务。依据本条的规定，设立中的保险公司领取营业执照，必须以获得保险监督管理机构颁发的经营保险业务许可证为前提。

关联规定

《公司法》第29、30条

《保险公司管理规定》第14、25条

第七十八条 【经营保险业务许可证失效】保险公司及其分支机构自取得经营保险业务许可证之日起六个月内，无正当理由未向工商行政管理机关办理登记的，其经营保险业务许可证失效。

条文注释

本条对保险公司及分支机构在规定时间内，无正当理由未进行工商登记的法律后果作出规定。

根据本法规定，设立保险公司首先要经保险监督管理机构批准，由批准部门颁发经营保险业务许可证，并凭经营保险业务许可证向市场监督管理机关办理登记，领取营业执照。本条是对取得经营保险业务许可证后进行工商登记期限的规定；该期限为6个月，超过期限之后，原来的批准文件自动失效。如果有正当理由而未在规定期限内登记，例如因洪水、地震、罢工等不可抗力而未能按期进行公司及其分支机构登记，其经营保险业务许可证并不失效，应当经过保险监督管理机构的确认和证明后，再到市场监督管理机关办理公司登记。

第七十九条 【设立境外子公司、分支机构的审批】保险公司在中华人民共和国境外设立子公司、分支机构，应当经国务院保险监督管理机构批准。

条文注释

本条对保险公司设立境外子公司、分支机构作出规定。

本条所指的“保险公司”，是指依《保险法》和《公司法》设立登记的，并且其住所地或主要营业机构在我国境内的保险公司，即中国的保险公司，属于中国法人。应注意区分：

(1)在境外设立子公司，是指由中国的保险公司出资，依设立国的法律，在该设立国成立具有独立法人资格的公司的行为。该子公司依设立国法律开展保险业务，与中国的保险公司存在管理上的联系，该子公司依该国法律独立承担民事责任。

(2)在境外设立分支机构，是指由中国的保险公司出资，依设立国的法律，在该设立国成立不具有独立法人资格的分支机构的行为。该分支机构的管理人员由保险公司派出或聘用并受保险公司领导，该分支机构依设立国法律开展保险业务，民事责任由我国境内的保险公司承担。

无论在中国境外设立何种机构，中国境内的保险公司均需获得保险监督管理机构的审查与批准。需要注意的是，依本条规定，仅仅获得监管机构的批准即可，不需要颁发许可证之类的营业证明文件；如果为营业需要而必须颁发，这些文件也应由设立国监管机构颁发。

关联规定

《保险公司管理规定》第74条

第八十条　【外国保险机构在境内设立的代表机构的审批】外国保险机构在中华人民共和国境内设立代表机构，应当经国务院保险监督管理机构批准。代表机构不得从事保险经营活动。

条文注释

本条对外国保险机构在我国境内设立代表机构作出规定。

外国保险机构的代表机构，是指外国保险机构在中国境内获准设立并从事联络、市场调查等非经营性活动的代表处、总代表处。该代表机构不从事保险经营活动，其职能通常主要是市场调研、搜集情况，为机构总部提供驻在地有关保险方面的信息，起到机构总部与驻在地的沟通、联络作用。外国保险机构的代表机构并不是外国保险机构的分支机构，更不是独立的法人，不具有权利能力，因此不能在中国境内从事保险经营活动。

依本条规定，外国保险机构的代表机构虽然不在中国境内从事保险经营业务，但因其活动与保险业务有密切的联系，需要保险监督管理机构从总体上把握代表机构的设立情况，以便对其日常活动进行监管，所以也需要获得国务院保险监督管理机构的批准。

关联规定

《外国保险机构驻华代表机构管理办法》

第八十一条　【董事、监事和高级管理人员的积极资格】保险公司的董事、监事和高级管理人员，应当品行良好，熟悉与保险相关的法律、行政法规，具有履行职责所需的经营管理能力，并在任职前取得保险监督管理机构核准的任职资格。

保险公司高级管理人员的范围由国务院保险监督管理机构规定。

关联规定

《保险公司管理规定》第55、57条

第八十二条　【董事、监事和高级管理人员的消极资格】有《中华人民共和国公司法》第一百四十六条规定的情形或者下列情形之一的，不得担任保险公司的董事、监事、高级管理人员：

（一）因违法行为或者违纪行为被金融监督管理机构取消任职资格的金融机构的董事、监事、高级管理人员，自被取消任职资格之日起未逾五年的；

（二）因违法行为或者违纪行为被吊销执业资格的律师、注册会计师或者资产评估机构、验证机构等机构的专业人员，自被吊销执业资格之日起未逾五年的。

第八十三条　【董事、监事和高级管理人员不当职务行为的赔偿责任】保险公司的董事、监事、高级管理人员执行公司职务时违反法律、行政法规或者公司章程的规定，给公司造成损失的，应当承担赔偿责任。

关联规定

《保险公司董事、监事和高级管理人员任职资格管理规定》

第八十四条　【公司重要事项的变更】保险公司有下列情形之一的，应当经保险监督管理机构批准：

（一）变更名称；

（二）变更注册资本；

（三）变更公司或者分支机构的营业场所；

（四）撤销分支机构；

（五）公司分立或者合并；

（六）修改公司章程；

（七）变更出资额占有限责任公司资本总额百分之五以上的股东，或者变更持有股份有限公司股份百分之五以上的股东；

（八）国务院保险监督管理机构规定的其他情形。

条文注释

本条规定了保险公司的变更事项及批准机关。

保险公司的经营具有连续性，保险公司在设立时经过批准的事项，在成立之后如果由于客观环境的变化需要变更，当然也应当经保险监督管理机构批准。如果没有经保险监督管理机构批准，则不发生变更的效果。

关联规定

《保险公司管理规定》第27、31、64条

第八十五条　【精算与合规报告】保险公司应当聘用专业人员，建立精算报告制度和合规报告制度。

条文注释

本条规定了精算报告制度和合规报告制度。

保险精算制度，是指保险公司通过专业的、科学的数学计算手段，核定保险产品的保险费率及责任准备金的制度。保险费率和责任准备金是保险精算的主要事项。保险费率是保险人按照单位保险金额向投保人收取保险费的标准。保险费率可分解为纯保险费率和附加费税率两部分。责任准备金，是指保险人为履行其承担的保险责任或者备付未来的赔款，而从所收取的保险费中提取的一种资金准备。保险精算应当根据各项保险业务的需要及有关规定，依一定方法计算各项责任准备金。

合规，是指保险公司及其员工和营销员的保险经营管理行为应当符合法律法规、监管机构规定、行业自律规则、公司内部管理制度以及诚实守信的道德准则。合规风险，是指保险公司及其员工和营销员因不合规的保险经营管理行为引发法律责任、监管处罚、财务损失或者声誉损失的风险。保险公司董事会对公司的合规管理承担最终责任，履行以下合规职责：(1)审议批准合规政策，监督合规政策的实施，并对实施情况进行年度评估；(2)审议批准并向国务院保险监督管理机构提交公司年度合规报告，对年度合规报告中反映出的问题，采取措施解决。

第八十六条　【重要文件的报送】保险公司应当按照保险监督管理机构的规定，报送有关报告、报表、文件和资料。

保险公司的偿付能力报告、财务会计报告、精算报告、合规报告及其他有关报告、报表、文件和资料必须如实记录保险业务事项，不得有虚假记载、误导性陈述和重大遗漏。

条文注释

本条规定保险公司就其经营文件的报送与保证真实义务。

1. 报送经营文件的义务

依据本条第 1 款的规定,保险公司应当按照保险监督管理机构的规定,报送有关报告、报表、文件和资料。这主要是指保险公司的偿付能力报告、财务会计报告、精算报告、合规报告及其相关报表、文件和资料。

2. 保证报送文件真实的义务

保险监督管理机构作出正确决定,必须依赖真实的报送文件,因此保险公司无论是在填制凭证,登记账簿,编制营业报告、财务会计报告等时,还是在编制精算报告、合规报告的过程中,都应当客观、完整地记录已经发生的保险业务事项,不得有虚假记载、误导性陈述和重大遗漏。(1)不得有虚假记载,是指保险公司编制、报送的有关报告、报表、文件和资料应当真实、准确,客观地记录和反映保险业务情况,不得记载未曾发生的业务情况,不得作出与实际发生的业务情况不相符的记录。(2)不得有误导性陈述,是指保险公司编制、报送的有关报告、报表、文件和资料的分析、陈述、结论、预测等应当清楚、明了,不得含混、模糊而给社会公众及监管机构造成误解。(3)不得有重大遗漏,是指按照法律、行政法规及国家有关规定应当在保险公司编制、报送的有关报告、报表、文件和资料中记载、提供或者公布的事项,应当全面、完整地予以记载,不得隐瞒、遗漏重大事项。

关联规定

《保险公司管理规定》第 65、66、77 条

第八十七条　【账簿、凭证和有关资料的保管】保险公司应当按照国务院保险监督管理机构的规定妥善保管业务经营活动的完整账簿、原始凭证和有关资料。

前款规定的账簿、原始凭证和有关资料的保管期限,自保

险合同终止之日起计算，保险期间在一年以下的不得少于五年，保险期间超过一年的不得少于十年。

条文注释

本条规定保险公司应按规定妥善保管完整账簿、原始凭证和有关资料。

原始凭证，是记录保险公司经营业务发生和完成的原始书面证明，是进行会计核算的基础性依据。有关资料，是指其他记录保险公司业务经营活动的文件，如精算报告、保险单、保险事故勘验报告、理赔记录等。保险公司应当按照本法及有关法律、行政法规的规定，建立健全保险业务档案保管制度，配备专门人员，并采取科学的保管与保护技术手段，防止和避免保险业务资料的损毁和灭失。在法定期限内，保险公司及其工作人员不得以任何理由隐匿、销毁、损毁应当保存的保险业务资料。

考虑到很多保险业务期限较长，涉及的资料种类较多，与保险当事人的权利、义务及责任关系很大；同时，积累保险业务资料还能够为保险公司提高保险精算水平提供帮助，因此本条要求了较长的保险业务资料的保管期限：自保险合同终止之日起计算，保险期间在 1 年以下的不得少于 5 年，保险期间超过 1 年的不得少于 10 年。

第八十八条 【聘请、解聘中介服务机构】保险公司聘请或者解聘会计师事务所、资产评估机构、资信评级机构等中介服务机构，应当向保险监督管理机构报告；解聘会计师事务所、资产评估机构、资信评级机构等中介服务机构，应当说明理由。

条文注释

本条对保险公司聘请、解聘中介服务机构作出规定。

本条规定，保险公司聘请或者解聘会计师事务所、资产评估机构、资信评级机构等中介服务机构，应当向保险监督管理机构报告；解聘会计师事务所、资产评估机构、资信评级机构等中介服务机构，应当说明理由。其用意在于督促保险公司聘用资信良好的会计师事务所等中介服务机构，防止保险公司以建立业务关系为由，随意解聘依法规范执业的中介服务机构，并要挟中介服务机构作出不正当的评定结论。

第八十九条 【保险公司的解散】保险公司因分立、合并需要解散，或者股东会、股东大会决议解散，或者公司章程规定的解散事由出现，经国务院保险监督管理机构批准后解散。

经营有人寿保险业务的保险公司，除因分立、合并或者被依法撤销外，不得解散。

保险公司解散，应当依法成立清算组进行清算。

条文注释

本条对保险公司的解散作出规定。

保险公司的解散，是指依法设立的保险公司因为法定原因或者出现法定事由，经主管部门批准，终止其营业而停止从事保险业务的行为。根据本条规定，保险公司在以下情况下经批准后解散：

(1)因分立、合并需要解散。公司分立有两种形式：一是原来的一个公司将财产全部分割为两个以上的公司，属于新设分立，原公司法人解散，出现两个以上新的法人。二是原公司将一部分财产分割设立一个以上新的经营主体，则构成派生分立，在这种情况下，原公司还继续存在，仅是减少了注册资本。公司合并也有两种形式：一是一个公司吸收其他公司为吸收合并，被吸收的保险公司法人资格消灭，该公司解散。二是两个以上公司合并设立一个新的公司为新设合并。新设合并时，各方保险公司的全部资产都并入新的保险公司，原各保险公司法人资格相应消灭，都要解散。

(2)股东会决议解散。股东会是保险公司的最高权力机关，他们有权对公司的重要事务作出决议。股东会作出公司停止经营活动，消灭法人资格的决议的，保险公司报经批准后解散。

(3)因公司章程规定的解散事由出现而解散。公司章程是保险公司的经营基础，其可以规定营业期限或者解散事由，当公司章程规定的解散事由出现时，公司应当停止经营活动，报经批准后解散。

经营有人寿保险业务的保险公司，除被依法撤销和因分立、合并而解散外，不得解散。这主要是为了保持人寿保险合同的连续性而作出的规定。通过分立或者合并解散公司的，人寿保险合同并不因为保险公司的解散而受影响，由分立后的各保险公司依照协议接受人寿保险合同和准备金，或者由合并后的保险公司接受人寿保险合同和准备金。经营有人寿保险业务的保险公司如果因违法行为被相关行政部门撤销，应依法解散。除上述情况外，经营有人寿保险业务的保险公司，不得解散。

保险公司经批准后解散的，应当依法成立清算组进行清算。对于清算组的成立，本法没有特别规定的，适用《公司法》的规定。《公司法》第232条规定，公司因股东会决议解散的，应当清算。董事为公司清算义务人，应当在解散事由出现之日起15日内组成清算组进行清算。清算组由董事组成，但是公司章程另有规定或者股东会决议另选他人的除外。清算义务人未及时履行清算义务，给公司或者债权人造成损失的，应当承担赔偿责任。第233条规定，逾期不成立清算组进行清算或者成立清算组后不清算的，利害关系人可以申请人民法院指定有关人员组成清算组进行清算。人民法院应当受理该申请，并及时组织清算组进行清算。

关联规定

《保险公司管理规定》第28－30条

第九十条　【保险公司的重整、和解和破产清算】保险公司有《中华人民共和国企业破产法》第二条规定情形的，经国务院保险监督管理机构同意，保险公司或者其债权人可以依法向人民法院申请重整、和解或者破产清算；国务院保险监督管理机构也可以依法向人民法院申请对该保险公司进行重整或者破产清算。

条文注释

本条对保险公司的重整、和解和破产清算作出规定。

破产,是指当债务人的全部资产无法清偿到期债务时,债权人通过一定程序将债务人的全部资产供其平均受偿,从而使债务人免除不能清偿的其他债务,并由法院宣告破产解散。

重整,是指对已经具有破产原因或有破产原因之虞而又有再生希望的债务人实施的旨在拯救其生存的积极程序。

破产和解,是指具备破产原因的债务人,为了避免破产清算,而与债权人团体达成以让步方法了结债务的协议,协议经法院认可后生效的法律程序。

依本条规定,在债务人满足破产的条件时:第一,作为债务人的保险公司与其债权人均有权依法向人民法院申请重整、和解或者破产清算。考虑到保险公司不同于一般的企业法人,保险公司的业务属于金融业务,对于国民经济和被保险人、受益人利益有重大影响,对保险公司的破产应当更加慎重。因此,本条对保险公司破产规定了前置程序:未经国务院保险监督管理机构同意,保险公司不得进入破产程序。第二,全国保险监督管理机构有权申请重整或者破产清算。因为保险公司等金融机构具有特殊性,《企业破产法》专门赋予了金融监管机构申请金融企业破产的权利。

关联规定

《企业破产法》第2、7、70－106条

《保险公司管理规定》第34条

第九十一条 【破产财产的清偿顺序】破产财产在优先清偿破产费用和共益债务后,按照下列顺序清偿:

(一)所欠职工工资和医疗、伤残补助、抚恤费用,所欠应当划入职工个人账户的基本养老保险、基本医疗保险费用,以及法律、行政法规规定应当支付给职工的补偿金;

(二)赔偿或者给付保险金;

（三）保险公司欠缴的除第（一）项规定以外的社会保险费用和所欠税款；

（四）普通破产债权。

破产财产不足以清偿同一顺序的清偿要求的，按照比例分配。

破产保险公司的董事、监事和高级管理人员的工资，按照该公司职工的平均工资计算。

条文注释

本条规定了破产财产的清偿顺序。

破产财产，是指保险公司在破产宣告时所有的全部财产、在破产宣告后至破产程序终结前所取得的财产，以及应当由保险公司行使的其他财产权利。破产费用，是指为了保证破产程序的进行而支付的各种费用，包括破产案件的受理费用，债务人财产的管理、变卖和分配所需费用以及管理人执行职务的费用等。共益债务，是指破产管理人为债权人的共同利益，在破产案件受理后管理破产财产所负担的债务。

保险公司破产后债务清偿顺序如下：

1. 优先支付破产费用和共益债务

破产费用和共益债务均为破产程序能够开始和顺利进行的物质基础，应当从破产财产中随时支付，否则破产程序就无法进行。

2. 其余依法定顺序

破产财产优先支付破产费用和共益债务后，尚有剩余的，依照法定的顺序进行清偿。依本条的规定，破产财产清偿包括四个顺位：(1)第一顺位为保险公司所欠职工工资和医疗、伤残补助、抚恤费用，所欠应当划入职工个人账户的基本养老保险、基本医疗保险费用，以及法律、行政法规规定应当支付给职工的补偿金；(2)第二顺位为保险公司对被保险人或受益人的赔偿或者给付保险金；(3)第三顺位为保险公司欠缴的除第一顺位以外的社会保险费用和所欠税款;(4)第四顺位为普通破产债权。如果破产财产不足以清偿同一顺位的保险公司债务,则按照比例分配。破产保险公司的董事、监事和高级管理人员的工资,按照该公司职工的平均工资计算。

关联规定

《企业破产法》第113条

第九十二条　【人寿保险业务的转让】经营有人寿保险业务的保险公司被依法撤销或者被依法宣告破产的,其持有的人寿保险合同及责任准备金,必须转让给其他经营有人寿保险业务的保险公司;不能同其他保险公司达成转让协议的,由国务院保险监督管理机构指定经营有人寿保险业务的保险公司接受转让。

转让或者由国务院保险监督管理机构指定接受转让前款规定的人寿保险合同及责任准备金的,应当维护被保险人、受益人的合法权益。

条文注释

本条对人寿保险业务的转让作出规定。

对于投保人、被保险人或者受益人而言,人寿保险具有储蓄性质的投资价值,人寿保险合同期限较长,因此必须对人寿保险合同的效力维持予以特别规定,才能有效保护被保险人或者受益人的利益。人寿保险合同的被保险人或者受益人在将来不确定的时候或者在合同约定的时间到来时,享有保险金请求权,这是人寿保险合同赋予被保险人或者受益人的特有利益,该利益不能因为保险人的业务终止而受影响。本条规定的人寿保险合同转移的方式,分为自愿转让和指定转让。在保险公司因被责令关闭和破产的强制解散情况下,由解散的保险公司与其他经营有人寿保险业务的保险公司进行协商,签订转让和接受未到期人寿保险合同的协议。如果没有保险公司自愿接受解散的保险公司持有的人寿保险合同,则由国务院保险监督管理机构根据法律规定指定经营有人寿保险业务的保险公司接受转让。

第九十三条　【经营保险业务许可证的注销】保险公司依法终止其业务活动，应当注销其经营保险业务许可证。

第九十四条　【公司法的适用】保险公司，除本法另有规定外，适用《中华人民共和国公司法》的规定。

条文注释

本条是关于《公司法》的适用的规定。

保险公司是公司的一种，在《保险法》没有作出特别规定的情形下，当然应当适用有关公司的基本法——《公司法》。相对于《公司法》而言，《保险法》就是对经营保险业务的公司作出专门规定的特别法。当《保险法》与《公司法》冲突的时候，应当遵循特别法优于一般法的原则，优先适用《保险法》。

第四章　保险经营规则

第九十五条　【业务范围】保险公司的业务范围：

（一）人身保险业务，包括人寿保险、健康保险、意外伤害保险等保险业务；

（二）财产保险业务，包括财产损失保险、责任保险、信用保险、保证保险等保险业务；

（三）国务院保险监督管理机构批准的与保险有关的其他业务。

保险人不得兼营人身保险业务和财产保险业务。但是，经营财产保险业务的保险公司经国务院保险监督管理机构批准，可以经营短期健康保险业务和意外伤害保险业务。

保险公司应当在国务院保险监督管理机构依法批准的业务范围内从事保险经营活动。

条文注释

本条规定了保险公司的业务范围及专营原则。

1. 财产保险业务

财产保险业务,是指保险公司以财产及其有关利益为保险对象的业务。这里的财产既包括有形的财产,也包括无形的财产。本条列举了四类财产保险业务:(1)财产损失保险业务,是指保险公司以有形财产为保险标的而从事的保险业务。(2)责任保险业务,是指保险公司以被保险人依法应当对第三人承担的赔偿责任为保险标的而从事的保险业务。(3)信用保险业务,是指保险公司对被保险人的信用或者履约能力提供担保而从事的保险业务。(4)保证保险业务,是指由保险人为投保人向被保险人(即债权人)提供担保的保险业务,当投保人不能履行与被保险人签订合同所规定的义务,给被保险人造成经济损失时,由保险人按照其对投保人的承诺向被保险人承担代为补偿的责任。

2. 人身保险业务

人身保险业务,是指以人的寿命和身体为保险对象的保险业务,本条将其划分为人寿保险业务、健康保险业务以及意外伤害保险业务三类:(1)人寿保险业务,是指以被保险人在保险期限内死亡、伤残或者在保险期限届满时仍生存为给付保险金条件的保险业务。人寿保险业务的期间一般较长,保险公司承担的给付保险金的责任期间相应较长,保险公司应当留存足够的人寿保险准备金。(2)健康保险业务又称疾病保险业务,是指保险公司对被保险人在保险期限内发生疾病或由此引起的残废、死亡承担给付保险金责任的保险业务。(3)意外伤害保险业务,是指保险公司对被保险人遭受的意外伤害或者因意外伤害致残、死亡承担给付保险金责任的保险业务。

3. 不得兼营原则及其例外

本条规定了保险公司的分业经营,即同一保险人不得同时经营财产保险业务和人身保险业务,也就是说,保险业务的两大基本类别必须分开经营。这样规定有利于提高保险业务水平,维护投保人、被保险人、受益人的合法权益,确保适当的赔付能力,也有利于实行规范化经营、规范化管理,便于监督管理部门进行监督。

但同时考虑到短期健康保险业务和意外伤害保险业务也兼具财产保险的一些特点,因此本条规定经营财产保险业务的保险公司经国务院保险监督管理机构批准,可以经营短期健康保险业务和意外伤害保险业务。

典型案例

邓某与中国某某财产保险股份有限公司红河州分公司意外伤害保险合同纠纷一审民事判决书①

要旨:关于车上人员责任险(乘客)10000 元的赔偿认定。根据《保险法》第 95 条第 1 款关于保险公司的业务范围包括“(二)财产保险业务,包括财产损失保险、责任保险、信用保险、保证保险等保险业务”的规定,车上人员责任险属于财产保险范围,适用损失填补原则。原告主张被告在机动车商业保险车上人员责任险(乘客)范围内赔偿原告医疗费、营养费、残疾赔偿金、住院伙食补助费、鉴定费共计 10000 元。结合本院查明的事实,原告实际住院天数 14 天,产生医疗费 12492. 62 元,残疾等级为七级,残疾赔偿金经计算为 348504 元,仅医疗费和残疾赔偿金相加损失就达 360996. 62 元,而原告在对方奚某某驾驶车辆投保的机动车交通事故责任强制保险范围内自认获得赔偿 65000 元,在机动车商业保险范围内获赔 104813. 46 元,足以认定原告的损失按照损失填平原则计算仍未得到完全填

① (2024)云 0828 民初 966 号。

平。虽然车上人员责任险(乘客)系商业保险范畴,但原告主张在本案中处理,被告亦同意在本案中按保险合同约定进行赔付且对赔偿金额10000元无异议。为了减轻当事人的诉累,节约司法资源,基于第三人何某、郎某某亦参加本案诉讼,故对原告的该项主张,本院予以支持并在本案中一并处理。

第九十六条 【再保险业务】经国务院保险监督管理机构批准,保险公司可以经营本法第九十五条规定的保险业务的下列再保险业务:

(一)分出保险;

(二)分入保险。

关联规定

《保险法》第28、29、95条

《再保险公司设立规定》

《再保险业务管理规定》

第九十七条 【保证金】保险公司应当按照其注册资本总额的百分之二十提取保证金,存入国务院保险监督管理机构指定的银行,除公司清算时用于清偿债务外,不得动用。

条文注释

本条规定了保证金制度。

保证金,是指保险公司设立后,应当依法提取并向国务院保险监督管理机构指定的金融机构缴存的、用于担保保险公司的偿付能力的资金。应当提取的保证金数额,按照保险公司的注册资本提取,提取注册资本总额的20%,而不是按照保险公司的实收货币资本提取。保险保证金是国家规定由保险公司成立时缴存的保证金额,可以用现金或其他方式缴纳。这是国家控制保险企业偿付能力的有效办法,其只能在保险公司清算时用于清偿公司的债务。如果外国保险公司在我国境内设立分支机构并开展保险业务,应当按照我国法律的规定向国务院保险监督管理机构指定的银行缴存保证金。

关联规定

《保险公司资本保证金管理办法》

第九十八条 【责任准备金】保险公司应当根据保障被保险人利益、保证偿付能力的原则，提取各项责任准备金。

保险公司提取和结转责任准备金的具体办法，由国务院保险监督管理机构制定。

条文注释

本条规定了保险公司责任准备金的提取原则。

责任准备金，是指保险公司为了承担未到期责任和处理未决赔偿款而从保险费收入中提存的一种资金准备。责任准备金不是保险公司的营业收入，而是保险公司的负债，因此保险公司应有与责任准备金等值的资产作为后盾，随时准备履行其保证责任。提取足够的责任准备金是保险人履行赔偿或给付责任、保障被保险人权益的重要保证。

第九十九条 【公积金】保险公司应当依法提取公积金。

条文注释

本条对保险公司依法提取公司公积金的义务作出了规定。

公积金，是指公司为了扩大经营，或为了弥补意外亏损，或为了巩固公司的财政基础，作为股东原始投入资金的补充，将净收益的一部分甚至全部留存下来，从而形成公司的留存收入。其主要形式有法定公积金、任意公积金和资本公积金。

依据《公司法》第210条及第214条的规定，公积金应满足以下法定要求：

(1)公司分配当年税后利润时，应当提取利润的10%列入公司法定公积金。公司法定公积金累计额为公司注册资本的50%以上的，可以不再提取。公司的法定公积金不足以弥补以前年度亏损的，在依照前述规定提取法定公积金之前，应当先用当年利润弥补亏损。

(2)公司从税后利润中提取法定公积金后，经股东会决议，还可以从税后利润中提取任意公积金。

(3)公司弥补亏损和提取公积金后所余税后利润，有限责任公司按照股东实缴的出资比例分配利润，全体股东约定不按照出资比例分配利润的除外；股份有限公司按照股东所持有的股份比例分配利润，公司章程另有规定的除外。公司持有的本公司股份不得分配利润。

(4)公司的公积金用于弥补公司的亏损、扩大公司生产经营或者转为增加公司注册资本。公积金弥补公司亏损，应当先使用任意公积金和法定公积金；仍不能弥补的，可以按照规定使用资本公积金。法定公积金转为增加注册资本时，所留存的该项公积金不得少于转增前公司注册资本的25%。

第一百条　【保险保障基金】保险公司应当缴纳保险保障基金。

保险保障基金应当集中管理，并在下列情形下统筹使用：

（一）在保险公司被撤销或者被宣告破产时，向投保人、被保险人或者受益人提供救济；

（二）在保险公司被撤销或者被宣告破产时，向依法接受其人寿保险合同的保险公司提供救济；

（三）国务院规定的其他情形。

保险保障基金筹集、管理和使用的具体办法，由国务院制定。

条文注释

本条对保险保障基金的缴纳、使用及其筹集作出了规定。

保险保障基金，是指按照《保险法》和《保险保障基金管理办法》缴纳形成，在保险公司被依法撤销或者依法实施破产，其清算财产不足以偿付保单利益，以及国务院保险监督管理机构经商有关部门认定,保险公司存在重大风险,可能严重危及社会公共利益和金融稳定的情形下,用于向保单持有人、保单受让公司提供救助以及处置保险风险的非政府性行业风险救助基金。保险保障基金分为财产保险保障基金和人身保险保障基金。

关联规定

《保险保障基金管理办法》

第一百零一条　【最低偿付能力】保险公司应当具有与其业务规模和风险程度相适应的最低偿付能力。保险公司的认可资产减去认可负债的差额不得低于国务院保险监督管理机构规定的数额;低于规定数额的,应当按照国务院保险监督管理机构的要求采取相应措施达到规定的数额。

条文注释

本条对保险公司的最低偿付能力作出规定。

依据本条规定,保险公司的认可资产减去认可负债的差额,不得低于国务院保险监督管理机构规定的数额。(1)认可资产,是指在保险公司的所有资产中,那些可以由保险公司处置的可用于承担赔偿或者给付保险金责任的资产。资产只有在被国务院保险监督管理机构明确指明为认可资产时,才能为认可资产;也只有在被国务院保险监管机构明确指明为非认可资产时,才不属于认可资产。(2)认可负债,是指对保险公司的偿付能力进行评估时依据国务院保险监督管理机构的规定所确认的负债。

偿付能力,是指保险公司对保单持有人履行赔付义务的能力。保险公司应当建立健全偿付能力管理体系,有效识别管理各类风险,不断提升偿付能力风险管理水平,及时监测偿付能力状况,编报偿付能力报告,披露偿付能力相关信息,做好资本规划,确保偿付能力达标。国务院保险监督管理机构以风险为导向,制定定量资本要求、定性监管要求、市场约束机制相结合的偿付能力监管具体规则,对保险公司偿付能力充足率状况、综合风险、风险管理能力进行全面评价和监督检查，并依法采取监管措施。

《保险公司偿付能力管理规定》第6条规定："偿付能力监管指标包括：(一)核心偿付能力充足率，即核心资本与最低资本的比值，衡量保险公司高质量资本的充足状况；(二)综合偿付能力充足率，即实际资本与最低资本的比值，衡量保险公司资本的总体充足状况；(三)风险综合评级，即对保险公司偿付能力综合风险的评价，衡量保险公司总体偿付能力风险的大小。核心资本，是指保险公司在持续经营和破产清算状态下均可以吸收损失的资本。实际资本，是指保险公司在持续经营或破产清算状态下可以吸收损失的财务资源。最低资本，是指基于审慎监管目的，为使保险公司具有适当的财务资源应对各类可量化为资本要求的风险对偿付能力的不利影响，所要求保险公司应当具有的资本数额。核心资本、实际资本、最低资本的计量标准等监管具体规则由中国银保监会另行规定。"

《保险公司偿付能力管理规定》第9条规定："保险公司董事会和高级管理层对本公司的偿付能力管理工作负责；总公司不在中国境内的外国保险公司分公司的高级管理层对本公司的偿付能力管理工作负责。"第11条规定："保险公司应当建立完备的偿付能力风险管理制度和机制，加强对保险风险、市场风险、信用风险、操作风险、战略风险、声誉风险和流动性风险等固有风险的管理，以有效降低公司的控制风险。固有风险，是指在现有的正常的保险行业物质技术条件和生产组织方式下，保险公司在经营和管理活动中必然存在的客观的偿付能力相关风险。控制风险，是指因保险公司内部管理和控制不完善或无效，导致固有风险未被及时识别和控制的偿付能力相关风险。"第12条规定："保险公司应当按照保险公司偿付能力监管具体规则，定期评估公司的偿付能力充足状况，计算核心偿付能力充足率和综合偿付能力充足率，按规定要求报送偿付能力报告，并对其真实性、完整性和合规性负责。"第13条规定："保险公司应当按照中国银保监会的规定开展偿付能力压力测试，对未来一定时间内不同情景下的偿付能力状况及趋势进行预测和预警，并采取相应的预防措施。"第15条规定："保险公司应当按年度滚动编制公司三年资本规划，经公司董事会批准后，报送中国银保监会及其派出机构。保险公司应建立发展战略、经营规划、机构设立、产品设计、资金运用与资本规划联动的管理决策机制，通过优化业务结构、资产结构，提升内生资本的能力，运用适当的外部资本工具补充资本，保持偿付能力充足。”

关联规定

《保险公司偿付能力管理规定》

第一百零二条　【当年自留保险费】经营财产保险业务的保险公司当年自留保险费，不得超过其实有资本金加公积金总和的四倍。

条文注释

本条对保险公司的当年自留保险费作出规定。

保险公司当年自留保险费，是指保险公司当年收取的所有保险费（包括通过办理再保险分入业务获得的数额），减去按照国务院保险监督管理机构规定办理再保险分出业务所需的数额后，保险公司最终获得的保险费。适用本条的必须是经营财产保险业务的保险公司。

在数额上，要求保险公司当年自留保险费，不得超过其实有资本金加公积金总和的4倍。这样规定的理由在于：首先，如果保险公司的实有资本金加公积金总和远远少于其自留保险费，如若发生较大的保险事故，保险公司则可能无法承担全部的保险责任；其次，如果对保险公司的自留保险费规模限制过低，则不利于其扩大业务规模、分摊经营成本以及分摊风险，因此该数额必须适中，本法确定为不得超过其实有资本金加公积金总和的4倍。

第一百零三条　【最大赔偿责任】保险公司对每一危险单位，即对一次保险事故可能造成的最大损失范围所承担的责任，不得超过其实有资本金加公积金总和的百分之十；超过的部分应当办理再保险。

保险公司对危险单位的划分应当符合国务院保险监督管理机构的规定。

条文注释

本条对保险公司对每一危险单位承担的保险责任作出限制。

危险单位,是指一次保险事故可能造成的最大损失范围。一个危险单位往往是若干保险标的的风险的集合体。保险公司的经营风险由其承保的每一保险标的的风险累加而成,这些保险标的组成不同的危险单位,对每一危险单位进行风险管理,是保险公司稳健运营的一个关键环节。

依本条规定,保险公司对每一危险单位承担的保险责任不得超过其实有资本金加公积金总和的10%,超过10%的部分应办理再保险。这是保险公司保障其偿付能力的重要举措。一些大型项目(如卫星发射等)的保险金额巨大,一旦出险,保险公司以自有资金往往难以赔付,这就可能导致保险公司的经营危机,进而影响其他投保人、被保险人、受益人的利益。本条对保险公司对每一危险单位承担的保险责任作出限制,避免保险公司承担过高的经营风险,使其不至于因为少数几起保险业务而影响整个公司的稳定经营。

第一百零四条 【危险单位的划分方法、巨灾风险安排方案的备案】保险公司对危险单位的划分方法和巨灾风险安排方案,应当报国务院保险监督管理机构备案。

条文注释

本条规定了保险公司的备案义务。

1. 普通保险事故和极端概率事故的区分

危险单位划分与巨灾风险安排,是保险公司针对不同概率事故的两种不同应对方法,即保险公司通过危险单位划分来解决普通保险事故的最大损失问题,通过巨灾风险安排来解决极端概率事故的最大损失问题。保险事故概率具有不确定性,不同概率情形之下的最大可能损失存在较大差别。在此基础之上,将概率情形分为普通保险事故和极端概率事故:第一,极端概率事故的发生概率大大低于普通保险事故;第二,普通保险事故的损失范围通常限定在单一地点,极端概率事故(如高烈度地震、飓风、海啸等)则往往波及广大地域。

2. 危险单位划分方法的备案义务

"存疑不分"是危险单位划分的重要原则,即在存有疑惑和不确定的情况下,应该不做一个危险单位以上的进一步划分。同一地点不同保单下的保险财产如果可能受到同一保险事故的影响,上述保单下保险财产应合并视为一个危险单位。例如,对于财产保险来说,一座建筑物不管有多少个被保险人或有多少张保险单,建筑物以及建筑物内所有物品,包括相关的利润损失险、营业中断险和后果损失险都应被看作一个危险单位。即一座建筑物及其内含物品将作为一个危险单位,不应进一步进行危险单位划分。

由于危险单位的划分方法比较复杂,并且对保险公司的影响巨大,因此监管机构要求保险公司将危险单位的划分方法予以备案。

3. 巨灾风险安排的备案义务

巨灾按其发生的原因可以分为两大类:(1)自然灾害风险。自然灾害主要包括:气象气候灾害中的飓风、暴雨、冰雹等;地质灾害中的地震、地裂等;生物灾害中的植物病虫害、流行病等。(2)人为灾难风险。如重大火灾、爆炸,航空航天灾难、航运灾难、公路灾难、铁路灾难,建筑物、桥梁倒塌,以及恐怖活动等。针对上述巨灾风险,本条规定,保险公司巨灾风险安排方案,应当报国务院保险监督管理机构备案。其主要原因在于,巨灾风险虽然发生概率低,一旦发生损失则巨大。保险公司所采取的应对巨灾保险的措施是否合理,将直接影响保险公司的经营,而监管机构的监督能有效地指导督促保险公司科学合理地化解巨灾风险。

第一百零五条 【办理再保险遵循的原则】保险公司应当按照国务院保险监督管理机构的规定办理再保险,并审慎选择再保险接受人。

条文注释

本条对办理再保险应遵循的原则作出规定。

1. 保险公司应该办理再保险的情形

本法规定,在下列情形下,保险公司应依法办理再保险:保险公司对每一危险单位,即对一次保险事故可能造成的最大损失范围所承担的责任,不得超过其实有资本金加公积金总和的10%。超过上述规定的,保险公司应当办理再保险。在上述情形下,保险公司如果不办理再保险,将构成偿付能力不足,国务院保险监督管理机构应当根据需要责令其采取办理再保险等措施。

2. 审慎选择再保险接受人

再保险接受人的偿付能力直接影响到保险公司的偿付能力,因此原保险公司在选择再保险接受人时,应当根据再保险接受人的偿付能力、财务状况、盈利能力等因素综合考虑,审慎选择。

第一百零六条 【资金运用】保险公司的资金运用必须稳健,遵循安全性原则。

保险公司的资金运用限于下列形式:

(一)银行存款;

(二)买卖债券、股票、证券投资基金份额等有价证券;

(三)投资不动产;

(四)国务院规定的其他资金运用形式。

保险公司资金运用的具体管理办法,由国务院保险监督管理机构依照前两款的规定制定。

条文注释

本条对保险公司的资金运用作出限制。

保险资金运用,是指保险公司在经营过程中,将保险资金部分用于投资,使保险资金得到增值的业务活动。保险公司的资金包括所有者权益及各种责任准备金。保险公司的资金运用成效直接影响保险公司的偿付能力,进而影响到投保人、被保险人、受益人的利益,因此对保险资金的运用必须安全、稳健。

根据本条规定,保险资金的运用应当遵循两项原则:(1)安全性原则。保险公司的资金运用首先应当保证其资金的安全,注意防范和分散风险,避免受到损失。(2)稳健性原则。这要求保险资金的运用既要保证安全,又要实现一定的效益,因此需要在资金运用过程中谨慎操作,稳健运营,注意防范和分散风险,追求合理的投资回报。

关联规定

《保险资金运用管理办法》

第一百零七条 【保险资产管理公司】经国务院保险监督管理机构会同国务院证券监督管理机构批准,保险公司可以设立保险资产管理公司。

保险资产管理公司从事证券投资活动,应当遵守《中华人民共和国证券法》等法律、行政法规的规定。

保险资产管理公司的管理办法,由国务院保险监督管理机构会同国务院有关部门制定。

条文注释

本条对保险公司经批准设立的保险资产管理公司作出规定。

保险资产管理公司,是指经国务院保险监督管理机构会同国务院证券监督管理机构共同批准,依法登记注册,受托管理保险资金的金融机构。设立独立的保险资产管理公司,是目前对大型保险公司比较有利的选择。依据本条第1款的规定,保险公司有权力设立独立的保险资产管理公司,但是设立该公司必须经过两个部门的批准：一个是保险业的主管部门；另一个是证券业的主管部门。因为保险资产管理公司为保险公司的子公司，其主要从事证券投资业务，由于具有复合性，因此其设立需要两个机构共同批准。

关联规定

《保险资产管理公司管理规定》

第一百零八条　【关联交易的管理和信息披露】保险公司应当按照国务院保险监督管理机构的规定，建立对关联交易的管理和信息披露制度。

条文注释

本条规定了关联交易的管理和信息披露制度。

关联交易，是指存在关联关系的双方或多方当事人之间进行的交易活动。其中，关联关系，是指一方当事人有能力直接或间接控制另一方当事人或者对其施加重大影响，以及两方或多方当事人共同受第三方控制或影响的关系。这种控制权或影响力以财产权、经营决策权和人事管理权为核心。存在关联关系的实体称为关联方。

信息披露制度，也称公示制度、公开披露制度，是上市公司为保障投资者利益，接受社会公众的监督而依照法律规定必须将其自身的财务变化、经营状况等信息和资料向证券管理部门及证券交易所报告，并向社会公开或公告，以便投资者充分了解情况的制度。《保险公司信息披露管理办法》第7条规定："保险公司应当披露下列信息：（一）基本信息；（二）财务会计信息；（三）保险责任准备金信息；（四）风险管理状况信息；（五）保险产品经营信息；（六）偿付能力信息；（七）重大关联交易信息；（八）重大事项信息；（九）中国银行保险监督管理委员会规定的其他信息。"

关联规定

《公司法》第129、138、265条

《保险公司信息披露管理办法》

第一百零九条 【关联交易的限制】保险公司的控股股东、实际控制人、董事、监事、高级管理人员不得利用关联交易损害公司的利益。

条文注释

本条规定了禁止利用关联交易损害公司利益的行为。

保险公司的控股股东和实际控制人在股东会中对公司的重大事项享有表决权优势,很容易在投资、生产经营、收益分配、股权转让等环节将公司的利益转移到自己手中,从而损害公司的利益,因此本条对此损害保险公司利益的行为作出禁止性规定。但本法并不禁止保险公司的控股股东、实际控制人、董事、监事、高级管理人员与保险公司进行对保险公司有益的关联交易。

关联规定

《公司法》第22条

第一百一十条 【重大事项的披露】保险公司应当按照国务院保险监督管理机构的规定,真实、准确、完整地披露财务会计报告、风险管理状况、保险产品经营情况等重大事项。

条文注释

本条规定了保险公司就重大事项的披露义务。

保险公司的财务会计报告、风险管理状况和保险产品经营情况等重大事项直接反映保险公司的经营能力和偿付能力,保险公司必须真实、准确、完整地披露这些信息。保险公司披露重大事项,可以让投保人充分了解保险公司,作出有利于自己的投保选择,同时也有利于监管机构对保险公司的正确监督,促进保险公司提高经营管理水平。

依本条规定,保险公司需对财务会计报告、风险管理状况以及保险产品经营情况等重大事项进行披露,并且该披露应当真实、准确、完整。保险公司的风险管理,包括风险评估、风险控制,以及及时对风险管理的流程及其有效性进行检验评估，根据评估结果及时改进。真实，是指重大事项披露的内容必须反映实际情况，不得弄虚作假。准确，是指对有关事项的披露和提供的数据与实际情况应当符合，或者是合乎逻辑的推测，不得有误导性陈述。完整，是指应当披露的相关信息都应披露，内容应当完整，不得有遗漏。

第一百一十一条　【保险销售人员的资格】保险公司从事保险销售的人员应当品行良好，具有保险销售所需的专业能力。保险销售人员的行为规范和管理办法，由国务院保险监督管理机构规定。

条文注释

《保险销售行为管理办法》第2条规定，保险公司为订立保险合同所开展的销售行为，保险中介机构、保险销售人员受保险公司委托或者与保险公司合作为订立保险合同所开展的销售行为，应当遵守该办法的规定。该办法所称保险销售人员包括：保险公司中从事保险销售的员工、个人保险代理人及纳入销售人员管理的其他用工形式的人员，保险代理机构中从事保险代理的人员，保险经纪人中从事保险经纪业务的人员。第4条规定，保险销售行为应当遵循依法合规、平等自愿、公平适当、诚实守信等原则，尊重和保障投保人、被保险人、受益人的合法权益。第16条规定，保险公司、保险中介机构应当支持行业自律组织发挥优势推动保险销售人员销售能力分级工作，在行业自律组织制定的销售能力分级框架下，结合自身实际情况建立本机构保险销售能力资质分级管理体系，以保险销售人员的专业知识、销售能力、诚信水平、品行状况等为主要标准，对所属保险销售人员进行分级，并与保险公司保险产品分级管理制度相衔接，区分销售能力资质实行差别授权，明确所属各等级保险销售人员可以销售的保险产品。

第一百一十二条 【保险代理人登记管理】保险公司应当建立保险代理人登记管理制度,加强对保险代理人的培训和管理,不得唆使、诱导保险代理人进行违背诚信义务的活动。

条文注释

本条规定了保险代理人登记管理制度。

保险代理人代理保险公司销售保险产品,保险代理人的销售成果将直接影响保险公司的业绩,也会直接影响投保人、被保险人以及受益人的利益。

本条从正反两个方面规定了保险公司的义务:从正面而言,强制保险公司建立保险代理人的登记管理制度,加强对保险代理人的培训和管理,提高保险代理人的法律知识、职业道德和业务素质;从反面而言,禁止保险公司为了自己的利益,唆使、诱导保险代理人进行违背诚信义务的活动。

第一百一十三条 【依法使用经营保险业务许可证】保险公司及其分支机构应当依法使用经营保险业务许可证,不得转让、出租、出借经营保险业务许可证。

条文注释

本条对保险公司依法使用经营保险业务许可证作出规定。

经营保险业务许可证是国务院保险监督管理机构依法颁发的准许保险公司及其分支机构经营保险业务的法律文件,是保险公司及其分支机构依法经营保险业务的证明。为维护保险市场的正常秩序,保护保险活动当事人的合法权益,本条明确规定,禁止保险公司及其分支机构转让、出租、出借经营保险业务许可证。

第一百一十四条 【保险条款和保险费率拟订原则】保险公司应当按照国务院保险监督管理机构的规定,公平、合理拟订保险条款和保险费率，不得损害投保人、被保险人和受益人的合法权益。

保险公司应当按照合同约定和本法规定，及时履行赔偿或者给付保险金义务。

条文注释

本条规定了保险条款和保险费率拟订原则。

中国保险行业协会应当切实履行保险条款和保险费率行业自律管理职责，推进保险条款和保险费率的通俗化、标准化、规范化工作，研究制订修订主要险种的行业示范条款，建立保险条款费率评估和创新保护机制。

《财产保险公司保险条款和保险费率管理办法》第7条规定："财产保险公司的保险条款和保险费率，应当依法合规，公平合理，不侵害投保人、被保险人和受益人的合法权益，不危及财产保险公司财务稳健和偿付能力；应当符合保险原理，尊重社会公德，不违背公序良俗，不损害社会公共利益，符合《中华人民共和国保险法》等法律、行政法规和银保监会的有关规定。"财产保险公司的保险条款应当要素完整、结构清晰、文字准确、表述严谨、通俗易懂，名称符合命名规则。财产保险公司的保险费率应当按照合理、公平、充足原则科学厘定，不得妨碍市场公平竞争；保险费率可以上下浮动的，应当明确保险费率调整的条件和范围。财产保险公司的合规负责人和总精算师分别负责保险条款审查和保险费率审查，并承担相应的责任。

关联规定

《财产保险公司保险条款和保险费率管理办法》

第一百一十五条　【公平竞争原则】保险公司开展业务，应当遵循公平竞争的原则，不得从事不正当竞争。

关联规定

《反不正当竞争法》第2条

《中国保险监督管理委员会关于明确保险机构不正当竞争行为执法主体的复函》

第一百一十六条　【禁止的行为】保险公司及其工作人员在保险业务活动中不得有下列行为：

（一）欺骗投保人、被保险人或者受益人；

（二）对投保人隐瞒与保险合同有关的重要情况；

（三）阻碍投保人履行本法规定的如实告知义务，或者诱导其不履行本法规定的如实告知义务；

（四）给予或者承诺给予投保人、被保险人、受益人保险合同约定以外的保险费回扣或者其他利益；

（五）拒不依法履行保险合同约定的赔偿或者给付保险金义务；

（六）故意编造未曾发生的保险事故、虚构保险合同或者故意夸大已经发生的保险事故的损失程度进行虚假理赔，骗取保险金或者牟取其他不正当利益；

（七）挪用、截留、侵占保险费；

（八）委托未取得合法资格的机构从事保险销售活动；

（九）利用开展保险业务为其他机构或者个人牟取不正当利益；

（十）利用保险代理人、保险经纪人或者保险评估机构，从事以虚构保险中介业务或者编造退保等方式套取费用等违法活动；

（十一）以捏造、散布虚假事实等方式损害竞争对手的商业信誉，或者以其他不正当竞争行为扰乱保险市场秩序；

（十二）泄露在业务活动中知悉的投保人、被保险人的商业秘密；

（十三）违反法律、行政法规和国务院保险监督管理机构规定的其他行为。

关联规定

《保险公司管理规定》第48－51、54条

《人身保险销售误导行为认定指引》

第五章　保险代理人和保险经纪人

第一百一十七条　【保险代理人】保险代理人是根据保险人的委托，向保险人收取佣金，并在保险人授权的范围内代为办理保险业务的机构或者个人。

保险代理机构包括专门从事保险代理业务的保险专业代理机构和兼营保险代理业务的保险兼业代理机构。

条文注释

本条对保险代理人作出规定。

保险代理人，是指根据保险公司的委托，向保险公司收取佣金，并在保险公司授权的范围内代为办理保险业务的机构或者个人。保险代理人办理业务不能超出保险公司授权的范围。保险代理人包括保险代理机构和个人保险代理人。

保险代理机构又可分为保险专业代理机构和保险兼业代理机构。保险专业代理机构是指依法设立的专门从事保险代理业务的保险代理公司及其分支机构。保险兼业代理机构是指利用自身主业与保险的相关便利性，依法兼营保险代理业务的企业，包括保险兼业代理法人机构及其分支机构。个人保险代理人是指与保险公司签订委托代理合同，从事保险代理业务的人员。从我国目前情况来看，保险兼业代理机构主要有以下四种类型：(1)金融机构兼业代

理。如银行、邮政储蓄机构、证券等金融机构利用其柜台为客户代办保险业务。(2)行业兼业代理。如旅行社代理客户旅游险，铁路部门代理货运险，民航部门代理民航旅客意外险，汽车销售商代理机动车保险等。(3)企业兼业代理。如企业代理开展职工个人的各种人身保险、家庭财产保险业务等。(4)社会团体兼业代理。如某些社团组织根据其特殊职能进行保险业务的代理。

关联规定

《民法典》第161－172条

《保险代理人监管规定》

第一百一十八条　【保险经纪人】保险经纪人是基于投保人的利益，为投保人与保险人订立保险合同提供中介服务，并依法收取佣金的机构。

条文注释

本条对保险经纪人作出规定。

根据本条规定，应当从以下几个方面来理解保险经纪人的含义：(1)保险经纪人代表投保人的利益，这与保险代理人不同；(2)保险经纪人为投保人与保险人订立保险合同提供中介服务，他并不以自己的名义或者投保人的名义与保险人订立保险合同，不是保险合同的当事人；(3)保险经纪人依法收取佣金，这里的佣金是指保险经纪人为投保人与保险人订立保险合同提供中介服务的报酬；(4)保险经纪人必须是机构，包括保险经纪公司及其分支机构；个人不能作为保险经纪人。

关联规定

《民法典》第951－965条

《保险经纪人监管规定》

第一百一十九条　【保险代理机构、保险经纪人的资格条件】保险代理机构、保险经纪人应当具备国务院保险监督管理机构规定的条件，取得保险监督管理机构颁发的经营保险代理业务许可证、保险经纪业务许可证。

关联规定

《保险代理人监管规定》第 5－13 条

《保险经纪人监管规定》第 32－34 条

第一百二十条 【注册资本】以公司形式设立保险专业代理机构、保险经纪人，其注册资本最低限额适用《中华人民共和国公司法》的规定。

国务院保险监督管理机构根据保险专业代理机构、保险经纪人的业务范围和经营规模，可以调整其注册资本的最低限额，但不得低于《中华人民共和国公司法》规定的限额。

保险专业代理机构、保险经纪人的注册资本或者出资额必须为实缴货币资本。

条文注释

本条对注册资本作出规定。

2005 年《公司法》规定，有限责任公司注册资本的最低限额为 3 万元，股份有限公司注册资本的最低限额为 500 万元。2013 年《公司法》、2018 年《公司法》、2023 年《公司法》不再要求股东出资达到法定资本最低限额。但是同时，《公司法》也明确规定，法律、行政法规、国务院决定对公司注册资本最低限额另有规定的，从其规定。现行的法律、行政法规等规定了银行业金融机构、证券公司、期货公司、基金管理公司、保险公司、保险专业代理机构、保险经纪人、直销企业、对外劳务合作企业、融资性担保公司等实行注册资本实缴登记制。

《保险代理人监管规定》第 10 条规定，经营区域不限于注册登记地所在省、自治区、直辖市、计划单列市的保险专业代理公司的注册资本最低限额为 5000 万元。经营区域为注册登记地所在省、自治区、直辖市、计划单列市的保险专业代理公司的注册资本最低限额为2000万元。保险专业代理公司的注册资本必须为实缴货币资本。《保险经纪人监管规定》第10条规定,经营区域不限于工商注册登记地所在省、自治区、直辖市、计划单列市的保险经纪公司的注册资本最低限额为5000万元。经营区域为工商注册登记地所在省、自治区、直辖市、计划单列市的保险经纪公司的注册资本最低限额为1000万元。保险经纪公司的注册资本必须为实缴货币资本。

第一百二十一条 【高级管理人员的资格条件】保险专业代理机构、保险经纪人的高级管理人员,应当品行良好,熟悉保险法律、行政法规,具有履行职责所需的经营管理能力,并在任职前取得保险监督管理机构核准的任职资格。

关联规定

《保险代理人监管规定》第24-34条

《保险经纪人监管规定》第21-31条

第一百二十二条 【从业人员的资格条件】个人保险代理人、保险代理机构的代理从业人员、保险经纪人的经纪从业人员,应当品行良好,具有从事保险代理业务或者保险经纪业务所需的专业能力。

关联规定

《中国保险监督管理委员会关于个人保险代理人法律地位的复函》

第一百二十三条 【经营场所和专门账簿】保险代理机构、保险经纪人应当有自己的经营场所,设立专门账簿记载保险代理业务、经纪业务的收支情况。

条文注释

本条要求保险代理机构、保险经纪人拥有经营场所,设立专门账簿。

首先,保险代理机构和保险经纪人必须有自己的经营场所,这是其开展业务的物质条件。其次,保险代理机构和保险经纪人还应当设立专门账簿,用以记载保险代理机构和保险经纪人办理保险业务的收支情况。它可以为保险代理机构和保险经纪人开展业务提供参考,也能成为证明保险代理机构和保险经纪人办理保险业务合法、合规的证据。最后,保险代理机构和保险经纪人应当依照《保险法》和《会计法》的规定,如实记录办理保险代理业务或者保险经纪业务的收支情况,并接受保险监督管理机构的监督。

关联规定

《保险经纪人监管规定》第15、42条

第一百二十四条 【缴存保证金或投保职业责任保险】保险代理机构、保险经纪人应当按照国务院保险监督管理机构的规定缴存保证金或者投保职业责任保险。

条文注释

本条要求保险代理机构、保险经纪人按规定缴存保证金或投保职业责任保险。

保险代理机构、保险经纪人保证金,是指保险代理机构、保险经纪人设立后,依法提取并向保险监督管理机构指定的金融机构缴存的,用于担保保险代理机构、保险经纪人承担赔偿责任的能力的资金。职业责任保险,是指以从事各种专业技术工作的单位或者个人因其工作过错给第三人造成财产损失或者人身伤害时应承担的经济赔偿责任为标的的一种保险。

关联规定

《保险代理人监管规定》第60－63条

《保险经纪人监管规定》第55－58条

第一百二十五条　【个人保险代理人的代理限制】个人保险代理人在代为办理人寿保险业务时，不得同时接受两个以上保险人的委托。

条文注释

本条规定了个人保险代理人办理人寿保险业务接受委托的限制，即个人保险代理人在代为办理人寿保险业务时，同一时间只能接受一个保险人的委托。

实践中，个人保险代理人每办成一单保险业务，便能够获得相应的代理费。人寿保险的保险期间一般比较长，如果允许个人保险代理人同时接受两个以上保险人的委托，这有可能诱导投保人解除原保险合同并与另一家保险公司重新订立保险合同，以便再次获得代理费。这种行为既损害保险公司的利益，也损害投保人、被保险人和受益人的利益。因此，本条对个人保险代理人办理人寿保险业务接受委托作出限制性规定。财产保险业务和健康保险业务的保险期间一般较短，保险费多为一次性缴纳，一般不会发生上述问题。

第一百二十六条　【委托代理协议】保险人委托保险代理人代为办理保险业务，应当与保险代理人签订委托代理协议，依法约定双方的权利和义务。

条文注释

本条规定了保险人与保险代理人签订的委托代理协议。

保险委托代理协议，是保险人与保险代理人订立的记载委托代理事项及双方权利、义务的合同。保险委托代理协议的订立不仅要有委托人即保险人委托的意思表示，还要有受托人即保险代理人接受委托的意思表示。保险委托代理协议通常应当采用书面形式，并载明保险代理人的姓名或者名称、代理事项、代理权限、双方的权利和义务、代理期间，并由保险人、保险代理人签名或者盖章。

第一百二十七条　【有权代理的效力及表见代理】保险代理人根据保险人的授权代为办理保险业务的行为，由保险人承担责任。

保险代理人没有代理权、超越代理权或者代理权终止后以保险人名义订立合同，使投保人有理由相信其有代理权的，该代理行为有效。保险人可以依法追究越权的保险代理人的责任。

条文注释

本条规定了保险代理人代理的效力。

保险代理行为的法律责任由保险人承担。保险代理人在保险人的授权范围内代为办理保险业务的行为一旦生效，即在相对人与保险人之间形成一定的法律关系，由此而产生的法律后果即责任，由保险人承担。因保险代理人的行为产生的利益归属于保险人，伴随利益而来的责任也应当由保险人承担。而保险代理人不享有因在保险人授权范围内办理保险业务而产生的权利和利益，也不应承担由此而产生的责任。

需要注意的是，保险代理人为保险人代为办理保险业务，若有超越代理权行为并已订立保险合同，投保人有理由相信其有代理权，保险人仍应当承担保险责任。理论上称之为“表见代理”，是有效代理。这里所说的“有理由相信”，是指投保人不知道或者不应当知道保险代理人超越了代理权，而且投保人尽了必要的注意义务，即投保人不存在疏忽大意的过失。

第一百二十八条　【保险经纪人的过错赔偿责任】保险经纪人因过错给投保人、被保险人造成损失的，依法承担赔偿责任。

条文注释

本条规定了保险经纪人的过错赔偿责任。

保险经纪人是为投保人与保险人订立保险合同提供中介服务的人，其办理业务中的行为是基于投保人的利益。如果保险经纪人因过错给投保人、被保险人造成损失，要依法承担赔偿责任。

保险经纪人承担赔偿责任采取过错责任原则，其承担赔偿责任的条件为：(1)保险经纪人具有主观上的过错。过错，指的是保险经纪人在从事保险经纪业务中的一种主观状态，包括故意和过失。(2)该过错行为给投保人、被保险人造成了损失。(3)损失与保险经纪人的过错行为之间存在因果关系。如果投保人、被保险人的损失不是由于保险经纪人的过错行为造成的，保险经纪人就不存在承担赔偿责任的问题。

第一百二十九条　【保险评估机构和人员】保险活动当事人可以委托保险公估机构等依法设立的独立评估机构或者具有相关专业知识的人员，对保险事故进行评估和鉴定。

接受委托对保险事故进行评估和鉴定的机构和人员，应当依法、独立、客观、公正地进行评估和鉴定，任何单位和个人不得干涉。

前款规定的机构和人员，因故意或者过失给保险人或者被保险人造成损失的，依法承担赔偿责任。

条文注释

本条对保险评估机构和人员作出规定。

保险公估人，是指接受保险人或者被保险人委托，对保险标的或者保险事故进行勘验、鉴定、评估、估损理算以及相关的风险评估的评估机构，包括保险公估机构及其分支机构。保险公估机构包括保险公估公司和保险公估合伙企业。保险公估从业人员是指在保险公估人中，为委托人办理保险标的承保前和承保后的检验、估价及风险评估，保险标的出险后的查勘、检验、估损理算及出险保险标的残值处理，风险管理咨询等业务的人员。保险公估从业人员包括公估师和其他具有公估专业知识及实践经验的评估从业人员。公估师是指通过公估师资格考试的保险公估从业人员。

保险公估从业人员从事保险公估业务,应当加入保险公估人。《保险公估人监管规定》第31条规定:"保险公估从业人员在开展公估业务过程中,不得有下列行为:(一)私自接受委托从事业务、收取费用;(二)同时在两个以上保险公估人从事业务;(三)采用欺骗、利诱、胁迫,或者贬损、诋毁其他公估从业人员等不正当手段招揽业务;(四)允许他人以本人名义从事业务,或者冒用他人名义从事业务;(五)签署本人未承办业务的公估报告;(六)索要、收受或者变相索要、收受合同约定以外的酬金、财物,或者谋取其他不正当利益;(七)签署虚假公估报告或者有重大遗漏的公估报告;(八)违反法律、行政法规的其他行为。"

保险公估人对其过错行为应当依法承担赔偿责任。保险公估人承担过错赔偿责任应当具备下列条件:(1)其必须具有主观上的过错,即故意或过失;(2)保险公估人的过错行为给保险人或者被保险人造成了损失;(3)保险人或者被保险人的损失与保险公估人的过错行为存在客观的、必然的联系。

关联规定

《保险公估人监管规定》

第一百三十条　【保险佣金的支付】保险佣金只限于向保险代理人、保险经纪人支付,不得向其他人支付。

条文注释

本条对保险佣金的支付作出规定。

保险佣金包括保险代理手续费和保险经纪人佣金。(1)保险代理手续费,是指保险代理人依据保险代理合同,在保险人授权范围内,代为办理保险业务,依法向保险人收取的"劳务费"。(2)保险经纪人佣金,是指保险经纪人基于投保人的利益,为投保人与保险人订立保险合同提供中介服务而依法收取的"中介费"(具体费用由当事人约定)。

第一百三十一条　【禁止的行为】保险代理人、保险经纪人及其从业人员在办理保险业务活动中不得有下列行为：

（一）欺骗保险人、投保人、被保险人或者受益人；

（二）隐瞒与保险合同有关的重要情况；

（三）阻碍投保人履行本法规定的如实告知义务，或者诱导其不履行本法规定的如实告知义务；

（四）给予或者承诺给予投保人、被保险人或者受益人保险合同约定以外的利益；

（五）利用行政权力、职务或者职业便利以及其他不正当手段强迫、引诱或者限制投保人订立保险合同；

（六）伪造、擅自变更保险合同，或者为保险合同当事人提供虚假证明材料；

（七）挪用、截留、侵占保险费或者保险金；

（八）利用业务便利为其他机构或者个人牟取不正当利益；

（九）串通投保人、被保险人或者受益人，骗取保险金；

（十）泄露在业务活动中知悉的保险人、投保人、被保险人的商业秘密。

关联规定

《保险代理人监管规定》第 43、70 - 79 条

《保险经纪人监管规定》第 63 - 67 条

《保险公司中介业务违法行为处罚办法》

第一百三十二条　【其他条款的适用】本法第八十六条第一款、第一百一十三条的规定，适用于保险代理机构和保险经纪人。

第六章　保险业监督管理

第一百三十三条　【监管原则】保险监督管理机构依照本法和国务院规定的职责，遵循依法、公开、公正的原则，对保险业实施监督管理，维护保险市场秩序，保护投保人、被保险人和受益人的合法权益。

条文注释

本条规定，我国保险业的监管原则是依法、公开、公正。

1. 依法原则

依法原则，是指监管职权的设定、行使必须依法而为，受法约束。包括任何监管职权都必须基于法律的授权而存在；任何监管职权的行使都必须依据法律，遵守法律。保险监督管理机构在对保险业实施监督管理过程中，应当遵循依法原则。

2. 公开原则

公开原则，是指监管行为应当一律公开进行，依法应当予以保密的除外。其内容为行政法规、规章、监管政策以及保险监督管理机构作出的影响行政相对人权利、义务的行为的标准、条件、程序应当依法公布。

3. 公正原则

公正原则，是指保险市场的参与者法律地位平等，保险监督管理机构应当平等对待。保险市场的参与者包括投保人、被保险人和受益人以及保险业各类当事人、关系人。公正原则包括实体公正和程序公正。

第一百三十四条　【规章的制定】国务院保险监督管理机构依照法律、行政法规制定并发布有关保险业监督管理的规章。

条文注释

本条规定了保险业监督管理规章的制定、发布主体。

制定并发布有关保险业监督管理的规章是保险监督管理机构对保险业实施监督的重要手段,也是保险监督管理机构依法行使监督管理权的保障。根据法律和国务院授权,国务院保险监督管理机构履行行政管理职能,依照法律、法规统一监督管理全国保险市场,维护保险业的合法、稳健运行,制定并发布有关保险业监督管理的规章。

国务院保险监督管理机构是保险业监督管理规章的制定主体。其他层次的保险监督管理机构无权制定并发布有关保险业监督管理的规章。同时,国务院保险监督管理机构制定并发布的规章,不得违反法律、行政法规的规定。

第一百三十五条 【保险条款和保险费率的审批、备案】关系社会公众利益的保险险种、依法实行强制保险的险种和新开发的人寿保险险种等的保险条款和保险费率,应当报国务院保险监督管理机构批准。国务院保险监督管理机构审批时,应当遵循保护社会公众利益和防止不正当竞争的原则。其他保险险种的保险条款和保险费率,应当报保险监督管理机构备案。

保险条款和保险费率审批、备案的具体办法,由国务院保险监督管理机构依照前款规定制定。

条文注释

本条对特殊险种的保险条款和保险费率的审批、备案作出规定。

根据本条规定,关系社会公众利益的保险险种、依法实行强制保险的险种和新开发的人寿保险险种等属于特殊险种。关系社会公众利益的保险险种主要指与社会公众利益联系密切,影响广泛的保险险种。强制保险险种,是指保险标的或者保险对象的范围直接由法律、法规规定,规定范围内的保险标的或者对象必须向保险人投保的保险险种。本法明确只有国务院保险监督管理机构有权批准上述险种的保险条款和保险费率,其他机构无权批准。

对不属于特殊险种的保险险种,其保险条款和保险费率实行备案管理,即不需要事先向国务院保险监督管理机构报批,只在决定使用的同时向其备案。若发现保险公司报备的保险条款和保险费率存在违反法律、法规或行政规章规定,损害社会公共利益,内容显失公平,侵害投保人、被保险人或受益人的合法权益,构成不正当竞争,条款设计或厘定费率不当,可能危及保险公司偿付能力等情形,国务院保险监督管理机构有权依法纠正。

关联规定

《财产保险公司保险条款和保险费率管理办法》

《人身保险公司保险条款和保险费率管理办法》

第一百三十六条 【保险条款和保险费率违法的后果】保险公司使用的保险条款和保险费率违反法律、行政法规或者国务院保险监督管理机构的有关规定的,由保险监督管理机构责令停止使用,限期修改;情节严重的,可以在一定期限内禁止申报新的保险条款和保险费率。

条文注释

本条规定了保险条款和保险费率违法的后果。

保险合同中的条款在很多时候为格式条款,保险监管的必要性在于这种保险合同的附合性。如果保险公司使用的保险条款和保险费率的内容违反法律、行政法规或者国务院保险监督管理机构的有关规定,例如,内容显失公平,损害公共利益或者构成不正当竞争,条款设计或者费率厘定不当可能危及保险公司偿付能力等,保险监督管理机构有权责令停止使用,限期修改;情节严重的,可以在一定期限内禁止其申报新的保险条款和保险费率。

第一百三十七条　【偿付能力监管体系】国务院保险监督管理机构应当建立健全保险公司偿付能力监管体系，对保险公司的偿付能力实施监控。

条文注释

本条规定了保险公司偿付能力监管体系。

保险公司的偿付能力，是指保险公司对保单持有人履行赔付义务的能力。《保险公司偿付能力管理规定》第6条规定："偿付能力监管指标包括：(一)核心偿付能力充足率，即核心资本与最低资本的比值，衡量保险公司高质量资本的充足状况；(二)综合偿付能力充足率，即实际资本与最低资本的比值，衡量保险公司资本的总体充足状况；(三)风险综合评级，即对保险公司偿付能力综合风险的评价，衡量保险公司总体偿付能力风险的大小。核心资本，是指保险公司在持续经营和破产清算状态下均可以吸收损失的资本。实际资本，是指保险公司在持续经营或破产清算状态下可以吸收损失的财务资源。最低资本，是指基于审慎监管目的，为使保险公司具有适当的财务资源应对各类可量化为资本要求的风险对偿付能力的不利影响，所要求保险公司应当具有的资本数额。核心资本、实际资本、最低资本的计量标准等监管具体规则由中国银保监会另行规定。"第8条规定："保险公司同时符合以下三项监管要求的，为偿付能力达标公司：(一)核心偿付能力充足率不低于50%；(二)综合偿付能力充足率不低于100%；(三)风险综合评级在B类及以上。不符合上述任意一项要求的，为偿付能力不达标公司。"

关联规定

《保险公司偿付能力管理规定》

第一百三十八条　【重点监管对象及措施】对偿付能力不足的保险公司，国务院保险监督管理机构应当将其列为重点监管对象，并可以根据具体情况采取下列措施：

(一)责令增加资本金、办理再保险;
(二)限制业务范围;
(三)限制向股东分红;
(四)限制固定资产购置或者经营费用规模;
(五)限制资金运用的形式、比例;
(六)限制增设分支机构;
(七)责令拍卖不良资产、转让保险业务;
(八)限制董事、监事、高级管理人员的薪酬水平;
(九)限制商业性广告;
(十)责令停止接受新业务。

条文注释

本条规定了对重点监管对象的监管措施。

1. 监管措施

依据本条规定,国务院保险监督管理机构应当将偿付能力不足的保险公司列为重点监管对象,并根据具体情况采取下列措施:

(1)责令增加资本金、办理再保险。这两项措施是当保险公司偿付能力不足时经常采取的措施。资本金是指保险公司的注册资本,当保险公司偿付能力不足时,增加资本金能够提高资本充足率。再保险,是指保险人将其承担的保险业务,以分保形式部分转移给其他保险人的行为。

(2)限制业务范围。保险公司的业务不同则风险不同。为了保证保险公司的正常资金运转,当保险公司偿付能力减弱时,国务院保险监督管理机构可以限制其业务范围,不允许其继续投资到风险很大或者资金回收期长的业务上。

(3)限制向股东分红。当保险公司偿付能力不足时,为了保护广大保户的利益,整顿公司,国务院保险监督管理机构可以限制公司向股东分红,直到其可以达到偿付能力标准。

(4)限制固定资产购置或者经营费用规模。保险公司通过收取保险费而得到的保险基金大部分用作保险公司日后赔偿保险金的准备金，不得随意用来购置固定资产或者扩大经营费用规模。

(5)限制资金运用的形式、比例。如果保险公司资金运用不当，将加剧偿付能力不足，所以运用保险公司的资金必须遵循安全、稳健的原则。国务院保险监督管理机构严格规定了保险公司资金运用的具体办法并限制保险公司资金运用的形式和比例。

(6)限制增设分支机构。当保险公司偿付能力不足时，增设分支机构会扩大业务，带来公司运营成本的增加，所以国务院保险监督管理机构可以根据实际情况，限制分支机构的增设。

(7)责令拍卖不良资产、转让保险业务。当保险公司偿付能力不足时，拍卖不良资产、转让保险业务可以分散保险公司的风险，有助于优化公司资产结构，提高公司抵御风险的能力。

(8)限制董事、监事、高级管理人员的薪酬水平。公司偿付能力不足时，国务院保险监督管理机构有权责令该公司限制董事、监事、高级管理人员的薪酬水平。

(9)限制商业性广告。当保险公司偿付能力不足时，如果保险公司还大规模地投资商业性广告，不仅会占用保险公司大量有限的资金，还会导致大规模地扩张业务从而增加风险。因此，限制公司的商业性广告，有利于提高其偿付能力。

(10)责令停止接受新业务。当保险公司偿付能力不足时，国务院保险监督管理机构有权视具体情况责令该公司停止接受新业务，避免更大的风险。

《保险公司偿付能力管理规定》第26条规定："对于核心偿付能力充足率低于50%或综合偿付能力充足率低于100%的保险公司，中国银保监会应当采取以下第(一)项至第(四)项的全部措施：(一)监管谈话。(二)要求保险公司提交预防偿付能力充足率恶化或完善风险管理的计划。(三)限制董事、监事、高级管理人员的薪酬水平。(四)限制向股东分红。中国银保监会还可以根据其偿付能力充足率下降的具体原因，采取以下第(五)项至第(十二)项的措施：(五)责令增加资本金。(六)责令停止部分或全部新业务。(七)责令调整业务结构，限制增设分支机构，限制商业性广告。(八)限制业务范围、责令转让保险业务或责令办理分出业务。(九)责令调整资产结构,限制投资形式或比例。(十)对风险和损失负有责任的董事和高级管理人员,责令保险公司根据聘用协议、书面承诺等追回其薪酬。(十一)依法责令调整公司负责人及有关管理人员。(十二)中国银保监会依法根据保险公司的风险成因和风险程度认为必要的其他监管措施。对于采取上述措施后偿付能力未明显改善或进一步恶化的,由中国银保监会依法采取接管、申请破产等监管措施。中国银保监会可以视具体情况,依法授权其派出机构实施必要的监管措施。"

2. 对保险公司的其他措施

根据本法的规定,对于偿付能力严重不足的保险公司,国务院保险监督管理机构还可以决定接管;对于偿付能力低于国务院保险监督管理机构规定的标准,不予撤销将严重危害保险市场秩序、损害公共利益的,国务院保险监督管理机构有权予以撤销。

第一百三十九条 【对因违法行为影响偿付能力的处理】 保险公司未依照本法规定提取或者结转各项责任准备金,或者未依照本法规定办理再保险,或者严重违反本法关于资金运用的规定的,由保险监督管理机构责令限期改正,并可以责令调整负责人及有关管理人员。

条文注释

本条对保险公司因违法行为影响偿付能力的处理作出规定。

保险公司有下列违法行为时,保险监督管理机构应当责令其限期改正:

(1)未依照本法规定提取或者结转各项责任准备金。各项责任准备金包括寿险责任准备金、非寿险业务未到期责任准备金、未决赔款准备金等。依据本法有关规定,保险公司提取各项责任准备金时应当遵循保障被保险人利益、保证偿付能力的原则。保险公司未按照规定提取或者结转的,保险监督管理机构有权责令改正。

(2)未依照本法规定办理再保险。保险公司未按照本法及保险监督管理机构的规定办理再保险的,保险监督管理机构有权责令改正。

(3)严重违反本法关于资金运用的规定。根据本法有关规定,保险公司的资金运用必须稳健,遵循安全性原则,并保证资产的保值增值。保险公司超出本法规定的资金运用形式,运用的资金和具体项目的资金比例不符合国务院保险监督管理机构的规定,情节严重或者造成严重后果的,保险监督管理机构有权责令改正。

第一百四十条　【整顿】保险监督管理机构依照本法第一百三十九条的规定作出限期改正的决定后,保险公司逾期未改正的,国务院保险监督管理机构可以决定选派保险专业人员和指定该保险公司的有关人员组成整顿组,对公司进行整顿。

整顿决定应当载明被整顿公司的名称、整顿理由、整顿组成员和整顿期限,并予以公告。

条文注释

本条规定了对保险公司的整顿。

整顿,是法律赋予保险监督管理机构的一项重要职责,是制止保险公司违法行为和维护保险业健康发展的有效手段。保险监督管理机构对保险公司进行整顿必须符合以下条件:(1)保险公司必须实施了违法行为,包括未按照本法规定提取或者结转各项准备金;(2)保险监督管理机构对有上述违法行为的保险公司已采取了责令限期改正的措施;(3)有上述违法行为的保险公司在规定的期限内未改正。

整顿组应该由国务院保险监督管理机构选派的保险专业人员与指定的该保险公司的有关人员组成。整顿组在整顿过程中,有权监督该保险公司的日常业务。该保险公司的负责人及有关管理人员,应当在整顿组的监督下行使自己的职权。

第一百四十一条 【整顿组的权力】整顿组有权监督被整顿保险公司的日常业务。被整顿公司的负责人及有关管理人员应当在整顿组的监督下行使职权。

条文注释

本条规定了整顿组的权力。

整顿组并不是直接接手被整顿公司的经营业务,而是根据国务院保险监督管理机构的决定和授权,行使对保险公司日常业务的监督权及其他职权。日常业务主要包括:精算业务、展业业务、财务会计业务、理赔业务、保险资金运用情况、内部审计和控制工作情况。

保险公司的负责人及有关管理人员应当根据工作的实际情况定期或者不定期地向整顿组进行请示或者汇报,对于整顿组已经作出决定、方案或者指示的事项,保险公司的负责人及有关管理人员应当依照执行。保险公司的负责人及有关管理人员不得拒绝整顿组依法实施的监督,不得以其他方式进行阻挠。

第一百四十二条 【整顿期间业务的开展】整顿过程中,被整顿保险公司的原有业务继续进行。但是,国务院保险监督管理机构可以责令被整顿公司停止部分原有业务、停止接受新业务,调整资金运用。

条文注释

本条对保险公司整顿期间业务的开展作出规定。

整顿时,保险公司并未丧失作为一个市场主体的权利能力和行为能力,整顿组只是监督保险公司保险经营活动,并不是责令保险公司停业整顿,保险公司继续经营其原有的合法业务。

如果国务院保险监督管理机构认为,被整顿的保险公司在整顿过程中,继续经营原有的业务或者接受新的业务,会造成保险公司的亏损增加或财产损失,影响保险公司的赔付能力,国务院保险监督管理机构有权责令该保险公司停止已经开展的部分业务,或者决定该保险公司不得接受新的保险业务,同时可以责令其调整保险资金的运用方式或者运用比例,以保证该保险公司资金的安全和增值,维护投保人、被保险人和受益人的利益。

第一百四十三条 【整顿的结束】被整顿保险公司经整顿已纠正其违反本法规定的行为,恢复正常经营状况的,由整顿组提出报告,经国务院保险监督管理机构批准,结束整顿,并由国务院保险监督管理机构予以公告。

条文注释

本条规定了整顿结束的程序。

对被整顿的保险公司结束整顿的前提条件是其已经纠正了违反本法规定的行为,且恢复了正常经营状况。当被整顿的保险公司已纠正其违法行为,恢复正常经营状况,不需要外部的监督管理就能够正常开展业务时,由该公司的股东及其经营管理人员对其业务负责,以保障该公司及其股东的权益。

被整顿的保险公司结束整顿,应参照下列程序:

(1)由整顿组提出报告。报告应说明整顿组在整顿过程中所做的工作,被整顿的保险公司纠正违法行为、恢复正常经营状况所采取的措施,整顿后的保险公司的经营状况、财务状况、资金运用状况及其偿付能力状况等,并提出结束整顿的申请。

(2)整顿组的报告需提请国务院保险监督管理机构批准。国务院保险监督管理机构在收到整顿组的报告后,在合理的时间内对被整顿的保险公司纠正违法行为的情况及实际经营状况进行检查,对整顿报告的内容及结论进行审查核实,作出批准或者不批准结束整顿的决定。

(3)国务院保险监督管理机构批准结束整顿。批准后整顿组即可解散,保险公司由其经营管理人员经营管理。国务院保险监督管理机构应当对结束整顿的决定予以公告。

第一百四十四条　【接管】保险公司有下列情形之一的，国务院保险监督管理机构可以对其实行接管：

（一）公司的偿付能力严重不足的；

（二）违反本法规定，损害社会公共利益，可能严重危及或者已经严重危及公司的偿付能力的。

被接管的保险公司的债权债务关系不因接管而变化。

条文注释

本条对保险公司的接管作出规定。

保险公司的接管，是指由国务院保险监督管理机构指派接管组织直接介入保险公司的日常经营管理，并由接管组织负责保险公司的全部经营活动的监管活动。对保险公司实施接管是一种比较严厉的行政监管措施。只有当保险公司有下列情形之一时，国务院保险监督管理机构才可以对其实行接管：(1)公司的偿付能力严重不足的；(2)违反本法规定，损害社会公共利益，可能严重危及或者已经严重危及公司的偿付能力的。

这与保险公司的整顿不同，后者并不直接介入保险公司的日常经营，而是监督该保险公司的日常业务，是一种相对温和的措施。需要注意的是，国务院保险监督管理机构对保险公司实行接管，只是保险监督管理机构对保险公司采取的一种比较严厉的监管措施，并不改变被接管的保险公司的独立民事主体资格。在接管期间，被接管的保险公司原有的债权债务关系，以及新发生的债权债务关系并不因接管而改变。

第一百四十五条　【接管组】接管组的组成和接管的实施办法，由国务院保险监督管理机构决定，并予以公告。

条文注释

本条规定了接管组的组成及接管办法。

为了实现恢复保险公司正常经营的目的，本条授权国务院保险监督管理机构决定接管组的组成和接管的实施办法以保证接管的顺利进行。依本条规定,国务院保险监督管理机构对接管组的组成和接管的实施办法通过公共媒体予以公告。接管决定应当包括以下内容:被接管的保险公司的名称;接管理由;接管组,即经国务院保险监督管理机构决定,由接管人员组成的临时机构;接管期限,即采取接管措施的起止日期等。

第一百四十六条　【接管的延长】接管期限届满,国务院保险监督管理机构可以决定延长接管期限,但接管期限最长不得超过二年。

条文注释

本条对接管期限的延长作出规定。

国务院保险监督管理机构在决定接管保险公司时,应当确定接管期限。接管期限由国务院保险监督管理机构根据保险公司的经营状况、财务状况、偿付能力状况等实际情况予以确定,要与被接管的保险公司恢复正常经营所需要的时间相适应。接管期限届满后,保险公司经过接管仍然不能恢复正常经营,有必要继续被接管的,国务院保险监督管理机构有权决定延长接管期限。

接管组接管保险公司的性质和目的决定了接管组不可能长期取代被接管的保险公司的经营管理机构和人员而从事日常经营管理活动,因此接管期限不得超过 2 年。超过 2 年被接管的保险公司尚不能恢复正常经营能力的,国务院保险监督管理机构可以视具体情况撤销该保险公司并组织清算或者依法向人民法院提出对该保险公司进行重整或者破产清算的申请。

第一百四十七条　【接管的终止】接管期限届满,被接管的保险公司已恢复正常经营能力的,由国务院保险监督管理机构决定终止接管,并予以公告。

条文注释

本条规定了接管的终止。

接管组在保险公司接管期限届满的时候认为通过采取接管措施,被接管的保险公司已恢复正常经营能力,可以向国务院保险监督管理机构提出终止接管的申请。国务院保险监督管理机构复核和审查保险公司的偿付能力,保险公司隐患已消除,恢复了正常的经营能力的,国务院保险监督管理机构可以终止对保险公司的接管,由保险公司自己负责其日常经营管理活动。国务院保险监督管理机构应当将终止接管的相关决定向社会公布。

第一百四十八条 【被整顿、接管保险公司的重整、破产清算】被整顿、被接管的保险公司有《中华人民共和国企业破产法》第二条规定情形的,国务院保险监督管理机构可以依法向人民法院申请对该保险公司进行重整或者破产清算。

条文注释

本条是与《企业破产法》的衔接性规定。

《企业破产法》第 2 条规定了企业法人申请法院进行重整或者破产清算的条件。由于保险公司作为金融机构的特殊性,《企业破产法》第 134 条规定,国务院金融监督管理机构可以向人民法院提出对金融机构进行重整或者破产清算的申请。

依据本条规定,整顿、接管期限届满或者届满前,整顿组或者接管组认为被整顿或者接管的保险公司的财产状况已经达到《企业破产法》第 2 条规定的情形的,国务院保险监督管理机构可以依法向人民法院提出对该保险公司进行重整或者破产清算的申请。

第一百四十九条 【保险公司的撤销】保险公司因违法经营被依法吊销经营保险业务许可证的,或者偿付能力低于国务院保险监督管理机构规定标准,不予撤销将严重危害保险市场秩序、损害公共利益的,由国务院保险监督管理机构予以撤销并公告,依法及时组织清算组进行清算。

条文注释

本条对保险公司的撤销作出规定。

保险公司的撤销,是指保险公司偿付能力低于国务院保险监督管理机构规定标准,不予撤销将严重危害保险市场秩序、损害公共利益,或者保险公司因违法经营被依法吊销经营保险业务许可证,国务院保险监督管理机构对其予以撤销的行为。依法撤销保险公司的原因包括:

(1)保险公司违反法律、行政法规,包括违反本法、其他有关法律以及行政法规的规定。吊销经营保险业务许可证,是指保险监督管理机构对于违法经营保险业务情节严重的保险公司,依法取消其经营保险业务资格的一种行政处罚。保险监督管理机构吊销保险公司的经营保险业务许可证的,应当依法撤销该保险公司。

(2)根据国务院保险监督管理机构的有关规定,保险公司应当具有与其风险和业务规模相适应的资本,确保偿付能力充足率。保险公司偿付能力低于规定的标准,不予撤销将严重危害保险市场秩序、损害公共利益时,国务院保险监督管理机构应当撤销该保险公司。

第一百五十条 【股东、实际控制人提供资料的义务】国务院保险监督管理机构有权要求保险公司股东、实际控制人在指定的期限内提供有关信息和资料。

条文注释

本条对股东、实际控制人提供资料的义务作出规定。

保险公司应当按照国务院保险监督管理机构的规定,建立信息披露制度以及对关联交易的管理制度。例如,向保险监督管理机构报送有关报告、报表、文件和资料;真实、准确、完整地披露财务会计报告、风险管理状况、保险产品经营情况等重大事项;另外,国务院保险监督管理机构还可以要求保险公司股东、实际控制人在指定的期限内提供有关信息和资料,从而保证有效地对保险公司进行监管。

第一百五十一条 【关联交易损害公司利益的法律后果】保险公司的股东利用关联交易严重损害公司利益,危及公司偿付能力的,由国务院保险监督管理机构责令改正。在按照要求改正前,国务院保险监督管理机构可以限制其股东权利;拒不改正的,可以责令其转让所持的保险公司股权。

条文注释

本条对关联交易损害公司利益的法律后果作出规定。

由于保险公司的股东有可能利用关联交易损害公司的利益,而保险公司利益受损就很可能影响公司的偿付能力,并进而损害投保人、被保险人、受益人的利益,所以本条规定,保险公司的股东利用关联交易严重损害公司利益,危及公司偿付能力的,国务院保险监督管理机构责令其改正。在按要求改正前,国务院保险监督管理机构可以限制其股东权利;拒不改正的,可以责令其转让所持的保险公司股权。

保险公司的股东利用关联交易损害了公司利益,立法强调这种损害必须是严重的,达到危及保险公司偿付能力的地步。因为限制股东权利、责令转让股权是较为严厉的监督管理措施,国务院保险监督管理机构采取这些措施必须满足以上条件。对有本条规定的违法行为的股东,国务院保险监督管理机构可以采取以下监督管理措施:(1)责令改正;(2)限制其股东权利;(3)责令转让所持的保险公司股权。

第一百五十二条 【监管谈话】保险监督管理机构根据履行监督管理职责的需要,可以与保险公司董事、监事和高级管理人员进行监督管理谈话,要求其就公司的业务活动和风险管理的重大事项作出说明。

条文注释

本条规定了约谈保险公司高管的权力。

依照本条规定,保险监督管理机构有权根据情况,提出与保险公司董事、监事和高级管理人员进行审慎性监督管理谈话的要求;而被要求参加审慎性监督管理谈话的董事、监事和高级管理人员有义务准时参加并对相关业务活动及风险管理的重大事项如实作出说明。

第一百五十三条　【对直接责任人员的限制措施】保险公司在整顿、接管、撤销清算期间,或者出现重大风险时,国务院保险监督管理机构可以对该公司直接负责的董事、监事、高级管理人员和其他直接责任人员采取以下措施:

(一)通知出境管理机关依法阻止其出境;

(二)申请司法机关禁止其转移、转让或者以其他方式处分财产,或者在财产上设定其他权利。

条文注释

本条规定了可以对直接责任人员采取的限制措施。

保险公司正处于整顿、接管、撤销清算期间,或者在出现了重大风险的情况下,应采取本条所规定的措施。实施主体仅限于国务院保险监督管理机构,其他机构或个人不得采取本条规定的措施。实施对象限于保险公司的董事、监事、高级管理人员,以及其他直接负责、承办具体事务的人员。

依照本条规定可以采取的措施包括:(1)通知出境管理机关依法阻止其出境;(2)申请司法机关禁止其转移、转让或者以其他方式处分财产,或者在财产上设定其他权利。

由于保险公司直接负责的董事、监事、高级管理人员和其他直接责任人员,对于保险公司被整顿、接管、撤销清算或者出现重大风险负有责任,如果他们离开中国国境到其他国家或者地区,有关机构和司法机关在对保险公司进行调查处理时,难以对他们进行询问、调查以查清有关事实和问题,这会增加对其追究法律责任的难度。因此，本条规定国务院保险监督管理机构可以通知出境管理机关，对有关保险公司的董事、监事、高级管理人员和其他直接责任人员，依法阻止其出境。这些人员依法应承担责任时，需要以其财产来承担责任，如进行民事赔偿、支付罚款和罚金。为此，本条规定，国务院保险监督管理机构可以申请司法机关禁止这些主体处分财产，避免其将财产转移或转让。

第一百五十四条　【监管措施及程序】保险监督管理机构依法履行职责，可以采取下列措施：

（一）对保险公司、保险代理人、保险经纪人、保险资产管理公司、外国保险机构的代表机构进行现场检查；

（二）进入涉嫌违法行为发生场所调查取证；

（三）询问当事人及与被调查事件有关的单位和个人，要求其对与被调查事件有关的事项作出说明；

（四）查阅、复制与被调查事件有关的财产权登记等资料；

（五）查阅、复制保险公司、保险代理人、保险经纪人、保险资产管理公司、外国保险机构的代表机构以及与被调查事件有关的单位和个人的财务会计资料及其他相关文件和资料；对可能被转移、隐匿或者毁损的文件和资料予以封存；

（六）查询涉嫌违法经营的保险公司、保险代理人、保险经纪人、保险资产管理公司、外国保险机构的代表机构以及与涉嫌违法事项有关的单位和个人的银行账户；

（七）对有证据证明已经或者可能转移、隐匿违法资金等涉案财产或者隐匿、伪造、毁损重要证据的，经保险监督管理机构主要负责人批准，申请人民法院予以冻结或者查封。

保险监督管理机构采取前款第（一）项、第（二）项、第（五）项措施的，应当经保险监督管理机构负责人批准；采取第（六）项措施的，应当经国务院保险监督管理机构负责人批准。

保险监督管理机构依法进行监督检查或者调查，其监督检查、调查的人员不得少于二人，并应当出示合法证件和监督检查、调查通知书；监督检查、调查的人员少于二人或者未出示合法证件和监督检查、调查通知书的，被检查、调查的单位和个人有权拒绝。

条文注释

本条规定了监管机构的检查权与调查权。

保险监督管理机构的检查权主要包括进场会谈、调阅资料、执行检查等。检查方法主要包括抽样、核对、审阅、计算、实地观察、听取汇报、询问调查等。一旦有涉嫌违法的行为发生，保险监督管理机构就需要到涉嫌违法行为发生场所进行调查，询问有关的单位和人员，以确定该行为是否构成违法，依法对违法行为进行处罚。保险监督管理机构应当从各个角度进行调查，了解事实真相，包括询问当事人和与被调查事件有关的单位和个人，出具与被调查事件有关说明等。

采取本条规定的措施应当慎重，明确批准程序。在得到保险监督管理机构负责人批准之后，保险监督管理机构才能采取对保险公司等机构进行现场检查，进入涉嫌违法行为发生场所调查取证和查阅、复制、封存有关的文件和资料等措施；查询有关银行账户，应当经国务院保险监督管理机构负责人批准。对有关涉案财产和重要证据的冻结或查封，须经保险监督管理机构主要负责人批准，申请人民法院执行。

保险监督管理机构在进行监督检查或者调查时，实际到场进行监督检查、调查的工作人员应当为2人以上，防止一个人在没有监督制约的情况下滥用权力。监督检查、调查的人员应当依法出示合法证件和监督检查、调查通知书。监督检查、调查通知书是指保险监督管理机构出具的，告知当事人对其进行监督检查、调查的书面文件。保险监督管理机构未依法定程序进行监督检查或者调查的，被检查、调查的单位有权拒绝。

第一百五十五条 【有关单位、个人的配合义务】保险监督管理机构依法履行职责,被检查、调查的单位和个人应当配合。

条文注释

本条规定了有关单位、个人的配合义务。

保险监督管理机构依法履行职责,有权对当事人及有关单位和个人进行检查和调查。为了保证保险监督管理机构行使检查权和调查权,为保险监督管理机构查明事实真相提供便利条件,本条规定被检查和被调查的单位和个人负有义务主动配合检查、调查。被检查和被调查的单位和个人不配合保险监督管理机构履行职责的,应当依法承担相应的法律责任。

第一百五十六条 【保险监管机构工作人员的工作准则】保险监督管理机构工作人员应当忠于职守,依法办事,公正廉洁,不得利用职务便利牟取不正当利益,不得泄露所知悉的有关单位和个人的商业秘密。

条文注释

本条规定了监管机构工作人员的廉洁义务。

(1)忠于职守。保险监督管理机构工作人员代表保险监督管理机构行使国家监督管理权力,他们的主要义务就是在工作岗位上尽职尽责,忠于职守,不得滥用职权,也不得不履行或放弃职权。(2)依法办事。保险监督管理机构工作人员应该严格依照法律、行政法规、规章及其他规范性文件规定的内容和程序,行使权力,履行职责。(3)公正廉洁。保险监督管理机构工作人员不得利用职务便利牟取不正当利益;不得泄露所知悉的有关单位和个人的商业秘密。

第一百五十七条　【信息共享机制、配合调查义务】国务院保险监督管理机构应当与中国人民银行、国务院其他金融监督管理机构建立监督管理信息共享机制。

保险监督管理机构依法履行职责，进行监督检查、调查时，有关部门应当予以配合。

条文注释

本条规定了信息共享机制和有关部门的配合调查义务。

本条要求国务院保险监督管理机构与国务院其他金融监督管理机构（包括银行业监督管理机构、证券业监督管理机构等）建立监督管理信息共享机制，相互交流和沟通有关信息，方便实现各项金融监管政策之间的协调，构建金融机构创造公平竞争的环境，避免监管真空和重复监管，提高监管效率，降低监管成本，保障金融业稳健运行和健康发展。保险监督管理机构依法履行职责，进行监督检查或者调查时，有关部门应当予以配合。

第七章　法律责任[1]

第一百五十八条　【非法经营商业保险业务的法律责任】违反本法规定，擅自设立保险公司、保险资产管理公司或者非

---

① 由于法律责任是对前面所有违法行为后果的总结，因此不必再一一予以注释，只需参见前文的注释即可。

另外，需要注意，本章的法律责任实际上有以下三种：

第一种，平等主体之间的民事责任，即保险人与投保人、被保险人以及受益人之间的责任。这些责任大多规定在保险合同一章中。

第二种，保险公司或非保险机构因违反保险法律法规所承担的行政责任。这也是本章的重点。

第三种，保险公司或非保险机构违反保险法律法规，情节严重的，将承担刑事责任。本章也对此予以规定。

法经营商业保险业务的，由保险监督管理机构予以取缔，没收违法所得，并处违法所得一倍以上五倍以下的罚款；没有违法所得或者违法所得不足二十万元的，处二十万元以上一百万元以下的罚款。

第一百五十九条　【非法从事保险代理业务、经纪业务的法律责任】违反本法规定，擅自设立保险专业代理机构、保险经纪人，或者未取得经营保险代理业务许可证、保险经纪业务许可证从事保险代理业务、保险经纪业务的，由保险监督管理机构予以取缔，没收违法所得，并处违法所得一倍以上五倍以下的罚款；没有违法所得或者违法所得不足五万元的，处五万元以上三十万元以下的罚款。

第一百六十条　【超出业务范围经营的法律责任】保险公司违反本法规定，超出批准的业务范围经营的，由保险监督管理机构责令限期改正，没收违法所得，并处违法所得一倍以上五倍以下的罚款；没有违法所得或者违法所得不足十万元的，处十万元以上五十万元以下的罚款。逾期不改正或者造成严重后果的，责令停业整顿或者吊销业务许可证。

第一百六十一条　【保险公司违反禁止性规定的法律责任】保险公司有本法第一百一十六条规定行为之一的，由保险监督管理机构责令改正，处五万元以上三十万元以下的罚款；情节严重的，限制其业务范围、责令停止接受新业务或者吊销业务许可证。

第一百六十二条　【擅自变更公司重要事项的法律责任】保险公司违反本法第八十四条规定的,由保险监督管理机构责令改正,处一万元以上十万元以下的罚款。

第一百六十三条　【违法承保的法律责任】保险公司违反本法规定,有下列行为之一的,由保险监督管理机构责令改正,处五万元以上三十万元以下的罚款:

(一)超额承保,情节严重的;

(二)为无民事行为能力人承保以死亡为给付保险金条件的保险的。

第一百六十四条　【未提取保证金等违法行为的法律责任】违反本法规定,有下列行为之一的,由保险监督管理机构责令改正,处五万元以上三十万元以下的罚款;情节严重的,可以限制其业务范围、责令停止接受新业务或者吊销业务许可证:

(一)未按照规定提存保证金或者违反规定动用保证金的;

(二)未按照规定提取或者结转各项责任准备金的;

(三)未按照规定缴纳保险保障基金或者提取公积金的;

(四)未按照规定办理再保险的;

(五)未按照规定运用保险公司资金的;

(六)未经批准设立分支机构的;

(七)未按照规定申请批准保险条款、保险费率的。

第一百六十五条 【保险中介机构违反禁止性规定的法律责任】保险代理机构、保险经纪人有本法第一百三十一条规定行为之一的，由保险监督管理机构责令改正，处五万元以上三十万元以下的罚款；情节严重的，吊销业务许可证。

第一百六十六条 【保险中介机构未缴存保证金等违法行为的法律责任】保险代理机构、保险经纪人违反本法规定，有下列行为之一的，由保险监督管理机构责令改正，处二万元以上十万元以下的罚款；情节严重的，责令停业整顿或者吊销业务许可证：

（一）未按照规定缴存保证金或者投保职业责任保险的；

（二）未按照规定设立专门账簿记载业务收支情况的。

第一百六十七条 【违法聘用有关人员的法律责任】违反本法规定，聘任不具有任职资格的人员的，由保险监督管理机构责令改正，处二万元以上十万元以下的罚款。

第一百六十八条 【违法使用许可证的法律责任】违反本法规定，转让、出租、出借业务许可证的，由保险监督管理机构处一万元以上十万元以下的罚款；情节严重的，责令停业整顿或者吊销业务许可证。

第一百六十九条 【未报送有关资料等行为的法律责任】违反本法规定，有下列行为之一的，由保险监督管理机构责令限期改正；逾期不改正的，处一万元以上十万元以下的罚款：

（一）未按照规定报送或者保管报告、报表、文件、资料的，或者未按照规定提供有关信息、资料的；

（二）未按照规定报送保险条款、保险费率备案的；

（三）未按照规定披露信息的。

第一百七十条　【虚报有关资料等行为的法律责任】违反本法规定，有下列行为之一的，由保险监督管理机构责令改正，处十万元以上五十万元以下的罚款；情节严重的，可以限制其业务范围、责令停止接受新业务或者吊销业务许可证：

（一）编制或者提供虚假的报告、报表、文件、资料的；

（二）拒绝或者妨碍依法监督检查的；

（三）未按照规定使用经批准或者备案的保险条款、保险费率的。

第一百七十一条　【对直接责任人员的行政处罚】保险公司、保险资产管理公司、保险专业代理机构、保险经纪人违反本法规定的，保险监督管理机构除分别依照本法第一百六十条至第一百七十条的规定对该单位给予处罚外，对其直接负责的主管人员和其他直接责任人员给予警告，并处一万元以上十万元以下的罚款；情节严重的，撤销任职资格。

第一百七十二条　【个人保险代理人违法行为的法律责任】个人保险代理人违反本法规定的，由保险监督管理机构给予警告，可以并处二万元以下的罚款；情节严重的，处二万元以上十万元以下的罚款。

第一百七十三条 【外国保险机构非法设立代表机构,及代表机构从事保险经营活动的法律责任】外国保险机构未经国务院保险监督管理机构批准,擅自在中华人民共和国境内设立代表机构的,由国务院保险监督管理机构予以取缔,处五万元以上三十万元以下的罚款。

外国保险机构在中华人民共和国境内设立的代表机构从事保险经营活动的,由保险监督管理机构责令改正,没收违法所得,并处违法所得一倍以上五倍以下的罚款;没有违法所得或者违法所得不足二十万元的,处二十万元以上一百万元以下的罚款;对其首席代表可以责令撤换;情节严重的,撤销其代表机构。

第一百七十四条 【保险诈骗活动的法律责任】投保人、被保险人或者受益人有下列行为之一,进行保险诈骗活动,尚不构成犯罪的,依法给予行政处罚:

(一)投保人故意虚构保险标的,骗取保险金的;

(二)编造未曾发生的保险事故,或者编造虚假的事故原因或者夸大损失程度,骗取保险金的;

(三)故意造成保险事故,骗取保险金的。

保险事故的鉴定人、评估人、证明人故意提供虚假的证明文件,为投保人、被保险人或者受益人进行保险诈骗提供条件的,依照前款规定给予处罚。

第一百七十五条 【民事责任】违反本法规定,给他人造成损害的,依法承担民事责任。

第一百七十六条　【对妨碍公务的行政处罚】拒绝、阻碍保险监督管理机构及其工作人员依法行使监督检查、调查职权，未使用暴力、威胁方法的，依法给予治安管理处罚。

第一百七十七条　【终身禁业】违反法律、行政法规的规定，情节严重的，国务院保险监督管理机构可以禁止有关责任人员一定期限直至终身进入保险业。

第一百七十八条　【保险监管人员违法行为的法律责任】保险监督管理机构从事监督管理工作的人员有下列情形之一的，依法给予处分：

（一）违反规定批准机构的设立的；

（二）违反规定进行保险条款、保险费率审批的；

（三）违反规定进行现场检查的；

（四）违反规定查询账户或者冻结资金的；

（五）泄露其知悉的有关单位和个人的商业秘密的；

（六）违反规定实施行政处罚的；

（七）滥用职权、玩忽职守的其他行为。

第一百七十九条　【刑事责任】违反本法规定，构成犯罪的，依法追究刑事责任。

第八章 附 则

第一百八十条 【保险行业协会】保险公司应当加入保险行业协会。保险代理人、保险经纪人、保险公估机构可以加入保险行业协会。

保险行业协会是保险业的自律性组织,是社会团体法人。

条文注释

本条规定了保险公司加入保险行业协会的义务。

保险行业协会是保险业经营者的自律性组织。保险行业协会自我管理的内容一般包括:教育和组织会员遵守法律、行政法规;向保险监督管理部门反映会员的要求,维护会员利益;制定行业自律性规则并督促其遵守;为会员提供保险信息,组织对会员单位的培训和交流;调解纠纷;对违反协会章程和行业自律性规则的会员给予纪律处分等。

保险公司有加入保险行业协会的法定义务。保险公司加入保险行业协会,有利于与其他会员进行业务、技术和工作经验交流。与此同时,保险公司加入保险行业协会,也要受到协会章程、自律公约的约束,遵守道德和行为准则,依法经营,公平竞争,稳健发展。保险中介组织是否加入保险行业协会则不具有强制性,可以根据需要,自愿参加。

关联规定

《民法典》第 90 条

第一百八十一条 【其他保险组织】保险公司以外的其他依法设立的保险组织经营的商业保险业务,适用本法。

条文注释

本条规定其他保险组织适用本法。

依据本法第6条的注释，除保险公司以外，尚有其他保险组织可以经营商业保险业务，如保险合作社以及相互保险组织等。保险合作社是一种合作性质的保险组织。合作社由社员或社员代表大会选举决策机构，聘任理事经营保险业务。每一社员应交的保险费是其同意分摊的预期损失加经营费用的总和。盈余可以分到每一成员的账户中，亏损则由成员就其分摊部分补交。相互保险组织是基于其成员之间相互保障的原则设立的社团法人，该保险组织出资人即保单持有人，也是被保险人。保险组织只为本组织的成员提供保险服务。

第一百八十二条　【海上保险】海上保险适用《中华人民共和国海商法》的有关规定；《中华人民共和国海商法》未规定的，适用本法的有关规定。

条文注释

本条对海上保险作出规定。

海上保险，是指保险人依照保险合同约定，对海上保险事故造成的保险标的损失及产生的责任负赔偿责任的保险。《海商法》中有关海上保险的规定与本法的规定，实际上是特别法与一般法的关系，同时也是旧法与新法的关系。为理顺两法之间的适用规则，本条特别作出规定，在法律冲突的情形下，应当适用特别法优于一般法的规则，而不适用新法优于旧法的规则。即《海商法》有特别规定的，适用《海商法》的规定；没有规定的，则适用《保险法》的规定。

关联规定

《海商法》第216－256条

第一百八十三条　【涉外保险公司的适用】中外合资保险公司、外资独资保险公司、外国保险公司分公司适用本法规定；法律、行政法规另有规定的，适用其规定。

条文注释

本条对涉外保险公司的法律适用作出规定。

涉外保险机构主要有：(1)中外合资保险公司，是指依照我国有关法律、行政法规的规定，经批准由外国保险公司同中国的公司、企业在中国境内合资设立经营的保险公司。(2)外资独资保险公司，是指依照我国有关法律、行政法规的规定，经批准由外国保险公司在中国境内投资设立经营的外资保险公司。(3)外国保险公司分公司，是指依照外国法律设立的外国保险公司经批准，依照我国有关法律、行政法规的规定在我国境内设立登记注册的从事保险经营活动的分支机构。

需要注意的是，中外合资保险公司和外资独资保险公司是依中国法律设立的保险公司，当然是中国法人，其活动需要遵守中国法律。外国保险公司分公司虽然不是中国法人，但也是经过中国主管部门批准在中国境内从事保险经营活动的保险公司，因此也应当遵守中国法律，包括本法。

由于上述保险公司在设立审批、机构设置、外汇汇出等监管方面有其特殊性，我国法律和行政法规对上述保险公司有特别规定的，应当优先适用其规定。

第一百八十四条　【农业保险、强制保险】国家支持发展为农业生产服务的保险事业。农业保险由法律、行政法规另行规定。

强制保险，法律、行政法规另有规定的，适用其规定。

条文注释

本条规定了农业保险、强制保险。

农业保险，是指保险机构根据农业保险合同，对被保险人在种植业、林业、畜牧业和渔业生产中因保险标的遭受约定的自然灾害、意外事故、疫病、疾病等保险事故所造成的财产损失，承担赔偿保险金责任的保险活动。农业保险的业务分散、危险复杂，多数危险属于巨灾，经营成本和赔付率都很高，难以按照商业保险的一般规则经营。因此本条规定，农业保险不适用本法，由法律、行政法规另行规定。

强制保险，是指根据国家颁布的有关法律和法规，凡是在规定范围内的单位或个人，不管愿意与否都必须参加的保险。强制保险仅仅在是否投保、保险费率以及保险条款上有强制性，在运营模式上往往是依照商业保险的模式予以运营。因此对于有特别立法规定的，强制保险需要按照该特别法的规定实施；对于立法没有特别规定的部分，则需要依照本法的规定实施。

关联规定

《农业保险条例》

第一百八十五条　【施行日期】本法自 2009 年 10 月 1 日起施行。

条文注释

本条明确规定了生效日期。

一般而言，本法不具有溯及既往的效力，凡是在本法施行日之前发生的法律行为，仍适用修改前的《保险法》。自本法施行之日起，保险活动当事人从事商业保险活动，适用修改后的《保险法》。

附录

一、综 合 规 定

保险公司管理规定

（2009 年 9 月 25 日中国保险监督管理委员会令 2009 年第 1 号发布　根据 2015 年 10 月 19 日中国保险监督管理委员会令 2015 年第 3 号《关于修改〈保险公司设立境外保险类机构管理办法〉等八部规章的决定》修订）

第一章　总　　则

第一条　为了加强对保险公司的监督管理，维护保险市场的正常秩序，保护被保险人合法权益，促进保险业健康发展，根据《中华人民共和国保险法》（以下简称《保险法》）、《中华人民共和国公司法》（以下简称《公司法》）等法律、行政法规，制定本规定。

第二条　中国保险监督管理委员会（以下简称中国保监会）根据法律和国务院授权，对保险公司实行统一监督管理。

中国保监会的派出机构在中国保监会授权范围内依法履行监管职责。

第三条　本规定所称保险公司，是指经保险监督管理机构批准设立，并依法登记注册的商业保险公司。

本规定所称保险公司分支机构，是指经保险监督管理机构批准，保险公司依法设立的分公司、中心支公司、支公司、营业部、营销服务部以及各类专属机构。专属机构的设立和管理，由中国保监会另行规定。

本规定所称保险机构，是指保险公司及其分支机构。

第四条　本规定所称分公司，是指保险公司依法设立的以分公司命名的分支机构。

本规定所称省级分公司,是指保险公司根据中国保监会的监管要求,在各省、自治区、直辖市内负责许可申请、报告提交等相关事宜的分公司。保险公司在住所地以外的各省、自治区、直辖市已经设立分公司的,应当指定其中一家分公司作为省级分公司。

保险公司在计划单列市设立分支机构的,应当指定一家分支机构,根据中国保监会的监管要求,在计划单列市负责许可申请、报告提交等相关事宜。

省级分公司设在计划单列市的,由省级分公司同时负责前两款规定的事宜。

第五条 保险业务由依照《保险法》设立的保险公司以及法律、行政法规规定的其他保险组织经营,其他单位和个人不得经营或者变相经营保险业务。

第二章 法人机构设立

第六条 设立保险公司,应当遵循下列原则:

(一)符合法律、行政法规;

(二)有利于保险业的公平竞争和健康发展。

第七条 设立保险公司,应当向中国保监会提出筹建申请,并符合下列条件:

(一)有符合法律、行政法规和中国保监会规定条件的投资人,股权结构合理;

(二)有符合《保险法》和《公司法》规定的章程草案;

(三)投资人承诺出资或者认购股份,拟注册资本不低于人民币2亿元,且必须为实缴货币资本;

(四)具有明确的发展规划、经营策略、组织机构框架、风险控制体系;

(五)拟任董事长、总经理应当符合中国保监会规定的任职资格条件;

(六)有投资人认可的筹备组负责人;

(七)中国保监会规定的其他条件。

中国保监会根据保险公司业务范围、经营规模,可以调整保险公司注册资本的最低限额,但不得低于人民币2亿元。

第八条 申请筹建保险公司的,申请人应当提交下列材料一式三份:

(一)设立申请书,申请书应当载明拟设立保险公司的名称、拟注册资本

和业务范围等;

(二)设立保险公司可行性研究报告,包括发展规划、经营策略、组织机构框架和风险控制体系等;

(三)筹建方案;

(四)保险公司章程草案;

(五)中国保监会规定投资人应当提交的有关材料;

(六)筹备组负责人、拟任董事长、总经理名单及本人认可证明;

(七)中国保监会规定的其他材料。

第九条 中国保监会应当对筹建保险公司的申请进行审查,自受理申请之日起6个月内作出批准或者不批准筹建的决定,并书面通知申请人。决定不批准的,应当书面说明理由。

第十条 中国保监会在对筹建保险公司的申请进行审查期间,应当对投资人进行风险提示。

中国保监会应当听取拟任董事长、总经理对拟设保险公司在经营管理和业务发展等方面的工作思路。

第十一条 经中国保监会批准筹建保险公司的,申请人应当自收到批准筹建通知之日起1年内完成筹建工作。筹建期间届满未完成筹建工作的,原批准筹建决定自动失效。

筹建机构在筹建期间不得从事保险经营活动。筹建期间不得变更主要投资人。

第十二条 筹建工作完成后,符合下列条件的,申请人可以向中国保监会提出开业申请:

(一)股东符合法律、行政法规和中国保监会的有关规定;

(二)有符合《保险法》和《公司法》规定的章程;

(三)注册资本最低限额为人民币2亿元,且必须为实缴货币资本;

(四)有符合中国保监会规定任职资格条件的董事、监事和高级管理人员;

(五)有健全的组织机构;

(六)建立了完善的业务、财务、合规、风险控制、资产管理、反洗钱等制度;

(七)有具体的业务发展计划和按照资产负债匹配等原则制定的中长期资产配置计划;

（八）具有合法的营业场所，安全、消防设施符合要求，营业场所、办公设备等与业务发展规划相适应，信息化建设符合中国保监会要求；

（九）法律、行政法规和中国保监会规定的其他条件。

第十三条 申请人提出开业申请，应当提交下列材料一式三份：

（一）开业申请书；

（二）创立大会决议，没有创立大会决议的，应当提交全体股东同意申请开业的文件或者决议；

（三）公司章程；

（四）股东名称及其所持股份或者出资的比例，资信良好的验资机构出具的验资证明，资本金入账原始凭证复印件；

（五）中国保监会规定股东应当提交的有关材料；

（六）拟任该公司董事、监事、高级管理人员的简历以及相关证明材料；

（七）公司部门设置以及人员基本构成；

（八）营业场所所有权或者使用权的证明文件；

（九）按照拟设地的规定提交有关消防证明；

（十）拟经营保险险种的计划书、3 年经营规划、再保险计划、中长期资产配置计划，以及业务、财务、合规、风险控制、资产管理、反洗钱等主要制度；

（十一）信息化建设情况报告；

（十二）公司名称预先核准通知；

（十三）中国保监会规定提交的其他材料。

第十四条 中国保监会应当审查开业申请，进行开业验收，并自受理开业申请之日起 60 日内作出批准或者不批准开业的决定。验收合格决定批准开业的，颁发经营保险业务许可证；验收不合格决定不批准开业的，应当书面通知申请人并说明理由。

经批准开业的保险公司，应当持批准文件以及经营保险业务许可证，向工商行政管理部门办理登记注册手续，领取营业执照后方可营业。

第三章 分支机构设立

第十五条 保险公司可以根据业务发展需要申请设立分支机构。

保险公司分支机构的层级依次为分公司、中心支公司、支公司、营业部或者营销服务部。保险公司可以不逐级设立分支机构，但其在住所地以外的各省、自治区、直辖市开展业务，应当首先设立分公司。

保险公司可以不按照前款规定的层级逐级管理下级分支机构；营业部、营销服务部不得再管理其他任何分支机构。

第十六条　保险公司以2亿元人民币的最低资本金额设立的，在其住所地以外的每一省、自治区、直辖市首次申请设立分公司，应当增加不少于人民币2千万元的注册资本。

申请设立分公司，保险公司的注册资本达到前款规定的增资后额度的，可以不再增加相应的注册资本。

保险公司注册资本达到人民币5亿元，在偿付能力充足的情况下，设立分公司不需要增加注册资本。

第十七条　设立省级分公司，由保险公司总公司提出申请；设立其他分支机构，由保险公司总公司提出申请，或者由省级分公司持总公司批准文件提出申请。

在计划单列市申请设立分支机构，还可以由保险公司根据本规定第四条第三款指定的分支机构持总公司批准文件提出申请。

第十八条　设立分支机构，应当提出设立申请，并符合下列条件：

（一）上一年度偿付能力充足，提交申请前连续2个季度偿付能力均为充足；

（二）保险公司具备良好的公司治理结构，内控健全；

（三）申请人具备完善的分支机构管理制度；

（四）对拟设立分支机构的可行性已进行充分论证；

（五）在住所地以外的省、自治区、直辖市申请设立省级分公司以外其他分支机构的，该省级分公司已经开业；

（六）申请人最近2年内无受金融监管机构重大行政处罚的记录，不存在因涉嫌重大违法行为正在受到中国保监会立案调查的情形；

（七）申请设立省级分公司以外其他分支机构，在拟设地所在的省、自治区、直辖市内，省级分公司最近2年内无受金融监管机构重大行政处罚的记录，已设立的其他分支机构最近6个月内无受重大保险行政处罚的记录；

（八）有申请人认可的筹建负责人；

（九）中国保监会规定的其他条件。

第十九条　设立分支机构，申请人应当提交下列材料一式三份：

（一）设立申请书；

（二）申请前连续2个季度的偿付能力报告和上一年度经审计的偿付能

力报告；

（三）保险公司上一年度公司治理结构报告以及申请人内控制度；

（四）分支机构设立的可行性论证报告，包括拟设机构3年业务发展规划和市场分析，设立分支机构与公司风险管理状况和内控状况相适应的说明；

（五）申请人分支机构管理制度；

（六）申请人作出的其最近2年无受金融监管机构重大行政处罚的声明；

（七）申请设立省级分公司以外其他分支机构的，提交省级分公司最近2年无受金融监管机构重大行政处罚的声明；

（八）拟设机构筹建负责人的简历以及相关证明材料；

（九）中国保监会规定提交的其他材料。

第二十条 中国保监会应当自收到完整申请材料之日起30日内对设立申请进行书面审查，对不符合本规定第十八条的，作出不予批准决定，并书面说明理由；对符合本规定第十八条的，向申请人发出筹建通知。

第二十一条 申请人应当自收到筹建通知之日起6个月内完成分支机构的筹建工作。筹建期间不计算在行政许可的期限内。

筹建期间届满未完成筹建工作的，应当根据本规定重新提出设立申请。

筹建机构在筹建期间不得从事任何保险经营活动。

第二十二条 筹建工作完成后，筹建机构具备下列条件的，申请人可以向中国保监会提交开业验收报告：

（一）具有合法的营业场所，安全、消防设施符合要求；

（二）建立了必要的组织机构和完善的业务、财务、风险控制、资产管理、反洗钱等管理制度；

（三）建立了与经营管理活动相适应的信息系统；

（四）具有符合任职条件的拟任高级管理人员或者主要负责人；

（五）对员工进行了上岗培训；

（六）筹建期间未开办保险业务；

（七）中国保监会规定的其他条件。

第二十三条 申请人提交的开业验收报告应当附下列材料一式三份：

（一）筹建工作完成情况报告；

（二）拟任高级管理人员或者主要负责人简历及有关证明；

(三)拟设机构营业场所所有权或者使用权证明;

(四)计算机设备配置、应用系统及网络建设情况报告;

(五)业务、财务、风险控制、资产管理、反洗钱等制度;

(六)机构设置和从业人员情况报告,包括员工上岗培训情况报告等;

(七)按照拟设地规定提交有关消防证明,无需进行消防验收或者备案的,提交申请人作出的已采取必要措施确保消防安全的书面承诺;

(八)中国保监会规定提交的其他材料。

第二十四条 中国保监会应当自收到完整的开业验收报告之日起 30 日内,进行开业验收,并作出批准或者不予批准的决定。验收合格批准设立的,颁发分支机构经营保险业务许可证;验收不合格不予批准设立的,应当书面通知申请人并说明理由。

第二十五条 经批准设立的保险公司分支机构,应当持批准文件以及分支机构经营保险业务许可证,向工商行政管理部门办理登记注册手续,领取营业执照后方可营业。

第四章 机构变更、解散与撤销

第二十六条 保险机构有下列情形之一的,应当经中国保监会批准:

(一)保险公司变更名称;

(二)变更注册资本;

(三)扩大业务范围;

(四)变更营业场所;

(五)保险公司分立或者合并;

(六)修改保险公司章程;

(七)变更出资额占有限责任公司资本总额 5% 以上的股东,或者变更持有股份有限公司股份 5% 以上的股东;

(八)中国保监会规定的其他情形。

第二十七条 保险机构有下列情形之一,应当自该情形发生之日起 15 日内,向中国保监会报告:

(一)变更出资额不超过有限责任公司资本总额 5% 的股东,或者变更持有股份有限公司股份不超过 5% 的股东,上市公司的股东变更除外;

(二)保险公司的股东变更名称,上市公司的股东除外;

(三)保险公司分支机构变更名称;

（四）中国保监会规定的其他情形。

第二十八条 保险公司依法解散的，应当经中国保监会批准，并报送下列材料一式三份：

（一）解散申请书；

（二）股东大会或者股东会决议；

（三）清算组织及其负责人情况和相关证明材料；

（四）清算程序；

（五）债权债务安排方案；

（六）资产分配计划和资产处分方案；

（七）中国保监会规定提交的其他材料。

第二十九条 保险公司依法解散的，应当成立清算组，清算工作由中国保监会监督指导。

保险公司依法被撤销的，由中国保监会及时组织股东、有关部门以及相关专业人员成立清算组。

第三十条 清算组应当自成立之日起10日内通知债权人，并于60日内在中国保监会指定的报纸上至少公告3次。

清算组应当委托资信良好的会计师事务所、律师事务所，对公司债权债务和资产进行评估。

第三十一条 保险公司撤销分支机构，应当经中国保监会批准。分支机构经营保险业务许可证自被批准撤销之日起自动失效，并应当于被批准撤销之日起15日内缴回。

保险公司合并、撤销分支机构的，应当进行公告，并书面通知有关投保人、被保险人或者受益人，对交付保险费、领取保险金等事宜应当充分告知。

第三十二条 保险公司依法解散或者被撤销的，其资产处分应当采取公开拍卖、协议转让或者中国保监会认可的其他方式。

第三十三条 保险公司依法解散或者被撤销的，在保险合同责任清算完毕之前，公司股东不得分配公司资产，或者从公司取得任何利益。

第三十四条 保险公司有《中华人民共和国企业破产法》第二条规定情形的，依法申请重整、和解或者破产清算。

第五章 分支机构管理

第三十五条 保险公司应当加强对分支机构的管理，督促分支机构依法合规经营，确保上级机构对管理的下级分支机构能够实施有效管控。

第三十六条　保险公司总公司应当根据本规定和发展需要制定分支机构管理制度，其省级分公司应当根据总公司的规定和当地实际情况，制定本省、自治区、直辖市分支机构管理制度。

保险公司在计划单列市设立分支机构的，应当由省级分公司或者保险公司根据本规定第四条第三款指定的分支机构制定当地分支机构管理制度。

第三十七条　分支机构管理制度至少应当包括下列内容：

（一）各级分支机构职能；

（二）各级分支机构人员、场所、设备等方面的配备要求；

（三）分支机构设立、撤销的内部决策制度；

（四）上级机构对下级分支机构的管控职责和措施。

第三十八条　保险公司分支机构应当配备必要数量的工作人员，分支机构高级管理人员或者主要负责人应当是与保险公司订立劳动合同的正式员工。

第三十九条　保险公司分支机构在经营存续期间，应当具有规范和稳定的营业场所，配备必要的办公设备。

第四十条　保险公司分支机构应当将经营保险业务许可证原件放置于营业场所显著位置，以备查验。

第六章　保 险 经 营

第四十一条　保险公司的分支机构不得跨省、自治区、直辖市经营保险业务，本规定第四十二条规定的情形和中国保监会另有规定的除外。

第四十二条　保险机构参与共保、经营大型商业保险或者统括保单业务，以及通过互联网、电话营销等方式跨省、自治区、直辖市承保业务，应当符合中国保监会的有关规定。

第四十三条　保险机构应当公平、合理拟订保险条款和保险费率，不得损害投保人、被保险人和受益人的合法权益。

第四十四条　保险机构的业务宣传资料应当客观、完整、真实，并应当载有保险机构的名称和地址。

第四十五条　保险机构应当按照中国保监会的规定披露有关信息。

保险机构不得利用广告或者其他宣传方式，对其保险条款内容和服务质量等做引人误解的宣传。

第四十六条　保险机构对保险合同中有关免除保险公司责任、退保、费用扣除、现金价值和犹豫期等事项，应当依照《保险法》和中国保监会的规定向投保人作出提示。

第四十七条　保险机构开展业务，应当遵循公平竞争的原则，不得从事不正当竞争。

第四十八条　保险机构不得将其保险条款、保险费率与其他保险公司的类似保险条款、保险费率或者金融机构的存款利率等进行片面比较。

第四十九条　保险机构不得以捏造、散布虚假事实等方式损害其他保险机构的信誉。

保险机构不得利用政府及其所属部门、垄断性企业或者组织，排挤、阻碍其他保险机构开展保险业务。

第五十条　保险机构不得劝说或者诱导投保人解除与其他保险机构的保险合同。

第五十一条　保险机构不得给予或者承诺给予投保人、被保险人、受益人保险合同约定以外的保险费回扣或者其他利益。

第五十二条　除再保险公司以外，保险机构应当按照规定设立客户服务部门或者咨询投诉部门，并向社会公开咨询投诉电话。

保险机构对保险投诉应当认真处理，并将处理意见及时告知投诉人。

第五十三条　保险机构应当建立保险代理人的登记管理制度，加强对保险代理人的培训和管理，不得唆使、诱导保险代理人进行违背诚信义务的活动。

第五十四条　保险机构不得委托未取得合法资格的机构或者个人从事保险销售活动，不得向未取得合法资格的机构或者个人支付佣金或者其他利益。

第五十五条　保险公司应当建立健全公司治理结构，加强内部管理，建立严格的内部控制制度。

第五十六条　保险公司应当建立控制和管理关联交易的有关制度。保险公司的重大关联交易应当按照规定及时向中国保监会报告。

第五十七条　保险机构任命董事、监事、高级管理人员，应当在任命前向中国保监会申请核准上述人员的任职资格。

保险机构董事、监事、高级管理人员的任职资格管理，按照《保险法》和中国保监会有关规定执行。

第五十八条 保险机构应当依照《保险法》和中国保监会的有关规定管理、使用经营保险业务许可证。

第七章 监督管理

第五十九条 中国保监会对保险机构的监督管理,采取现场监管与非现场监管相结合的方式。

第六十条 保险机构有下列情形之一的,中国保监会可以将其列为重点监管对象:

(一)严重违法;

(二)偿付能力不足;

(三)财务状况异常;

(四)中国保监会认为需要重点监管的其他情形。

第六十一条 中国保监会对保险机构的现场检查包括但不限于下列事项:

(一)机构设立、变更是否依法经批准或者向中国保监会报告;

(二)董事、监事、高级管理人员任职资格是否依法经核准;

(三)行政许可的申报材料是否真实;

(四)资本金、各项准备金是否真实、充足;

(五)公司治理和内控制度建设是否符合中国保监会的规定;

(六)偿付能力是否充足;

(七)资金运用是否合法;

(八)业务经营和财务情况是否合法,报告、报表、文件、资料是否及时、完整、真实;

(九)是否按规定对使用的保险条款和保险费率报经审批或者备案;

(十)与保险中介的业务往来是否合法;

(十一)信息化建设工作是否符合规定;

(十二)需要事后报告的其他事项是否按照规定报告;

(十三)中国保监会依法检查的其他事项。

第六十二条 中国保监会对保险机构进行现场检查,保险机构应当予以配合,并按中国保监会的要求提供有关文件、材料。

第六十三条 中国保监会工作人员依法实施现场检查;检查人员不得少于2人,并应当出示有关证件和检查通知书。

中国保监会可以在现场检查中,委托会计师事务所等中介服务机构提供相关专业服务;委托上述中介服务机构提供专业服务的,应当签订书面委托协议。

第六十四条 保险机构出现频繁撤销分支机构、频繁变更分支机构营业场所等情形,可能或者已经对保险公司经营造成不利影响的,中国保监会有权根据监管需要采取下列措施:

(一)要求保险机构在指定时间内完善分支机构管理的相关制度;

(二)询问保险机构负责人、其他相关人员,了解变更、撤销的有关情况;

(三)要求保险机构提供其内部对变更、撤销行为进行决策的相关文件和资料;

(四)出示重大风险提示函,或者对有关人员进行监管谈话;

(五)依法采取的其他措施。

保险机构应当按照中国保监会的要求进行整改,并及时将整改情况书面报告中国保监会。

第六十五条 中国保监会有权根据监管需要,要求保险机构进行报告或者提供专项资料。

第六十六条 保险机构应当按照规定及时向中国保监会报送营业报告、精算报告、财务会计报告、偿付能力报告、合规报告等报告、报表、文件和资料。

保险机构向中国保监会提交的各类报告、报表、文件和资料,应当真实、完整、准确。

第六十七条 保险公司的股东大会、股东会、董事会的重大决议,应当在决议作出后30日内向中国保监会报告,中国保监会另有规定的除外。

第六十八条 中国保监会有权根据监管需要,对保险机构董事、监事、高级管理人员进行监管谈话,要求其就保险业务经营、风险控制、内部管理等有关重大事项作出说明。

第六十九条 保险机构或者其从业人员违反本规定,由中国保监会依照法律、行政法规进行处罚;法律、行政法规没有规定的,由中国保监会责令改正,给予警告,对有违法所得的处以违法所得1倍以上3倍以下罚款,但最高不得超过3万元,对没有违法所得的处以1万元以下罚款;涉嫌犯罪的,依法移交司法机关追究其刑事责任。

第八章　附　　则

第七十条　外资独资保险公司、中外合资保险公司分支机构设立适用本规定;中国保监会之前作出的有关规定与本规定不一致的,以本规定为准。

对外资独资保险公司、中外合资保险公司的其他管理,适用本规定,法律、行政法规和中国保监会另有规定的除外。

第七十一条　除本规定第四十二条和第七十二条第一款规定的情形外,外国保险公司分公司只能在其住所地的省、自治区、直辖市行政辖区内开展业务。

对外国保险公司分公司的其他管理,参照本规定对保险公司总公司的有关规定执行,法律、行政法规和中国保监会另有规定的除外。

第七十二条　再保险公司,包括外国再保险公司分公司,可以直接在全国开展再保险业务。

再保险公司适用本规定,法律、行政法规和中国保监会另有规定的除外。

第七十三条　政策性保险公司、相互制保险公司参照适用本规定,国家另有规定的除外。

第七十四条　保险公司在境外设立子公司、分支机构,应当经中国保监会批准;其设立条件和管理,由中国保监会另行规定。

第七十五条　保险公司应当按照《保险法》的规定,加入保险行业协会。

第七十六条　本规定施行前已经设立的分支机构,无需按照本规定的设立条件重新申请设立审批,但应当符合本规定对分支机构的日常管理要求。不符合规定的,应当自本规定施行之日起 2 年内进行整改,在高级管理人员或者主要负责人资质、场所规范、许可证使用、分支机构管理等方面达到本规定的相关要求。

第七十七条　保险机构依照本规定报送的各项报告、报表、文件和资料,应当用中文书写。原件为外文的,应当附中文译本;中文与外文意思不一致的,以中文为准。

第七十八条　本规定中的日是指工作日,不含法定节假日;本规定中的以上、以下,包括本数。

第七十九条　本规定由中国保监会负责解释。

第八十条　本规定自 2009 年 10 月 1 日起施行。中国保监会 2004 年 5 月 13 日发布的《保险公司管理规定》(保监会令〔2004〕3 号)同时废止。

保险资金运用管理办法

（2018年1月24日中国保险监督管理委员会令〔2018〕1号公布
自2018年4月1日起施行）

第一章 总 则

第一条 为了规范保险资金运用行为，防范保险资金运用风险，保护保险当事人合法权益，维护保险市场秩序，根据《中华人民共和国保险法》等法律、行政法规，制定本办法。

第二条 在中国境内依法设立的保险集团（控股）公司、保险公司从事保险资金运用活动适用本办法规定。

第三条 本办法所称保险资金，是指保险集团（控股）公司、保险公司以本外币计价的资本金、公积金、未分配利润、各项准备金以及其他资金。

第四条 保险资金运用必须以服务保险业为主要目标，坚持稳健审慎和安全性原则，符合偿付能力监管要求，根据保险资金性质实行资产负债管理和全面风险管理，实现集约化、专业化、规范化和市场化。

保险资金运用应当坚持独立运作。保险集团（控股）公司、保险公司的股东不得违法违规干预保险资金运用工作。

第五条 中国保险监督管理委员会（以下简称中国保监会）依法对保险资金运用活动进行监督管理。

第二章 资金运用形式

第一节 资金运用范围

第六条 保险资金运用限于下列形式：

（一）银行存款；

（二）买卖债券、股票、证券投资基金份额等有价证券；

（三）投资不动产；

（四）投资股权；

（五）国务院规定的其他资金运用形式。

保险资金从事境外投资的，应当符合中国保监会、中国人民银行和国家外汇管理局的相关规定。

第七条 保险资金办理银行存款的，应当选择符合下列条件的商业银行作为存款银行：

（一）资本充足率、净资产和拨备覆盖率等符合监管要求；

（二）治理结构规范、内控体系健全、经营业绩良好；

（三）最近三年未发现重大违法违规行为；

（四）信用等级达到中国保监会规定的标准。

第八条 保险资金投资的债券，应当达到中国保监会认可的信用评级机构评定的、且符合规定要求的信用级别，主要包括政府债券、金融债券、企业（公司）债券、非金融企业债务融资工具以及符合规定的其他债券。

第九条 保险资金投资的股票，主要包括公开发行并上市交易的股票和上市公司向特定对象非公开发行的股票。

保险资金开展股票投资，分为一般股票投资、重大股票投资和上市公司收购等，中国保监会根据不同情形实施差别监管。

保险资金投资全国中小企业股份转让系统挂牌的公司股票，以及以外币认购及交易的股票，由中国保监会另行规定。

第十条 保险资金投资证券投资基金的，其基金管理人应当符合下列条件：

（一）公司治理良好、风险控制机制健全；

（二）依法履行合同，维护投资者合法权益；

（三）设立时间一年（含）以上；

（四）最近三年没有重大违法违规行为；设立未满三年的，自其成立之日起没有重大违法违规行为；

（五）建立有效的证券投资基金和特定客户资产管理业务之间的防火墙机制；

（六）投资团队稳定，历史投资业绩良好，管理资产规模或者基金份额相对稳定。

第十一条 保险资金投资的不动产,是指土地、建筑物以及其他附着于土地上的定着物,具体办法由中国保监会制定。

第十二条 保险资金投资的股权,应当为境内依法设立和注册登记,且未在证券交易所公开上市的股份有限公司和有限责任公司的股权。

第十三条 保险集团(控股)公司、保险公司购置自用不动产、开展上市公司收购或者从事对其他企业实现控股的股权投资,应当使用自有资金。

第十四条 保险集团(控股)公司、保险公司对其他企业实现控股的股权投资,应当满足有关偿付能力监管规定。保险集团(控股)公司的保险子公司不符合中国保监会偿付能力监管要求的,该保险集团(控股)公司不得向非保险类金融企业投资。

实现控股的股权投资应当限于下列企业:

(一)保险类企业,包括保险公司、保险资产管理机构以及保险专业代理机构、保险经纪机构、保险公估机构;

(二)非保险类金融企业;

(三)与保险业务相关的企业。

本办法所称保险资产管理机构,是指经中国保监会同意,依法登记注册,受托管理保险资金等资金的金融机构,包括保险资产管理公司及其子公司、其他专业保险资产管理机构。

第十五条 保险资金可以投资资产证券化产品。

前款所称资产证券化产品,是指金融机构以可特定化的基础资产所产生的现金流为偿付支持,通过结构化等方式进行信用增级,在此基础上发行的金融产品。

第十六条 保险资金可以投资创业投资基金等私募基金。

前款所称创业投资基金是指依法设立并由符合条件的基金管理机构管理,主要投资创业企业普通股或者依法可转换为普通股的优先股、可转换债券等权益的股权投资基金。

第十七条 保险资金可以投资设立不动产、基础设施、养老等专业保险资产管理机构,专业保险资产管理机构可以设立符合条件的保险私募基金,具体办法由中国保监会制定。

第十八条 除中国保监会另有规定以外,保险集团(控股)公司、保险公司从事保险资金运用,不得有下列行为:

(一)存款于非银行金融机构;

（二）买入被交易所实行“特别处理”“警示存在终止上市风险的特别处理”的股票；

（三）投资不符合国家产业政策的企业股权和不动产；

（四）直接从事房地产开发建设；

（五）将保险资金运用形成的投资资产用于向他人提供担保或者发放贷款，个人保单质押贷款除外；

（六）中国保监会禁止的其他投资行为。

第十九条　保险集团（控股）公司、保险公司从事保险资金运用应当符合中国保监会比例监管要求，具体规定由中国保监会另行制定。

中国保监会根据保险资金运用实际情况，可以对保险资产的分类、品种以及相关比例等进行调整。

第二十条　投资连结保险产品和非寿险非预定收益投资型保险产品的资金运用，应当在资产隔离、资产配置、投资管理等环节，独立于其他保险产品资金，具体办法由中国保监会制定。

第二节　资金运用模式

第二十一条　保险集团（控股）公司、保险公司应当按照“集中管理、统一配置、专业运作”的要求，实行保险资金的集约化、专业化管理。

保险资金应当由法人机构统一管理和运用，分支机构不得从事保险资金运用业务。

第二十二条　保险集团（控股）公司、保险公司应当选择符合条件的商业银行等专业机构，实施保险资金运用第三方托管和监督，具体办法由中国保监会制定。

托管的保险资产独立于托管机构固有资产，并独立于托管机构托管的其他资产。托管机构因依法解散、被依法撤销或者被依法宣告破产等原因进行清算的，托管资产不属于其清算财产。

第二十三条　托管机构从事保险资金托管的，主要职责包括：

（一）保险资金的保管、清算交割和资产估值；

（二）监督投资行为；

（三）向有关当事人披露信息；

（四）依法保守商业秘密；

（五）法律、行政法规、中国保监会规定和合同约定的其他职责。

第二十四条 托管机构从事保险资金托管,不得有下列行为:

(一)挪用托管资金;

(二)混合管理托管资金和自有资金或者混合管理不同托管账户资金;

(三)利用托管资金及其相关信息谋取非法利益;

(四)其他违法行为。

第二十五条 保险集团(控股)公司、保险公司、保险资产管理机构开展保险资金运用业务,应当具备相应的投资管理能力。

第二十六条 保险集团(控股)公司、保险公司根据投资管理能力和风险管理能力,可以按照相关监管规定自行投资或者委托符合条件的投资管理人作为受托人进行投资。

本办法所称投资管理人,是指依法设立的,符合中国保监会规定的保险资产管理机构、证券公司、证券资产管理公司、证券投资基金管理公司等专业投资管理机构。

第二十七条 保险集团(控股)公司、保险公司委托投资管理人投资的,应当订立书面合同,约定双方权利与义务,确保委托人、受托人、托管人三方职责各自独立。

保险集团(控股)公司、保险公司应当履行制定资产战略配置指引、选择受托人、监督受托人执行情况、评估受托人投资绩效等职责。

受托人应当执行委托人资产配置指引,根据保险资金特性构建投资组合,公平对待不同资金。

第二十八条 保险集团(控股)公司、保险公司委托投资管理人投资的,不得有下列行为:

(一)妨碍、干预受托人正常履行职责;

(二)要求受托人提供其他委托机构信息;

(三)要求受托人提供最低投资收益保证;

(四)非法转移保险利润或者进行其他不正当利益输送;

(五)其他违法行为。

第二十九条 投资管理人受托管理保险资金的,不得有下列行为:

(一)违反合同约定投资;

(二)不公平对待不同资金;

(三)混合管理自有、受托资金或者不同委托机构资金;

(四)挪用受托资金;

（五）向委托机构提供最低投资收益承诺；

（六）以保险资金及其投资形成的资产为他人设定担保；

（七）将受托资金转委托；

（八）为委托机构提供通道服务；

（九）其他违法行为。

第三十条 保险资产管理机构根据中国保监会相关规定，可以将保险资金运用范围内的投资品种作为基础资产，开展保险资产管理产品业务。

保险集团（控股）公司、保险公司委托投资或者购买保险资产管理产品，保险资产管理机构应当根据合同约定，及时向有关当事人披露资金投向、投资管理、资金托管、风险管理和重大突发事件等信息，并保证披露信息的真实、准确和完整。

保险资产管理机构应当根据受托资产规模、资产类别、产品风险特征、投资业绩等因素，按照市场化原则，以合同方式与委托或者投资机构，约定管理费收入计提标准和支付方式。

保险资产管理产品业务，是指由保险资产管理机构作为发行人和管理人，向保险集团（控股）公司、保险公司、保险资产管理机构以及其他合格投资者发售产品份额，募集资金，并选聘商业银行等专业机构为托管人，为投资人利益开展的投资管理活动。

第三十一条 保险资产管理机构开展保险资产管理产品业务，应当在中国保监会认可的资产登记交易平台进行发行、登记、托管、交易、结算、信息披露以及相关信用增进和抵质押融资等业务。

保险资金投资保险资产管理产品以外的其他金融产品，金融产品信息应当在中国保监会认可的资产登记交易平台进行登记和披露，具体操作参照保险资产管理产品的相关规定执行。

前款所称其他金融产品是指商业银行、信托公司、证券公司、证券投资基金管理公司等金融机构依照相关法律、行政法规发行，符合中国保监会规定的金融产品。

第三章 决策运行机制

第一节 组织结构与职责

第三十二条 保险集团（控股）公司、保险公司应当建立健全公司治理，在公司章程和相关制度中明确规定股东(大)会、董事会、监事会和经营管理层的保险资金运用职责,实现保险资金运用决策权、运营权、监督权相互分离,相互制衡。

第三十三条　保险资金运用实行董事会负责制。保险公司董事会应当对资产配置和投资政策、风险控制、合规管理承担最终责任,主要履行下列职责:

(一)审定保险资金运用管理制度;

(二)确定保险资金运用管理方式;

(三)审定投资决策程序和授权机制;

(四)审定资产战略配置规划、年度资产配置计划及相关调整方案;

(五)决定重大投资事项;

(六)审定新投资品种的投资策略和运作方案;

(七)建立资金运用绩效考核制度;

(八)其他相关职责。

董事会应当设立具有投资决策、资产负债管理和风险管理等相应职能的专业委员会。

第三十四条　保险集团(控股)公司、保险公司决定委托投资,以及投资无担保债券、股票、股权和不动产等重大保险资金运用事项,应当经董事会审议通过。

第三十五条　保险集团(控股)公司、保险公司经营管理层根据董事会授权,应当履行下列职责:

(一)负责保险资金运用的日常运营和管理工作;

(二)建立保险资金运用与财务、精算、产品和风险控制等部门之间的沟通协商机制;

(三)审议资产管理部门拟定的保险资产战略配置规划和年度资产配置计划及相关调整方案,并提交董事会审定;

(四)组织实施经董事会审定的资产战略配置规划和年度资产配置计划;

(五)控制和管理保险资金运用风险;

(六)其他相关职责。

第三十六条　保险集团(控股)公司、保险公司应当设置专门的保险资产管理部门,并独立于财务、精算、风险控制等其他业务部门,履行下列职责:

（一）拟定保险资金运用管理制度；

（二）拟定资产战略配置规划和年度资产配置计划及相关调整方案；

（三）执行资产战略配置规划和年度资产配置计划；

（四）实施保险资金运用风险管理措施；

（五）其他相关职责。

保险集团（控股）公司、保险公司自行投资的，保险资产管理部门应当负责日常投资和交易管理；委托投资的，保险资产管理部门应当履行监督投资行为和评估投资业绩等委托人职责。

第三十七条　保险集团（控股）公司、保险公司的保险资产管理部门应当在投资研究、资产清算、风险控制、业绩评估、相关保障等环节设置岗位，建立防火墙体系，实现专业化、规范化、程序化运作。

保险集团（控股）公司、保险公司自行投资的，保险资产管理部门应当设置投资、交易等与资金运用业务直接相关的岗位。

第三十八条　保险集团（控股）公司、保险公司风险管理部门以及具有相应管理职能的部门，应当履行下列职责：

（一）拟定保险资金运用风险管理制度；

（二）审核和监控保险资金运用合法合规性；

（三）识别、评估、跟踪、控制和管理保险资金运用风险；

（四）定期报告保险资金运用风险管理状况；

（五）其他相关职责。

第三十九条　保险资产管理机构应当设立首席风险管理执行官。

首席风险管理执行官为公司高级管理人员，负责组织和指导保险资产管理机构风险管理，履职范围应当包括保险资产管理机构运作的所有业务环节，独立向董事会、中国保监会报告有关情况，提出防范和化解重大风险建议。

首席风险管理执行官不得主管投资管理。如需更换，应当于更换前至少5个工作日向中国保监会书面说明理由和其履职情况。

第二节　资金运用流程

第四十条　保险集团（控股）公司、保险公司应当建立健全保险资金运用的管理制度和内部控制机制，明确各个环节、有关岗位的衔接方式及操作标准，严格分离前、中、后台岗位责任，定期检查和评估制度执行情况，做到权责分明、相对独立和相互制衡。相关制度包括但不限于：

（一）资产配置相关制度；

（二）投资研究、决策和授权制度；

（三）交易和结算管理制度；

（四）绩效评估和考核制度；

（五）信息系统管理制度；

（六）风险管理制度等。

第四十一条　保险集团（控股）公司、保险公司应当以独立法人为单位，统筹境内境外两个市场，综合偿付能力约束、外部环境、风险偏好和监管要求等因素，分析保险资金成本、现金流和期限等负债指标，选择配置具有相应风险收益特征、期限及流动性的资产。

第四十二条　保险集团（控股）公司、保险公司应当建立专业化分析平台，并利用外部研究成果，研究制定涵盖交易对手管理和投资品种选择的模型和制度，实时跟踪并分析市场变化，为保险资金运用决策提供依据。

第四十三条　保险集团（控股）公司、保险公司应当建立健全相对集中、分级管理、权责统一的投资决策和授权制度，明确授权方式、权限、标准、程序、时效和责任，并对授权情况进行检查和逐级问责。

第四十四条　保险集团（控股）公司、保险公司应当建立和完善公平交易机制，有效控制相关人员操作风险和道德风险，防范交易系统的技术安全疏漏，确保交易行为的合规性、公平性和有效性。公平交易机制至少应当包括以下内容：

（一）实行集中交易制度，严格隔离投资决策与交易执行；

（二）构建符合相关要求的集中交易监测系统、预警系统和反馈系统；

（三）建立完善的交易记录制度；

（四）在账户设置、研究支持、资源分配、人员管理等环节公平对待不同资金等。

保险集团（控股）公司、保险公司开展证券投资业务，应当遵守证券行业相关法律法规，建立健全风险隔离机制，实行相关从业人员本人及直系亲属投资信息申报制度，切实防范内幕交易、利用未公开信息交易、利益输送等违法违规行为。

第四十五条　保险集团（控股）公司、保险公司应当建立以资产负债管理为核心的绩效评估体系和评估标准，定期开展保险资金运用绩效评估和归因分析,推进长期投资、价值投资和分散化投资,实现保险资金运用总体目标。

第四十六条 保险集团(控股)公司、保险公司应当建立保险资金运用信息管理系统,减少或者消除人为操纵因素,自动识别、预警报告和管理控制资产管理风险,确保实时掌握风险状况。

信息管理系统应当设定合规性和风险指标阀值,将风险监控的各项要素固化到相关信息技术系统之中,降低操作风险、防止道德风险。

信息管理系统应当建立全面风险管理数据库,收集和整合市场基础资料,记录保险资金管理和投资交易的原始数据,保证信息平台共享。

第四章 风 险 管 控

第四十七条 保险集团(控股)公司、保险公司应当建立全面覆盖、全程监控、全员参与的保险资金运用风险管理组织体系和运行机制,改进风险管理技术和信息技术系统,通过管理系统和稽核审计等手段,分类、识别、量化和评估各类风险,防范和化解风险。

第四十八条 保险集团(控股)公司、保险公司应当管理和控制资产负债错配风险,以偿付能力约束和保险产品负债特性为基础,加强成本收益管理、期限管理和风险预算,确定保险资金运用风险限额,采用缺口分析、敏感性和情景测试等方法,评估和管理资产错配风险。

第四十九条 保险集团(控股)公司、保险公司应当管理和控制流动性风险,根据保险业务特点和风险偏好,测试不同状况下可以承受的流动性风险水平和自身风险承受能力,制定流动性风险管理策略、政策和程序,防范流动性风险。

第五十条 保险集团(控股)公司、保险公司应当管理和控制市场风险,评估和管理利率风险、汇率风险以及金融市场波动风险,建立有效的市场风险评估和管理机制,实行市场风险限额管理。

第五十一条 保险集团(控股)公司、保险公司应当管理和控制信用风险,建立信用风险管理制度,及时跟踪评估信用风险,跟踪分析持仓信用品种和交易对手,定期组织回测检验。

第五十二条 保险集团(控股)公司、保险公司应当加强同业拆借、债券回购和融资融券业务管理,严格控制融资规模和使用杠杆,禁止投机或者用短期拆借资金投资高风险和流动性差的资产。保险资金参与衍生产品交易,仅限于对冲风险,不得用于投机,具体办法由中国保监会制定。

第五十三条　保险集团(控股)公司、保险公司、保险资产管理机构开展投资业务或者资产管理产品业务,应当建立风险责任人制度,明确相应的风险责任人,具体办法由中国保监会制定。

第五十四条　保险集团(控股)公司、保险公司应当建立内部稽核和外部审计制度。

保险集团(控股)公司、保险公司应当每年至少进行一次保险资金运用内部稽核。

保险集团(控股)公司、保险公司应当聘请符合条件的外部专业审计机构,对保险资金运用内部控制情况进行年度专项审计。

上述内部稽核和年度审计的结果应当向中国保监会报告。具体办法由中国保监会制定。

第五十五条　保险集团(控股)公司、保险公司主管投资的高级管理人员、保险资金运用部门负责人和重要岗位人员离任前应当进行离任审计,审计结果应当向中国保监会报告。

第五十六条　保险集团(控股)公司、保险公司应当建立保险资金运用风险处置机制,制定应急预案,及时控制和化解风险隐患。投资资产发生大幅贬值或者出现债权不能清偿的,应当制定处置方案,并及时报告中国保监会。

第五十七条　保险集团(控股)公司、保险公司应当确保风险管控相关岗位和人员具有履行职责所需知情权和查询权,有权查阅、询问所有与保险资金运用业务相关的数据、资料和细节,并列席与保险资金运用相关的会议。

第五十八条　保险集团(控股)公司、保险公司的保险资金运用行为涉及关联交易的,应当遵守法律、行政法规、国家会计制度,以及中国保监会的有关监管规定。

第五章　监 督 管 理

第五十九条　中国保监会对保险资金运用的监督管理,采取现场监管与非现场监管相结合的方式。

中国保监会可以授权其派出机构行使保险资金运用监管职权。

第六十条　中国保监会应当根据公司治理结构、偿付能力、投资管理能力和风险管理能力,按照内控与合规计分等有关监管规则,对保险集团(控股)公司、保险公司保险资金运用实行分类监管、持续监管、风险监测和动态评估。

中国保监会应当强化对保险公司的资本约束，确定保险资金运用风险监管指标体系，并根据评估结果，采取相应监管措施，防范和化解风险。

第六十一条　保险集团（控股）公司、保险公司分管投资的高级管理人员、保险资产管理公司的董事、监事、高级管理人员，应当在任职前取得中国保监会核准的任职资格。

保险集团（控股）公司、保险公司的首席投资官由分管投资的高级管理人员担任。

保险集团（控股）公司、保险公司的首席投资官和资产管理部门主要负责人应当在任命后 10 个工作日内，由任职机构向中国保监会报告。

第六十二条　保险集团（控股）公司、保险公司的重大股权投资，应当报中国保监会核准。

重大股权投资的具体办法由中国保监会另行制定。

第六十三条　保险资产管理机构发行或者发起设立的保险资产管理产品，实行核准、备案或注册管理。

注册不对保险资产管理产品的投资价值以及风险作实质性判断。

第六十四条　中国保监会有权要求保险集团（控股）公司、保险公司提供报告、报表、文件和资料。

提交报告、报表、文件和资料，应当及时、真实、准确、完整。

第六十五条　保险集团（控股）公司、保险公司应当依法披露保险资金运用的相关信息。保险集团（控股）公司、保险公司的股东（大）会、董事会的重大投资决议，应当在决议作出后 5 个工作日内向中国保监会报告，中国保监会另有规定的除外。

第六十六条　中国保监会有权要求保险集团（控股）公司、保险公司将保险资金运用的有关数据与中国保监会的监管信息系统动态连接。

保险集团（控股）公司、保险公司应当按照中国保监会规定，及时、准确、完整地向中国保监会的监管信息系统报送相关数据。

第六十七条　保险集团（控股）公司和保险公司违反本办法规定，存在以下情形之一的，中国保监会可以限制其资金运用的形式和比例：

（一）偿付能力状况不符合中国保监会要求的；

（二）公司治理存在重大风险的；

（三）资金运用违反关联交易有关规定的。

第六十八条 保险集团(控股)公司、保险公司违反资金运用形式和比例有关规定的,由中国保监会责令限期改正。

第六十九条 中国保监会有权对保险集团(控股)公司、保险公司的董事、监事、高级管理人员和保险资产管理部门负责人进行监管谈话,要求其就保险资金运用情况、风险控制、内部管理等有关重大事项作出说明。

第七十条 保险集团(控股)公司、保险公司严重违反资金运用有关规定的,中国保监会可以责令调整负责人及有关管理人员。

第七十一条 保险集团(控股)公司、保险公司严重违反保险资金运用有关规定,被责令限期改正逾期未改正的,中国保监会可以决定选派有关人员组成整顿组,对公司进行整顿。

第七十二条 保险集团(控股)公司、保险公司违反本办法规定运用保险资金的,由中国保监会依法予以罚款、限制业务范围、责令停止接受新业务或者吊销业务许可证等行政处罚,对相关责任人员依法予以警告、罚款、撤销任职资格、禁止进入保险业等行政处罚。

受到行政处罚的,保险集团(控股)公司、保险公司应当对相关责任人员进行内部责任追究。

第七十三条 保险资金运用的其他当事人在参与保险资金运用活动中,违反有关法律、行政法规和本办法规定的,中国保监会应当记录其不良行为,并将有关情况通报其行业主管部门;情节严重的,中国保监会可以通报保险集团(控股)公司、保险公司3年内不得与其从事相关业务,并商有关监管部门依法给予行政处罚。

第七十四条 中国保监会工作人员滥用职权、玩忽职守,或者泄露所知悉的有关单位和人员的商业秘密的,依法追究法律责任。

第六章 附　　则

第七十五条 保险资产管理机构以及其他投资管理人管理运用保险资金参照本办法执行。

第七十六条 中国保监会对保险集团(控股)公司、自保公司以及其他类型保险机构的资金运用另有规定的,从其规定。

第七十七条 本办法由中国保监会负责解释和修订。

第七十八条 本办法自2018年4月1日起施行。中国保监会2010年7月30日发布的《保险资金运用管理暂行办法》(保监会令2010年第9号)、

2014年4月4日发布的《中国保险监督管理委员会关于修改〈保险资金运用管理暂行办法〉的决定》（保监会令2014年第3号）同时废止。

最高人民法院关于适用《中华人民共和国保险法》若干问题的解释（一）

（2009年9月14日最高人民法院审判委员会第1473次会议通过　2009年9月21日公布　法释〔2009〕12号　自2009年10月1日起施行）

为正确审理保险合同纠纷案件，切实维护当事人的合法权益，现就人民法院适用2009年2月28日第十一届全国人大常委会第七次会议修订的《中华人民共和国保险法》（以下简称保险法）的有关问题规定如下：

第一条　保险法施行后成立的保险合同发生的纠纷，适用保险法的规定。保险法施行前成立的保险合同发生的纠纷，除本解释另有规定外，适用当时的法律规定；当时的法律没有规定的，参照适用保险法的有关规定。

认定保险合同是否成立，适用合同订立时的法律。

第二条　对于保险法施行前成立的保险合同，适用当时的法律认定无效而适用保险法认定有效的，适用保险法的规定。

第三条　保险合同成立于保险法施行前而保险标的转让、保险事故、理赔、代位求偿等行为或事件，发生于保险法施行后的，适用保险法的规定。

第四条　保险合同成立于保险法施行前，保险法施行后，保险人以投保人未履行如实告知义务或者申报被保险人年龄不真实为由，主张解除合同的，适用保险法的规定。

第五条　保险法施行前成立的保险合同，下列情形下的期间自2009年

10月1日起计算：

(一)保险法施行前，保险人收到赔偿或者给付保险金的请求，保险法施行后，适用保险法第二十三条规定的三十日的；

(二)保险法施行前，保险人知道解除事由，保险法施行后，按照保险法第十六条、第三十二条的规定行使解除权，适用保险法第十六条规定的三十日的；

(三)保险法施行后，保险人按照保险法第十六条第二款的规定请求解除合同，适用保险法第十六条规定的二年的；

(四)保险法施行前，保险人收到保险标的转让通知，保险法施行后，以保险标的转让导致危险程度显著增加为由请求按照合同约定增加保险费或者解除合同，适用保险法第四十九条规定的三十日的。

第六条 保险法施行前已经终审的案件，当事人申请再审或者按照审判监督程序提起再审的案件，不适用保险法的规定。

最高人民法院关于适用《中华人民共和国保险法》若干问题的解释(二)

［2013年5月6日最高人民法院审判委员会第1577次会议通过、2013年5月31日公布、自2013年6月8日起施行(法释〔2013〕14号)　根据2020年12月23日最高人民法院审判委员会第1823次会议通过、2020年12月29日公布、自2021年1月1日起施行的《最高人民法院关于修改〈最高人民法院关于破产企业国有划拨土地使用权应否列入破产财产等问题的批复〉等二十九件商事类司法解释的决定》(法释〔2020〕18号)修正］

为正确审理保险合同纠纷案件，切实维护当事人的合法权益，根据《中华人民共和国民法典》《中华人民共和国保险法》《中华人民共和国民事诉讼法》等法律规定，结合审判实践，就保险法中关于保险合同一般规定部分有关法律适用问题解释如下：

第一条 财产保险中，不同投保人就同一保险标的分别投保，保险事故发生后，被保险人在其保险利益范围内依据保险合同主张保险赔偿的，人民法院应予支持。

第二条 人身保险中，因投保人对被保险人不具有保险利益导致保险合同无效，投保人主张保险人退还扣减相应手续费后的保险费的，人民法院应予支持。

第三条 投保人或者投保人的代理人订立保险合同时没有亲自签字或者盖章，而由保险人或者保险人的代理人代为签字或者盖章的，对投保人不生效。但投保人已经交纳保险费的，视为其对代签字或者盖章行为的追认。

保险人或者保险人的代理人代为填写保险单证后经投保人签字或者盖章确认的，代为填写的内容视为投保人的真实意思表示。但有证据证明保险人或者保险人的代理人存在保险法第一百一十六条、第一百三十一条相关规定情形的除外。

第四条 保险人接受了投保人提交的投保单并收取了保险费，尚未作出是否承保的意思表示，发生保险事故，被保险人或者受益人请求保险人按照保险合同承担赔偿或者给付保险金责任，符合承保条件的，人民法院应予支持；不符合承保条件的，保险人不承担保险责任，但应当退还已经收取的保险费。

保险人主张不符合承保条件的，应承担举证责任。

第五条 保险合同订立时，投保人明知的与保险标的或者被保险人有关的情况，属于保险法第十六条第一款规定的投保人"应当如实告知"的内容。

第六条 投保人的告知义务限于保险人询问的范围和内容。当事人对询问范围及内容有争议的，保险人负举证责任。

保险人以投保人违反了对投保单询问表中所列概括性条款的如实告知义务为由请求解除合同的，人民法院不予支持。但该概括性条款有具体内容的除外。

第七条 保险人在保险合同成立后知道或者应当知道投保人未履行如实告知义务，仍然收取保险费，又依照保险法第十六条第二款的规定主张解除合同的,人民法院不予支持。

第八条　保险人未行使合同解除权,直接以存在保险法第十六条第四款、第五款规定的情形为由拒绝赔偿的,人民法院不予支持。但当事人就拒绝赔偿事宜及保险合同存续另行达成一致的情况除外。

第九条　保险人提供的格式合同文本中的责任免除条款、免赔额、免赔率、比例赔付或者给付等免除或者减轻保险人责任的条款,可以认定为保险法第十七条第二款规定的"免除保险人责任的条款"。

保险人因投保人、被保险人违反法定或者约定义务,享有解除合同权利的条款,不属于保险法第十七条第二款规定的"免除保险人责任的条款"。

第十条　保险人将法律、行政法规中的禁止性规定情形作为保险合同免责条款的免责事由,保险人对该条款作出提示后,投保人、被保险人或者受益人以保险人未履行明确说明义务为由主张该条款不成为合同内容的,人民法院不予支持。

第十一条　保险合同订立时,保险人在投保单或者保险单等其他保险凭证上,对保险合同中免除保险人责任的条款,以足以引起投保人注意的文字、字体、符号或者其他明显标志作出提示的,人民法院应当认定其履行了保险法第十七条第二款规定的提示义务。

保险人对保险合同中有关免除保险人责任条款的概念、内容及其法律后果以书面或者口头形式向投保人作出常人能够理解的解释说明的,人民法院应当认定保险人履行了保险法第十七条第二款规定的明确说明义务。

第十二条　通过网络、电话等方式订立的保险合同,保险人以网页、音频、视频等形式对免除保险人责任条款予以提示和明确说明的,人民法院可以认定其履行了提示和明确说明义务。

第十三条　保险人对其履行了明确说明义务负举证责任。

投保人对保险人履行了符合本解释第十一条第二款要求的明确说明义务在相关文书上签字、盖章或者以其他形式予以确认的,应当认定保险人履行了该项义务。但另有证据证明保险人未履行明确说明义务的除外。

第十四条　保险合同中记载的内容不一致的,按照下列规则认定:

(一)投保单与保险单或者其他保险凭证不一致的,以投保单为准。但不一致的情形系经保险人说明并经投保人同意的,以投保人签收的保险单或者其他保险凭证载明的内容为准;

(二)非格式条款与格式条款不一致的,以非格式条款为准;

（三）保险凭证记载的时间不同的，以形成时间在后的为准；

（四）保险凭证存在手写和打印两种方式的，以双方签字、盖章的手写部分的内容为准。

第十五条 保险法第二十三条规定的三十日核定期间，应自保险人初次收到索赔请求及投保人、被保险人或者受益人提供的有关证明和资料之日起算。

保险人主张扣除投保人、被保险人或者受益人补充提供有关证明和资料期间的，人民法院应予支持。扣除期间自保险人根据保险法第二十二条规定作出的通知到达投保人、被保险人或者受益人之日起，至投保人、被保险人或者受益人按照通知要求补充提供的有关证明和资料到达保险人之日止。

第十六条 保险人应以自己的名义行使保险代位求偿权。

根据保险法第六十条第一款的规定，保险人代位求偿权的诉讼时效期间应自其取得代位求偿权之日起算。

第十七条 保险人在其提供的保险合同格式条款中对非保险术语所作的解释符合专业意义，或者虽不符合专业意义，但有利于投保人、被保险人或者受益人的，人民法院应予认可。

第十八条 行政管理部门依据法律规定制作的交通事故认定书、火灾事故认定书等，人民法院应当依法审查并确认其相应的证明力，但有相反证据能够推翻的除外。

第十九条 保险事故发生后，被保险人或者受益人起诉保险人，保险人以被保险人或者受益人未要求第三者承担责任为由抗辩不承担保险责任的，人民法院不予支持。

财产保险事故发生后，被保险人就其所受损失从第三者取得赔偿后的不足部分提起诉讼，请求保险人赔偿的，人民法院应予依法受理。

第二十条 保险公司依法设立并取得营业执照的分支机构属于《中华人民共和国民事诉讼法》第四十八条规定的其他组织，可以作为保险合同纠纷案件的当事人参加诉讼。

第二十一条 本解释施行后尚未终审的保险合同纠纷案件，适用本解释；本解释施行前已经终审，当事人申请再审或者按照审判监督程序决定再审的案件，不适用本解释。

最高人民法院关于适用《中华人民共和国保险法》若干问题的解释(三)

[2015年9月21日最高人民法院审判委员会第1661次会议通过、2015年11月25日公布、自2015年12月1日起施行(法释〔2015〕21号)　根据2020年12月23日最高人民法院审判委员会第1823次会议通过、2020年12月29日公布、自2021年1月1日起施行的《最高人民法院关于修改〈最高人民法院关于破产企业国有划拨土地使用权应否列入破产财产等问题的批复〉等二十九件商事类司法解释的决定》(法释〔2020〕18号)修正]

为正确审理保险合同纠纷案件,切实维护当事人的合法权益,根据《中华人民共和国民法典》《中华人民共和国保险法》《中华人民共和国民事诉讼法》等法律规定,结合审判实践,就保险法中关于保险合同章人身保险部分有关法律适用问题解释如下:

第一条　当事人订立以死亡为给付保险金条件的合同,根据保险法第三十四条的规定,"被保险人同意并认可保险金额"可以采取书面形式、口头形式或者其他形式;可以在合同订立时作出,也可以在合同订立后追认。

有下列情形之一的,应认定为被保险人同意投保人为其订立保险合同并认可保险金额:

(一)被保险人明知他人代其签名同意而未表示异议的;

(二)被保险人同意投保人指定的受益人的;

(三)有证据足以认定被保险人同意投保人为其投保的其他情形。

第二条　被保险人以书面形式通知保险人和投保人撤销其依据保险法

第三十四条第一款规定所作出的同意意思表示的，可认定为保险合同解除。

第三条 人民法院审理人身保险合同纠纷案件时，应主动审查投保人订立保险合同时是否具有保险利益，以及以死亡为给付保险金条件的合同是否经过被保险人同意并认可保险金额。

第四条 保险合同订立后，因投保人丧失对被保险人的保险利益，当事人主张保险合同无效的，人民法院不予支持。

第五条 保险人在合同订立时指定医疗机构对被保险人体检，当事人主张投保人如实告知义务免除的，人民法院不予支持。

保险人知道被保险人的体检结果，仍以投保人未就相关情况履行如实告知义务为由要求解除合同的，人民法院不予支持。

第六条 未成年人父母之外的其他履行监护职责的人为未成年人订立以死亡为给付保险金条件的合同，当事人主张参照保险法第三十三条第二款、第三十四条第三款的规定认定该合同有效的，人民法院不予支持，但经未成年人父母同意的除外。

第七条 当事人以被保险人、受益人或者他人已经代为支付保险费为由，主张投保人对应的交费义务已经履行的，人民法院应予支持。

第八条 保险合同效力依照保险法第三十六条规定中止，投保人提出恢复效力申请并同意补交保险费的，除被保险人的危险程度在中止期间显著增加外，保险人拒绝恢复效力的，人民法院不予支持。

保险人在收到恢复效力申请后，三十日内未明确拒绝的，应认定为同意恢复效力。

保险合同自投保人补交保险费之日恢复效力。保险人要求投保人补交相应利息的，人民法院应予支持。

第九条 投保人指定受益人未经被保险人同意的，人民法院应认定指定行为无效。

当事人对保险合同约定的受益人存在争议，除投保人、被保险人在保险合同之外另有约定外，按以下情形分别处理：

（一）受益人约定为“法定”或者“法定继承人”的，以民法典规定的法定继承人为受益人；

（二）受益人仅约定为身份关系的，投保人与被保险人为同一主体时，根据保险事故发生时与被保险人的身份关系确定受益人；投保人与被保险人为不同主体时，根据保险合同成立时与被保险人的身份关系确定受益人；

(三)约定的受益人包括姓名和身份关系,保险事故发生时身份关系发生变化的,认定为未指定受益人。

第十条　投保人或者被保险人变更受益人,当事人主张变更行为自变更意思表示发出时生效的,人民法院应予支持。

投保人或者被保险人变更受益人未通知保险人,保险人主张变更对其不发生效力的,人民法院应予支持。

投保人变更受益人未经被保险人同意,人民法院应认定变更行为无效。

第十一条　投保人或者被保险人在保险事故发生后变更受益人,变更后的受益人请求保险人给付保险金的,人民法院不予支持。

第十二条　投保人或者被保险人指定数人为受益人,部分受益人在保险事故发生前死亡、放弃受益权或者依法丧失受益权的,该受益人应得的受益份额按照保险合同的约定处理;保险合同没有约定或者约定不明的,该受益人应得的受益份额按照以下情形分别处理:

(一)未约定受益顺序及受益份额的,由其他受益人平均享有;

(二)未约定受益顺序但约定受益份额的,由其他受益人按照相应比例享有;

(三)约定受益顺序但未约定受益份额的,由同顺序的其他受益人平均享有;同一顺序没有其他受益人的,由后一顺序的受益人平均享有;

(四)约定受益顺序及受益份额的,由同顺序的其他受益人按照相应比例享有;同一顺序没有其他受益人的,由后一顺序的受益人按照相应比例享有。

第十三条　保险事故发生后,受益人将与本次保险事故相对应的全部或者部分保险金请求权转让给第三人,当事人主张该转让行为有效的,人民法院应予支持,但根据合同性质、当事人约定或者法律规定不得转让的除外。

第十四条　保险金根据保险法第四十二条规定作为被保险人遗产,被保险人的继承人要求保险人给付保险金,保险人以其已向持有保险单的被保险人的其他继承人给付保险金为由抗辩的,人民法院应予支持。

第十五条　受益人与被保险人存在继承关系,在同一事件中死亡且不能确定死亡先后顺序的,人民法院应依据保险法第四十二条第二款推定受益人死亡在先,并按照保险法及本解释的相关规定确定保险金归属。

第十六条　人身保险合同解除时,投保人与被保险人、受益人为不同主体,被保险人或者受益人要求退还保险单的现金价值的,人民法院不予支持,但保险合同另有约定的除外。

投保人故意造成被保险人死亡、伤残或者疾病，保险人依照保险法第四十三条规定退还保险单的现金价值的，其他权利人按照被保险人、被保险人的继承人的顺序确定。

第十七条 投保人解除保险合同，当事人以其解除合同未经被保险人或者受益人同意为由主张解除行为无效的，人民法院不予支持，但被保险人或者受益人已向投保人支付相当于保险单现金价值的款项并通知保险人的除外。

第十八条 保险人给付费用补偿型的医疗费用保险金时，主张扣减被保险人从公费医疗或者社会医疗保险取得的赔偿金额的，应当证明该保险产品在厘定医疗费用保险费率时已经将公费医疗或者社会医疗保险部分相应扣除，并按照扣减后的标准收取保险费。

第十九条 保险合同约定按照基本医疗保险的标准核定医疗费用，保险人以被保险人的医疗支出超出基本医疗保险范围为由拒绝给付保险金的，人民法院不予支持；保险人有证据证明被保险人支出的费用超过基本医疗保险同类医疗费用标准，要求对超出部分拒绝给付保险金的，人民法院应予支持。

第二十条 保险人以被保险人未在保险合同约定的医疗服务机构接受治疗为由拒绝给付保险金的，人民法院应予支持，但被保险人因情况紧急必须立即就医的除外。

第二十一条 保险人以被保险人自杀为由拒绝承担给付保险金责任的，由保险人承担举证责任。

受益人或者被保险人的继承人以被保险人自杀时无民事行为能力为由抗辩的，由其承担举证责任。

第二十二条 保险法第四十五条规定的“被保险人故意犯罪”的认定，应当以刑事侦查机关、检察机关和审判机关的生效法律文书或者其他结论性意见为依据。

第二十三条 保险人主张根据保险法第四十五条的规定不承担给付保险金责任的，应当证明被保险人的死亡、伤残结果与其实施的故意犯罪或者抗拒依法采取的刑事强制措施的行为之间存在因果关系。

被保险人在羁押、服刑期间因意外或者疾病造成伤残或者死亡，保险人主张根据保险法第四十五条的规定不承担给付保险金责任的，人民法院不予支持。

第二十四条　投保人为被保险人订立以死亡为给付保险金条件的人身保险合同,被保险人被宣告死亡后,当事人要求保险人按照保险合同约定给付保险金的,人民法院应予支持。

被保险人被宣告死亡之日在保险责任期间之外,但有证据证明下落不明之日在保险责任期间之内,当事人要求保险人按照保险合同约定给付保险金的,人民法院应予支持。

第二十五条　被保险人的损失系由承保事故或者非承保事故、免责事由造成难以确定,当事人请求保险人给付保险金的,人民法院可以按照相应比例予以支持。

第二十六条　本解释施行后尚未终审的保险合同纠纷案件,适用本解释;本解释施行前已经终审,当事人申请再审或者按照审判监督程序决定再审的案件,不适用本解释。

最高人民法院关于适用《中华人民共和国保险法》若干问题的解释(四)

[2018年5月14日最高人民法院审判委员会第1738次会议通过、2018年7月31日公布、自2018年9月1日起施行(法释〔2018〕13号)　根据2020年12月23日最高人民法院审判委员会第1823次会议通过、2020年12月29日公布、自2021年1月1日起施行的《最高人民法院关于修改〈最高人民法院关于破产企业国有划拨土地使用权应否列入破产财产等问题的批复〉等二十九件商事类司法解释的决定》(法释〔2020〕18号)修正]

为正确审理保险合同纠纷案件,切实维护当事人的合法权益,根据《中华人民共和国民法典》《中华人民共和国保险法》《中华人民共和国民事诉讼法》等法律规定，结合审判实践，就保险法中财产保险合同部分有关法律适用问题解释如下：

第一条 保险标的已交付受让人，但尚未依法办理所有权变更登记，承担保险标的毁损灭失风险的受让人，依照保险法第四十八条、第四十九条的规定主张行使被保险人权利的，人民法院应予支持。

第二条 保险人已向投保人履行了保险法规定的提示和明确说明义务，保险标的受让人以保险标的转让后保险人未向其提示或者明确说明为由，主张免除保险人责任的条款不成为合同内容的，人民法院不予支持。

第三条 被保险人死亡，继承保险标的的当事人主张承继被保险人的权利和义务的，人民法院应予支持。

第四条 人民法院认定保险标的是否构成保险法第四十九条、第五十二条规定的"危险程度显著增加"时，应当综合考虑以下因素：

（一）保险标的用途的改变；

（二）保险标的使用范围的改变；

（三）保险标的所处环境的变化；

（四）保险标的因改装等原因引起的变化；

（五）保险标的使用人或者管理人的改变；

（六）危险程度增加持续的时间；

（七）其他可能导致危险程度显著增加的因素。

保险标的危险程度虽然增加，但增加的危险属于保险合同订立时保险人预见或者应当预见的保险合同承保范围的，不构成危险程度显著增加。

第五条 被保险人、受让人依法及时向保险人发出保险标的转让通知后，保险人作出答复前，发生保险事故，被保险人或者受让人主张保险人按照保险合同承担赔偿保险金的责任的，人民法院应予支持。

第六条 保险事故发生后，被保险人依照保险法第五十七条的规定，请求保险人承担为防止或者减少保险标的的损失所支付的必要、合理费用，保险人以被保险人采取的措施未产生实际效果为由抗辩的，人民法院不予支持。

第七条 保险人依照保险法第六十条的规定，主张代位行使被保险人因第三者侵权或者违约等享有的请求赔偿的权利的，人民法院应予支持。

第八条 投保人和被保险人为不同主体，因投保人对保险标的的损害而造成保险事故,保险人依法主张代位行使被保险人对投保人请求赔偿的权利的,人民法院应予支持,但法律另有规定或者保险合同另有约定的除外。

第九条 在保险人以第三者为被告提起的代位求偿权之诉中,第三者以被保险人在保险合同订立前已放弃对其请求赔偿的权利为由进行抗辩,人民法院认定上述放弃行为合法有效,保险人就相应部分主张行使代位求偿权的,人民法院不予支持。

保险合同订立时,保险人就是否存在上述放弃情形提出询问,投保人未如实告知,导致保险人不能代位行使请求赔偿的权利,保险人请求返还相应保险金的,人民法院应予支持,但保险人知道或者应当知道上述情形仍同意承保的除外。

第十条 因第三者对保险标的的损害而造成保险事故,保险人获得代位请求赔偿的权利的情况未通知第三者或者通知到达第三者前,第三者在被保险人已经从保险人处获赔的范围内又向被保险人作出赔偿,保险人主张代位行使被保险人对第三者请求赔偿的权利的,人民法院不予支持。保险人就相应保险金主张被保险人返还的,人民法院应予支持。

保险人获得代位请求赔偿的权利的情况已经通知到第三者,第三者又向被保险人作出赔偿,保险人主张代位行使请求赔偿的权利,第三者以其已经向被保险人赔偿为由抗辩的,人民法院不予支持。

第十一条 被保险人因故意或者重大过失未履行保险法第六十三条规定的义务,致使保险人未能行使或者未能全部行使代位请求赔偿的权利,保险人主张在其损失范围内扣减或者返还相应保险金的,人民法院应予支持。

第十二条 保险人以造成保险事故的第三者为被告提起代位求偿权之诉的,以被保险人与第三者之间的法律关系确定管辖法院。

第十三条 保险人提起代位求偿权之诉时,被保险人已经向第三者提起诉讼的,人民法院可以依法合并审理。

保险人行使代位求偿权时,被保险人已经向第三者提起诉讼,保险人向受理该案的人民法院申请变更当事人,代位行使被保险人对第三者请求赔偿的权利,被保险人同意的,人民法院应予准许;被保险人不同意的,保险人可以作为共同原告参加诉讼。

第十四条 具有下列情形之一的,被保险人可以依照保险法第六十五条第二款的规定请求保险人直接向第三者赔偿保险金:

(一)被保险人对第三者所负的赔偿责任经人民法院生效裁判、仲裁裁

决确认;

(二)被保险人对第三者所负的赔偿责任经被保险人与第三者协商一致;

(三)被保险人对第三者应负的赔偿责任能够确定的其他情形。

前款规定的情形下,保险人主张按照保险合同确定保险赔偿责任的,人民法院应予支持。

第十五条 被保险人对第三者应负的赔偿责任确定后,被保险人不履行赔偿责任,且第三者以保险人为被告或者以保险人与被保险人为共同被告提起诉讼时,被保险人尚未向保险人提出直接向第三者赔偿保险金的请求的,可以认定为属于保险法第六十五条第二款规定的“被保险人怠于请求”的情形。

第十六条 责任保险的被保险人因共同侵权依法承担连带责任,保险人以该连带责任超出被保险人应承担的责任份额为由,拒绝赔付保险金的,人民法院不予支持。保险人承担保险责任后,主张就超出被保险人责任份额的部分向其他连带责任人追偿的,人民法院应予支持。

第十七条 责任保险的被保险人对第三者所负的赔偿责任已经生效判决确认并已进入执行程序,但未获得清偿或者未获得全部清偿,第三者依法请求保险人赔偿保险金,保险人以前述生效判决已进入执行程序为由抗辩的,人民法院不予支持。

第十八条 商业责任险的被保险人向保险人请求赔偿保险金的诉讼时效期间,自被保险人对第三者应负的赔偿责任确定之日起计算。

第十九条 责任保险的被保险人与第三者就被保险人的赔偿责任达成和解协议且经保险人认可,被保险人主张保险人在保险合同范围内依据和解协议承担保险责任的,人民法院应予支持。

被保险人与第三者就被保险人的赔偿责任达成和解协议,未经保险人认可,保险人主张对保险责任范围以及赔偿数额重新予以核定的,人民法院应予支持。

第二十条 责任保险的保险人在被保险人向第三者赔偿之前向被保险人赔偿保险金,第三者依照保险法第六十五条第二款的规定行使保险金请求权时,保险人以其已向被保险人赔偿为由拒绝赔偿保险金的,人民法院不予支持。保险人向第三者赔偿后,请求被保险人返还相应保险金的,人民法院应予支持。

第二十一条 本解释自2018年9月1日起施行。

本解释施行后人民法院正在审理的一审、二审案件,适用本解释;本解释施行前已经终审,当事人申请再审或者按照审判监督程序决定再审的案件,不适用本解释。

二、人 身 保 险

健康保险管理办法

(2019年10月31日中国银行保险监督管理委员会令
2019年第3号公布 自2019年12月1日起施行)

第一章 总 则

第一条 为了促进健康保险的发展,规范健康保险的经营行为,保护健康保险活动当事人的合法权益,提升人民群众健康保障水平,根据《中华人民共和国保险法》(以下简称《保险法》)等法律、行政法规,制定本办法。

第二条 本办法所称健康保险,是指由保险公司对被保险人因健康原因或者医疗行为的发生给付保险金的保险,主要包括医疗保险、疾病保险、失能收入损失保险、护理保险以及医疗意外保险等。

本办法所称医疗保险,是指按照保险合同约定为被保险人的医疗、康复等提供保障的保险。

本办法所称疾病保险,是指发生保险合同约定的疾病时,为被保险人提供保障的保险。

本办法所称失能收入损失保险,是指以保险合同约定的疾病或者意外伤害导致工作能力丧失为给付保险金条件,为被保险人在一定时期内收入减少或者中断提供保障的保险。

本办法所称护理保险,是指按照保险合同约定为被保险人日常生活能力障碍引发护理需要提供保障的保险。

本办法所称医疗意外保险,是指按照保险合同约定发生不能归责于医疗机构、医护人员责任的医疗损害,为被保险人提供保障的保险。

第三条 健康保险是国家多层次医疗保障体系的重要组成部分,坚持健康保险的保障属性,鼓励保险公司遵循审慎、稳健原则,不断丰富健康保险产品,改进健康保险服务,扩大健康保险覆盖面,并通过有效管理和市场竞争降低健康保险价格和经营成本,提升保障水平。

第四条 健康保险按照保险期限分为长期健康保险和短期健康保险。

长期健康保险,是指保险期间超过一年或者保险期间虽不超过一年但含有保证续保条款的健康保险。

长期护理保险保险期间不得低于5年。

短期健康保险,是指保险期间为一年以及一年以下且不含有保证续保条款的健康保险。

保证续保条款,是指在前一保险期间届满前,投保人提出续保申请,保险公司必须按照原条款和约定费率继续承保的合同约定。

第五条 医疗保险按照保险金的给付性质分为费用补偿型医疗保险和定额给付型医疗保险。

费用补偿型医疗保险,是指根据被保险人实际发生的医疗、康复费用支出,按照约定的标准确定保险金数额的医疗保险。

定额给付型医疗保险,是指按照约定的数额给付保险金的医疗保险。

费用补偿型医疗保险的给付金额不得超过被保险人实际发生的医疗、康复费用金额。

第六条 中国银行保险监督管理委员会(以下简称银保监会)根据法律、行政法规和国务院授权,对保险公司经营健康保险的活动进行监督管理。

第七条 保险公司开展的与健康保险相关的政策性保险业务,除国家政策另有规定外,参照本办法执行。

保险公司开展不承担保险风险的委托管理服务不适用本办法。

第二章 经营管理

第八条 依法成立的健康保险公司、人寿保险公司、养老保险公司,经银保监会批准,可以经营健康保险业务。

前款规定以外的保险公司,经银保监会批准,可以经营短期健康保险业务。

第九条 除健康保险公司外,保险公司经营健康保险业务应当成立专门健康保险事业部。健康保险事业部应当持续具备下列条件:

(一)建立健康保险业务单独核算制度;

(二)建立健康保险精算制度和风险管理制度;

(三)建立健康保险核保制度和理赔制度;

(四)建立健康保险数据管理与信息披露制度;

(五)建立功能完整、相对独立的健康保险信息管理系统;

(六)配备具有健康保险专业知识的精算人员、核保人员、核赔人员和医学教育背景的管理人员;

(七)银保监会规定的其他条件。

第十条 保险公司应当对从事健康保险的核保、理赔以及销售等工作的从业人员进行健康保险专业培训。

第十一条 保险公司应当加强投保人、被保险人和受益人的隐私保护,建立健康保险客户信息管理和保密制度。

第三章 产品管理

第十二条 保险公司拟定健康保险的保险条款和保险费率,应当按照银保监会的有关规定报送审批或者备案。

享受税收优惠政策的健康保险产品在产品设计、赔付率等方面应当遵循相关政策和监管要求。

第十三条 保险公司拟定的健康保险产品包含两种以上健康保障责任的,应当由总精算师按照一般精算原理判断主要责任,并根据主要责任确定产品类型。

第十四条 医疗意外保险和长期疾病保险产品可以包含死亡保险责任。长期疾病保险的死亡给付金额不得高于疾病最高给付金额。其他健康保险产品不得包含死亡保险责任,但因疾病引发的死亡保险责任除外。

医疗保险、疾病保险和医疗意外保险产品不得包含生存保险责任。

第十五条 长期健康保险产品应当设置合同犹豫期,并在保险条款中列明投保人在犹豫期内的权利。长期健康保险产品的犹豫期不得少于15天。

第十六条 保险公司应当严格按照审批或者备案的产品费率销售短期

个人健康保险产品。

第十七条 除家族遗传病史之外,保险公司不得基于被保险人其他遗传信息、基因检测资料进行区别定价。

第十八条 短期团体健康保险产品可以对产品参数进行调整。

产品参数,是指保险产品条款中根据投保团体的具体情况进行合理调整的保险金额、起付金额、给付比例、除外责任、责任等待期等事项。

第十九条 保险公司将产品参数可调的短期团体健康保险产品报送审批或者备案时,提交的申请材料应当包含产品参数调整办法,并由总精算师遵循审慎原则签字确认。

保险公司销售产品参数可调的短期团体健康保险产品,应当根据产品参数调整办法、自身风险管理水平和投保团体的风险情况计算相应的保险费率,且产品参数的调整不得改变费率计算方法以及费率计算需要的基础数据。

保险公司销售产品参数可调的短期团体健康保险产品,如需改变费率计算方法或者费率计算需要的基础数据的,应当将该产品重新报送审批或者备案。

第二十条 保险公司可以在保险产品中约定对长期医疗保险产品进行费率调整,并明确注明费率调整的触发条件。

长期医疗保险产品费率调整应当遵循公平、合理原则,触发条件应当客观且能普遍适用,并符合有关监管规定。

第二十一条 含有保证续保条款的健康保险产品,应当明确约定保证续保条款的生效时间。

含有保证续保条款的健康保险产品不得约定在续保时保险公司有减少保险责任和增加责任免除范围的权利。

保险公司将含有保证续保条款的健康保险产品报送审批或者备案的,应当在产品精算报告中说明保证续保的定价处理方法和责任准备金计算办法。

第二十二条 保险公司拟定医疗保险产品条款,应当尊重被保险人接受合理医疗服务的权利,不得在条款中设置不合理的或者违背一般医学标准的要求作为给付保险金的条件。

第二十三条 保险公司在健康保险产品条款中约定的疾病诊断标准应当符合通行的医学诊断标准,并考虑到医疗技术条件发展的趋势。

健康保险合同生效后,被保险人根据通行的医学诊断标准被确诊疾病的，保险公司不得以该诊断标准与保险合同约定不符为理由拒绝给付保险金。

第二十四条 保险公司设计费用补偿型医疗保险产品，必须区分被保险人是否拥有公费医疗、基本医疗保险、其他费用补偿型医疗保险等不同情况，在保险条款、费率或者赔付金额等方面予以区别对待。

第二十五条 被保险人同时拥有多份有效的费用补偿型医疗保险保险单的，可以自主决定理赔申请顺序。

第二十六条 保险公司可以同投保人约定，以被保险人在指定医疗机构中进行医疗为给付保险金的条件。

保险公司指定医疗机构应当遵循方便被保险人、合理管理医疗成本的原则，引导被保险人合理使用医疗资源、节省医疗费用支出，并对投保人和被保险人做好说明、解释工作。

第二十七条 疾病保险、医疗保险、护理保险产品的等待期不得超过180天。

第二十八条 医疗保险产品可以在定价、赔付条件、保障范围等方面对贫困人口适当倾斜，并以书面形式予以明确。

第二十九条 护理保险产品在保险期间届满前给付的生存保险金，应当以被保险人因保险合同约定的日常生活能力障碍引发护理需要为给付条件。

第三十条 鼓励保险公司开发医疗保险产品，对新药品、新医疗器械和新诊疗方法在医疗服务中的应用支出进行保障。

第三十一条 鼓励保险公司采用大数据等新技术提升风险管理水平。对于事实清楚、责任明确的健康保险理赔申请，保险公司可以借助互联网等信息技术手段，对被保险人的数字化理赔材料进行审核，简化理赔流程，提升服务效率。

第三十二条 保险公司应当根据健康保险产品实际赔付经验，对产品定价进行回溯、分析，及时修订新销售的健康保险产品费率，并按照银保监会有关规定进行审批或者备案。

第三十三条 鼓励保险公司提供创新型健康保险产品，满足人民群众多层次多样化的健康保障需求。

第三十四条 保险公司开发的创新型健康保险产品应当符合《保险法》和保险基本原理，并按照有关规定报银保监会审批或者备案。

第四章 销售管理

第三十五条 保险公司销售健康保险产品,应当严格执行经审批或者备案的保险条款和保险费率。

第三十六条 经过审批或者备案的健康保险产品,除法定理由和条款另有约定外,保险公司不得拒绝提供。

保险公司销售健康保险产品,不得强制搭配其他产品销售。

第三十七条 保险公司不得委托医疗机构或者医护人员销售健康保险产品。

第三十八条 保险公司销售健康保险产品,不得非法搜集、获取被保险人除家族遗传病史之外的遗传信息、基因检测资料;也不得要求投保人、被保险人或者受益人提供上述信息。

保险公司不得以被保险人家族遗传病史之外的遗传信息、基因检测资料作为核保条件。

第三十九条 保险公司销售健康保险产品,应当以书面或者口头等形式向投保人说明保险合同的内容,对下列事项作出明确告知,并由投保人确认:

(一)保险责任;

(二)保险责任的减轻或者免除;

(三)保险责任等待期;

(四)保险合同犹豫期以及投保人相关权利义务;

(五)是否提供保证续保以及续保有效时间;

(六)理赔程序以及理赔文件要求;

(七)组合式健康保险产品中各产品的保险期间;

(八)银保监会规定的其他告知事项。

第四十条 保险公司销售健康保险产品,不得夸大保险保障范围,不得隐瞒责任免除,不得误导投保人和被保险人。

投保人和被保险人就保险条款中的保险、医疗和疾病等专业术语提出询问的,保险公司应当用清晰易懂的语言进行解释。

第四十一条 保险公司销售费用补偿型医疗保险,应当向投保人询问被保险人是否拥有公费医疗、基本医疗保险或者其他费用补偿型医疗保险的情况,投保人应当如实告知。

保险公司应当向投保人说明未如实告知的法律后果,并做好相关记录。

保险公司不得诱导投保人为同一被保险人重复购买保障功能相同或者类似的费用补偿型医疗保险产品。

第四十二条　保险公司销售医疗保险，应当向投保人告知约定医疗机构的名单或者资质要求，并提供查询服务。

保险公司调整约定医疗机构的，应当及时通知投保人或者被保险人。

第四十三条　保险公司以附加险形式销售无保证续保条款的健康保险产品的，附加险的保险期限不得小于主险保险期限。

第四十四条　保险公司销售长期个人健康保险产品的，应当在犹豫期内对投保人进行回访。

保险公司在回访中发现投保人被误导的，应当做好解释工作，并明确告知投保人有依法解除保险合同的权利。

第四十五条　保险公司承保团体健康保险，应当以书面或者口头等形式告知每个被保险人其参保情况以及相关权益。

第四十六条　投保人解除团体健康保险合同的，保险公司应当要求投保人提供已通知被保险人退保的有效证明，并按照银保监会有关团体保险退保的规定将退保金通过银行转账或者原投保资金汇入路径退至投保人缴费账户或者其他账户。

第五章　准备金评估

第四十七条　经营健康保险业务的保险公司应当按照本办法有关规定提交上一年度的精算报告或者准备金评估报告。

第四十八条　对已经发生保险事故并已提出索赔、保险公司尚未结案的赔案，保险公司应当提取已发生已报案未决赔款准备金。

保险公司应当采取逐案估计法、案均赔款法等合理的方法谨慎提取已发生已报案未决赔款准备金。

保险公司如果采取逐案估计法之外的精算方法计提已发生已报案未决赔款准备金，应当详细报告该方法的基础数据、参数设定和估计方法，并说明基础数据来源、数据质量以及准备金计算结果的可靠性。

保险公司总精算师不能确认估计方法的可靠性或者相关业务的经验数据不足 3 年的，应当按照已经提出的索赔金额提取已发生已报案未决赔款准备金。

第四十九条　对已经发生保险事故但尚未提出的赔偿或者给付，保险公司应当提取已发生未报案未决赔款准备金。

保险公司应当根据险种的风险性质和经验数据等因素，至少采用链梯法、案均赔款法、准备金进展法、B－F法、赔付率法中的两种方法评估已发生未报案未决赔款准备金，并选取评估结果的最大值确定最佳估计值。

保险公司应当详细报告已发生未报案未决赔款准备金的基础数据、计算方法和参数设定，并说明基础数据来源、数据质量以及准备金计算结果的可靠性。

保险公司总精算师判断数据基础不能确保计算结果的可靠性，或者相关业务的经验数据不足3年的，应当按照不低于该会计年度实际赔款支出的10%提取已发生未报案未决赔款准备金。

第五十条 对于短期健康保险业务，保险公司应当提取未到期责任准备金。

短期健康保险提取未到期责任准备金，可以采用下列方法之一：

（一）二十四分之一毛保费法（以月为基础计提）；

（二）三百六十五分之一毛保费法（以天为基础计提）；

（三）根据风险分布状况可以采用其他更为谨慎、合理的方法，提取的未到期责任准备金不得低于方法（一）和（二）所得结果的较小者。

第五十一条 短期健康保险未到期责任准备金的提取金额应当不低于下列两者中较大者：

（一）预期未来发生的赔款与费用扣除相关投资收入之后的余额；

（二）在责任准备金评估日假设所有保单退保时的退保金额。

未到期责任准备金不足的，应当提取保费不足准备金，用于弥补未到期责任准备金和前款两项中较大者之间的差额。

第五十二条 本办法所称责任准备金为业务相关报告责任准备金，财务报告责任准备金、偿付能力报告责任准备金的计提按照财政部和银保监会的相关规定执行。

第五十三条 长期健康保险未到期责任准备金的计提办法应当按照银保监会的有关规定执行。

第五十四条 保险公司应当按照再保前、再保后分别向银保监会报告准备金提取结果。

第六章 健康管理服务与合作

第五十五条 保险公司可以将健康保险产品与健康管理服务相结合，提供健康风险评估和干预、疾病预防、健康体检、健康咨询、健康维护、慢性病管理、养生保健等服务,降低健康风险,减少疾病损失。

第五十六条　保险公司开展健康管理服务的,有关健康管理服务内容可以在保险合同条款中列明,也可以另行签订健康管理服务合同。

第五十七条　健康保险产品提供健康管理服务,其分摊的成本不得超过净保险费的20%。

超出以上限额的服务,应当单独定价,不计入保险费,并在合同中明示健康管理服务价格。

第五十八条　保险公司经营医疗保险,应当加强与医疗机构、健康管理机构、康复服务机构等合作,为被保险人提供优质、方便的医疗服务。

保险公司经营医疗保险,应当按照有关政策文件规定,监督被保险人医疗行为的真实性和合法性,加强医疗费用支出合理性和必要性管理。

第五十九条　保险公司应当积极发挥健康保险费率调节机制对医疗费用和风险管控的作用,降低不合理的医疗费用支出。

第六十条　保险公司应当积极发挥作为医患关系第三方的作用,帮助缓解医患信息不对称,促进解决医患矛盾纠纷。

第六十一条　保险公司与医疗机构、健康管理机构之间的合作,不得损害被保险人的合法权益。

第六十二条　保险公司应当按照法律、行政法规的规定,充分保障客户隐私和数据安全,依据服务范围和服务对象与医疗机构、基本医保部门等进行必要的信息互联和数据共享。

第七章　再保险管理

第六十三条　保险公司办理健康保险再保险业务,应当遵守《保险法》和银保监会有关再保险业务管理的规定。

第六十四条　保险公司分支机构不得办理健康保险再保险分入业务,再保险公司分支机构除外。

第八章　法 律 责 任

第六十五条　保险公司及其分支机构违反本办法,由银保监会及其派出机构依照法律、行政法规进行处罚;法律、行政法规没有规定的,由银保监会及其派出机构责令改正,给予警告,对有违法所得的处以违法所得1倍以上

3 倍以下罚款,但最高不得超过 3 万元,对没有违法所得的处以 1 万元以下罚款;涉嫌犯罪的,依法移交司法机关追究其刑事责任。

第六十六条　保险公司从业人员、保险公司分支机构从业人员违反本办法,由银保监会及其派出机构依照法律、行政法规进行处罚;法律、行政法规没有规定的,由银保监会及其派出机构责令改正,给予警告,对有违法所得的处以违法所得 1 倍以上 3 倍以下罚款,但最高不得超过 3 万元,对没有违法所得的处以 1 万元以下罚款;涉嫌犯罪的,依法移交司法机关追究其刑事责任。

第九章　附　则

第六十七条　相互保险组织经营健康保险适用本办法。

第六十八条　保险中介机构及其从业人员销售健康保险产品适用本办法。

第六十九条　通过银行、邮政等渠道销售健康保险产品的,应当遵守相关监管部门的规定。

第七十条　本办法施行前原中国保险监督管理委员会颁布的规定与本办法不符的,以本办法为准。

第七十一条　本办法由银保监会负责解释。

第七十二条　本办法自 2019 年 12 月 1 日起施行。原中国保险监督管理委员会 2006 年 8 月 7 日发布的《健康保险管理办法》(保监会令 2006 年第 8 号)同时废止。

人身保险产品信息披露管理办法

（2022 年 11 月 11 日中国银行保险监督管理委员会令
2022 年第 8 号公布　自 2023 年 6 月 30 日起施行）

第一章　总　　则

第一条　为规范人身保险产品信息披露行为，促进行业健康可持续发展，保护投保人、被保险人和受益人的合法权益，根据《中华人民共和国保险法》等法律、行政法规，制定本办法。

第二条　本办法所称人身保险，按险种类别划分，包括人寿保险、年金保险、健康保险、意外伤害保险等；按设计类型划分，包括普通型、分红型、万能型、投资连结型等。按保险期间划分，包括一年期以上的人身保险和一年期及以下的人身保险。

第三条　本办法所称产品信息披露，指保险公司及其保险销售人员、保险中介机构及其从业人员根据法律、行政法规等要求，通过线上或线下等形式，向投保人、被保险人、受益人及社会公众公开保险产品信息的行为。

第四条　产品信息披露应当遵循真实性、准确性、完整性、及时性原则。保险公司及其保险销售人员、保险中介机构及其从业人员应当准确说明并充分披露与产品相关的信息，无重大遗漏，不得对投保人、被保险人、受益人及社会公众进行隐瞒和欺骗。

第五条　中国银行保险监督管理委员会（以下简称银保监会）根据法律、行政法规和国务院授权，对保险公司及其保险销售人员、保险中介机构及其从业人员人身保险产品信息披露行为进行监督管理。

第二章　信息披露主体和披露方式

第六条　产品信息披露主体为保险公司。

保险公司保险销售人员、保险中介机构及其从业人员应当按照保险公司提供的产品信息披露材料，向社会公众介绍或提供产品相关信息。

第七条 产品信息披露对象包括投保人、被保险人、受益人及社会公众。保险公司应当向社会公众披露其产品信息，接受保险监管部门及社会公众的监督。保险公司及其保险销售人员、保险中介机构及其从业人员应当在售前、售中、售后及时向投保人、被保险人、受益人披露应知的产品信息，维护保险消费者的合法权益。

第八条 保险公司可以通过以下渠道披露产品信息材料：

（一）保险公司官方网站、官方公众服务号等自营平台；

（二）中国保险行业协会等行业公共信息披露渠道；

（三）保险公司授权或委托的合作机构和第三方媒体；

（四）保险公司产品说明会等业务经营活动；

（五）保险公司根据有关要求及公司经营管理需要，向保险消费者披露产品信息的其他渠道。

第九条 中国保险行业协会、中国银行保险信息技术管理有限公司等机构应当积极发挥行业保险产品信息披露的平台作用，为社会公众及保险消费者提供行业保险产品信息查询渠道。

保险公司在公司官方网站以外披露产品信息的，其内容不得与公司官方网站披露的内容相冲突。

第十条 保险公司的产品信息材料因涉及国家秘密、商业秘密和个人隐私不予披露的，应当有充分的认定依据和完善的保密措施。

第三章 信息披露内容和披露时间

第十一条 保险公司应当根据保险产品审批或备案材料报送内容，披露下列保险产品信息：

（一）保险产品目录；

（二）保险产品条款；

（三）保险产品费率表；

（四）一年期以上的人身保险产品现金价值全表；

（五）一年期以上的人身保险产品说明书；

（六）银保监会规定的其他应当披露的产品材料信息。

第十二条 保险公司销售一年期以上的人身保险产品,应当在销售过程中以纸质或电子形式向投保人提供产品说明书。产品说明书应当结合产品特点,按照监管要求制定。

保险公司通过产品组合形式销售人身保险产品的,应当分别提供每个一年期以上的人身保险产品对应的产品说明书。

第十三条 订立保险合同,采用保险公司提供的格式条款的,保险公司向投保人提供的投保单应当附格式条款及条款查询方式,保险公司应当通过适当方式向投保人说明保险合同的内容,并重点提示格式条款中与投保人有重大利害关系的条款。

第十四条 保险公司在保单承保后,应当为投保人、被保险人、受益人提供电话、互联网等方式的保单查询服务,建立可以有效使用的保单查询通道。

保单查询内容包括但不限于:产品名称,产品条款,保单号,投保人、被保险人及受益人信息,保险销售人员、保险服务人员信息,保险费,交费方式,保险金额,保险期间,保险责任,责任免除,等待期,保单生效日,销售渠道,查询服务电话等。

第十五条 对购买一年期以上的人身保险产品且有转保需求的客户,经双方协商一致,保险公司同意进行转保的,保险公司应当向投保人披露相关转保信息,充分提示客户了解转保的潜在风险,禁止发生诱导转保等不利于客户利益的行为。披露信息包括但不限于以下内容:

(一)确认客户知悉对现有产品转保需承担因退保或保单失效而产生的相关利益损失;

(二)确认客户知悉因转保后年龄、健康状况等变化可能导致新产品保障范围的调整;

(三)确认客户知悉因转保后的年龄、健康状况、职业等变化导致相关费用的调整;

(四)确认客户对转保后产品的保险责任、责任免除、保单利益等产品信息充分知情;

(五)确认客户知悉转保后新产品中的时间期限或需重新计算,例如医疗保险、重大疾病保险产品的等待期、自杀或不可抗辩条款的起算时间等。

第十六条 保险公司决定停止销售保险产品的,应当自决定停止之日起10个工作日内,披露停止销售产品的名称、停止销售的时间、停止销售的原因,以及后续服务措施等相关信息。

第十七条 保险公司应当通过公司官方网站、官方 APP、官方公众服务号、客户服务电话等方便客户查询的平台向客户提供理赔流程、理赔时效、理赔文件要求等相关信息。理赔披露内容包括但不限于：

（一）理赔服务的咨询电话等信息；

（二）理赔报案、申请办理渠道，办理理赔业务所需材料清单以及服务时效承诺；

（三）理赔进度、处理依据、处理结果以及理赔金额计算方法等信息。

保险公司应当在产品或服务合约中，提供投诉电话或其他投诉渠道信息。

第十八条 保险公司应当对60周岁以上人员以及残障人士等特殊人群，提供符合该人群特点的披露方式，积极提供便捷投保通道等客户服务，确保消费者充分知悉其所购买保险产品的内容和主要特点。

第十九条 保险公司应当在公司官方网站披露本办法第十一条、第十六条规定的产品信息。产品信息发生变更的，保险公司应当自变更之日起10个工作日内更新。上述变更包括产品上市销售、产品变更或修订，以及银保监会规定的其他情形。

第四章 信息披露管理

第二十条 保险公司应当加强产品信息披露管理，建立产品信息披露内部管理办法，完善内部管理机制，加强公司网站披露页面建设，强化产品销售过程与售后信息披露监督管理。

第二十一条 保险产品信息披露材料应当由保险公司总公司统一负责管理。保险公司总公司可以授权省级分公司设计或修改保险产品信息披露材料，但应当报经总公司批准。除保险公司省级分公司以外，保险公司的其他各级分支机构不得设计和修改保险产品信息披露材料。

第二十二条 保险公司不得授权或委托保险销售人员、保险中介机构及其从业人员自行修改保险产品信息披露材料。保险销售人员、保险中介机构及其从业人员不得自行修改代理销售的保险产品信息披露材料。

保险公司保险销售人员、保险中介机构及其从业人员使用的产品信息披露材料应当与保险公司产品信息披露材料保持一致。保险中介机构及其从业人员所使用产品宣传材料中的产品信息应当与保险公司产品信息披露材料内容保持一致。

第二十三条 保险公司应当加强数据和信息的安全管理,防范假冒网站、假冒 APP 等的违法活动,并检查网页上外部链接的可靠性。

第二十四条 保险公司及其保险销售人员、保险中介机构及其从业人员不得违规收集、使用、加工、泄露客户信息。保险公司应当加强客户信息保护管理,建立客户信息保护机制。

第五章 监督管理

第二十五条 保险公司应当对产品信息披露的真实性、准确性、完整性、及时性承担主体责任。

保险公司应当指定公司高级管理人员负责管理产品信息披露事务。保险公司负责产品信息披露的高级管理人员、承办产品信息披露的部门负责人员对产品信息披露承担管理责任。保险公司保险销售人员、保险中介机构及其从业人员对产品信息披露材料的使用承担责任。

第二十六条 银保监会及其派出机构依法履行消费者权益保护监管职责,通过非现场监管、现场检查、举报调查等手段和采取监管谈话、责令限期整改、下发风险提示函等监管措施,督促保险公司、保险中介机构落实产品信息披露的各项要求,严厉打击侵害消费者权益行为,营造公平有序的市场环境。

第二十七条 保险公司、保险中介机构有下列行为之一的,由银保监会及其派出机构依据《中华人民共和国保险法》等法律、行政法规予以处罚:

(一)未按照本办法规定披露产品信息且限期未改正;

(二)编制或提供虚假信息;

(三)拒绝或妨碍依法监督检查;

(四)银保监会规定的其他情形。

第二十八条 保险公司、保险中介机构未按照本办法规定设计、修改、使用产品信息披露材料的,由银保监会及其派出机构责令限期改正;逾期不改正的,对保险机构处以一万元以上十万元以下的罚款,对其直接负责的主管人员和其他直接责任人员给予警告,并处一万元以上十万元以下的罚款。

第六章 附 则

第二十九条 本办法适用于个人人身保险产品信息披露要求。团体人身保险产品信息披露不适用本办法,另行规定。

第三十条 本办法由银保监会负责解释。

第三十一条 本办法自2023年6月30日起施行。《人身保险新型产品信息披露管理办法》(中国保险监督管理委员会令2009年第3号)、《关于执行〈人身保险新型产品信息披露管理办法〉有关事项的通知》(保监发〔2009〕104号)和《关于〈人身保险新型产品信息披露管理办法〉有关条文解释的通知》(保监寿险〔2009〕1161号)同时废止。

人身保险业务基本服务规定

(2010年2月11日中国保险监督管理委员会令第4号公布
自2010年5月1日起施行)

第一条 为了规范人身保险服务活动,保护投保人、被保险人和受益人的合法权益,依据《中华人民共和国保险法》等法律、行政法规,制定本规定。

第二条 保险公司、保险代理人及其从业人员从事人身保险产品的销售、承保、回访、保全、理赔、信息披露等业务活动,应当符合本规定的要求。

本规定所称保全,是指人身保险合同生效后,为了维持合同持续有效,保险公司根据合同约定或者投保人、被保险人、受益人的要求而提供的一系列服务,包括但不限于保险合同效力中止与恢复、保险合同内容变更等。

第三条 保险公司的营业场所应当设置醒目的服务标识牌,对服务的内容、流程及监督电话等进行公示,并设置投诉意见箱或者客户意见簿。

保险公司的柜台服务人员应当佩戴或者在柜台前放置标明身份的标识卡,行为举止应当符合基本的职业规范。

第四条 保险公司应当公布服务电话号码,电话服务至少应当包括咨询、接报案、投诉等内容。

保险代理人及其从业人员应当将相关保险公司的服务电话号码告知投保人。

第五条　保险公司应当提供每日24小时电话服务，并且工作日的人工接听服务不得少于8小时。

保险公司应当对服务电话建立来电事项的记录及处理制度。

第六条　保险销售人员通过面对面的方式销售保险产品的，应当出示工作证或者展业证等证件。保险销售人员通过电话销售保险产品的，应当将姓名及工号告知投保人。

保险销售人员是指从事保险销售的下列人员：

（一）保险公司的工作人员；

（二）保险代理机构的从业人员；

（三）保险营销员。

第七条　保险公司应当按照中国保监会的规定建立投保提示制度。保险销售人员在销售过程中应当向投保人提示保险产品的特点和风险，以便客户选择适合自身风险偏好和经济承受能力的保险产品。

第八条　通过电话渠道销售保险产品的，保险销售人员应当告知投保人查询保险合同条款的有效途径。

第九条　保险销售人员向投保人提供投保单时应当附保险合同条款。

保险销售人员应当提醒投保人在投保单上填写准确的通讯地址、联系电话等信息。

第十条　投保人提交的投保单填写错误或者所附资料不完整的，保险公司应当自收到投保资料之日起5个工作日内一次性告知投保人需要补正或者补充的内容。

第十一条　保险公司认为需要进行体检、生存调查等程序的，应当自收到符合要求的投保资料之日起5个工作日内通知投保人。

保险公司认为不需要进行体检、生存调查等程序并同意承保的，应当自收到符合要求的投保资料之日起15个工作日内完成保险合同制作并送达投保人。

第十二条　保险公司应当自收到被保险人体检报告或者生存调查报告之日起15个工作日内，告知投保人核保结果，同意承保的，还应当完成合同制作并送达投保人。

第十三条　保险公司通过银行扣划方式收取保险费的，应当就扣划的账户、金额、时间等内容与投保人达成协议。

第十四条 保险公司应当建立回访制度，指定专门部门负责回访工作，并配备必要的人员和设备。

第十五条 保险公司应当在犹豫期内对合同期限超过一年的人身保险新单业务进行回访，并及时记录回访情况。回访应当包括以下内容：

（一）确认受访人是否为投保人本人；

（二）确认投保人是否购买了该保险产品以及投保人和被保险人是否按照要求亲笔签名；

（三）确认投保人是否已经阅读并理解产品说明书和投保提示的内容；

（四）确认投保人是否知悉保险责任、责任免除和保险期间；

（五）确认投保人是否知悉退保可能受到的损失；

（六）确认投保人是否知悉犹豫期的起算时间、期间以及享有的权利；

（七）采用期缴方式的，确认投保人是否了解缴费期间和缴费频率。

人身保险新型产品的回访，中国保监会另有规定的，从其规定。

第十六条 保险公司与保险销售人员解除劳动合同或者委托合同，通过该保险销售人员签订的一年期以上的人身保险合同尚未履行完毕的，保险公司应当告知投保人保单状况以及获得后续服务的途径。

第十七条 投保人、被保险人或者受益人委托他人向保险公司领取金额超过人民币 1000 元的，保险公司应当将办理结果通知投保人、被保险人或者受益人。

第十八条 保险公司在回访中发现存在销售误导等问题的，应当自发现问题之日起 15 个工作日内由销售人员以外的人员予以解决。

第十九条 保险公司应当自收到资料齐全、符合合同约定条件的保全申请之日起 2 个工作日内完成受理。

保全申请资料不完整、填写不规范或者不符合合同约定条件的，应当自收到保全申请之日起 5 个工作日内一次性通知保全申请人，并协助其补正。

第二十条 保全不涉及保险费缴纳的，保险公司应当自同意保全之日起 5 个工作日内处理完毕；保全涉及保险费缴纳的，保险公司应当自投保人缴纳足额保险费之日起 5 个工作日内处理完毕。

保全涉及体检的，体检所需时间不计算在前款规定的期限内。

保险公司由于特殊情况无法在规定期限内完成的，应当及时向保全申请人说明原因并告知处理进度。

第二十一条　对于约定分期支付保险费的保险合同,保险公司应当向投保人确认是否需要缴费提示。投保人需要缴费提示的,保险公司应当在当期保费缴费日前向投保人发出缴费提示。

保险合同效力中止的,保险公司应当自中止之日起 10 个工作日内向投保人发出效力中止通知,并告知合同效力中止的后果以及合同效力恢复的方式。

第二十二条　保险公司在接到投保人、被保险人或者受益人的保险事故通知后,应当及时告知相关当事人索赔注意事项,指导相关当事人提供与确认保险事故的性质、原因、损失程度等有关的证明和资料。

第二十三条　保险公司在收到被保险人或者受益人的赔偿或者给付保险金的请求后,应当在 5 个工作日内作出核定;情形复杂的,应当在 30 日内作出核定,但合同另有约定的除外。

第二十四条　保险公司作出不属于保险责任的核定后,应当自作出核定之日起 3 日内向被保险人或者受益人发出拒绝赔偿或者拒绝给付保险金通知书,并说明理由。

第二十五条　对需要进行伤残鉴定的索赔或者给付请求,保险公司应当提醒投保人、被保险人或者受益人按照合同约定及时办理相关委托和鉴定手续。

第二十六条　保险公司应当在与被保险人或者受益人达成赔偿或者给付保险金的协议后 10 日内,履行赔偿或者给付保险金义务。保险合同对赔偿或者给付保险金的期限有约定的,保险公司应当按照约定履行赔偿或者给付保险金义务。

第二十七条　保险公司应当建立完善的应急预案,在发生特大交通事故、重大自然灾害等事故时,及时启动应急预案,通过建立快速理赔通道、预付赔款、上门服务等方式,提高理赔效率和质量。

第二十八条　保险公司应当建立保护投保人、被保险人和受益人个人隐私和商业秘密的制度。未经投保人、被保险人和受益人同意,保险公司不得泄露其个人隐私和商业秘密。

第二十九条　保险公司应当建立完善的投诉处理机制。

保险公司应当自受理投诉之日起 10 个工作日内向投诉人做出明确答复。由于特殊原因无法按时答复的,保险公司应当向投诉人反馈进展情况。

第三十条　保险公司应当根据本规定的要求制定服务标准与服务质量监督机制,每年定期进行服务质量检查评估。

第三十一条 保险公司、保险代理人及其从业人员违反本规定的，由中国保监会及其派出机构责令其限期改正，逾期不改正的，给予警告，对有违法所得的处违法所得1倍以上3倍以下的罚款，但最高不得超过3万元，对没有违法所得的处1万元以下的罚款。对直接责任人员和直接负责的主管人员可以给予警告，并处1万元以下的罚款。

第三十二条 团体人身保险业务不适用本规定。

第三十三条 本规定自2010年5月1日起施行。

人身保险公司保险条款和保险费率管理办法

（2011年12月30日中国保险监督管理委员会令2011年第3号发布 根据2015年10月19日中国保险监督管理委员会令2015年第3号《关于修改〈保险公司设立境外保险类机构管理办法〉等八部规章的决定》修订）

第一章 总 则

第一条 为了加强人身保险公司（以下简称保险公司）保险条款和保险费率的监督管理，保护投保人、被保险人和受益人的合法权益，维护保险市场竞争秩序，鼓励保险公司创新，根据《中华人民共和国保险法》（以下简称《保险法》）等有关法律、行政法规，制定本办法。

第二条 中国保险监督管理委员会（以下简称中国保监会）依法对保险公司的保险条款和保险费率实施监督管理。中国保监会派出机构在中国保监会授权范围内行使职权。

第三条 保险公司应当按照《保险法》和中国保监会有关规定，公平、合理拟订保险条款和保险费率，不得损害投保人、被保险人和受益人的合法权益。保险公司对其拟订的保险条款和保险费率承担相应责任。

第四条 保险公司应当按照本办法规定将保险条款和保险费率报送中国保监会审批或者备案。

第五条 保险公司应当建立科学、高效、符合市场需求的人身保险开发管理机制,定期跟踪和分析经营情况,及时发现保险条款、保险费率经营管理中存在的问题并采取相应解决措施。

第六条 保险公司应当充分发挥核心竞争优势,合理配置公司资源,围绕宏观经济政策、市场需求、公司战略目标开发保险险种。

第二章 设计与分类

第七条 人身保险分为人寿保险、年金保险、健康保险、意外伤害保险。

第八条 人寿保险是指以人的寿命为保险标的的人身保险。人寿保险分为定期寿险、终身寿险、两全保险等。

定期寿险是指以被保险人死亡为给付保险金条件,且保险期间为固定年限的人寿保险。

终身寿险是指以被保险人死亡为给付保险金条件,且保险期间为终身的人寿保险。

两全保险是指既包含以被保险人死亡为给付保险金条件,又包含以被保险人生存为给付保险金条件的人寿保险。

第九条 年金保险是指以被保险人生存为给付保险金条件,并按约定的时间间隔分期给付生存保险金的人身保险。

第十条 养老年金保险是指以养老保障为目的的年金保险。养老年金保险应当符合下列条件:

(一)保险合同约定给付被保险人生存保险金的年龄不得小于国家规定的退休年龄;

(二)相邻两次给付的时间间隔不得超过一年。

第十一条 健康保险是指以因健康原因导致损失为给付保险金条件的人身保险。健康保险分为疾病保险、医疗保险、失能收入损失保险、护理保险等。

疾病保险是指以保险合同约定的疾病发生为给付保险金条件的健康保险。

医疗保险是指以保险合同约定的医疗行为发生为给付保险金条件,按约定对被保险人接受诊疗期间的医疗费用支出提供保障的健康保险。

失能收入损失保险是指以因保险合同约定的疾病或者意外伤害导致工作能力丧失为给付保险金条件，按约定对被保险人在一定时期内收入减少或者中断提供保障的健康保险。

护理保险是指以因保险合同约定的日常生活能力障碍引发护理需要为给付保险金条件，按约定对被保险人的护理支出提供保障的健康保险。

第十二条 意外伤害保险是指以被保险人因意外事故而导致身故、残疾或者发生保险合同约定的其他事故为给付保险金条件的人身保险。

第十三条 人寿保险和健康保险可以包含全残责任。

健康保险包含两种以上健康保障责任的，应当按照一般精算原理判断主要责任，并根据主要责任确定险种类别。长期健康保险中的疾病保险，可以包含死亡保险责任，但死亡给付金额不得高于疾病最高给付金额。其他健康保险不得包含死亡保险责任，但因疾病引发的死亡保险责任除外。

医疗保险和疾病保险不得包含生存保险责任。

意外伤害保险可以包含由意外伤害导致的医疗保险责任。仅包含由意外伤害导致的医疗保险责任的保险应当确定为医疗保险。

第十四条 保险公司应当严格遵循本办法所规定的人寿保险、年金保险、健康保险、意外伤害保险的分类标准，中国保监会另有规定的除外。

第十五条 人身保险的定名应当符合下列格式：

“保险公司名称”+“吉庆、说明性文字”+“险种类别”+“（设计类型）”

前款规定的保险公司名称可用全称或者简称；吉庆、说明性文字的字数不得超过10个。

附加保险的定名应当在“保险公司名称”后标注“附加”字样。

团体保险应当在名称中标明“团体”字样。

第十六条 年金保险中的养老年金保险险种类别为“养老年金保险”，其他年金保险险种类别为“年金保险”；意外伤害保险险种类别为“意外伤害保险”。

第十七条 人身保险的设计类型分为普通型、分红型、投资连结型、万能型等。

第十八条 分红型、投资连结型和万能型人身保险应当在名称中注明设计类型，普通型人身保险无须在名称中注明设计类型。

第三章　审批与备案

第十九条　保险公司总公司负责将保险条款和保险费率报送中国保监会审批或者备案。

第二十条　保险公司下列险种的保险条款和保险费率，应当在使用前报送中国保监会审批：

（一）关系社会公众利益的保险险种；

（二）依法实行强制保险的险种；

（三）中国保监会规定的新开发人寿保险险种；

（四）中国保监会规定的其他险种。

前款规定以外的其他险种，应当报送中国保监会备案。

第二十一条　保险公司报送保险条款和保险费率备案的，应当提交下列材料：

（一）《人身保险公司保险条款和保险费率备案报送材料清单表》；

（二）保险条款；

（三）保险费率表；

（四）总精算师签署的相关精算报告；

（五）总精算师声明书；

（六）法律责任人声明书；

（七）中国保监会规定的其他材料。

第二十二条　保险公司报送分红保险、投资连结保险、万能保险保险条款和保险费率备案的，除提交第二十一条规定的材料以外，还应当提交下列材料：

（一）财务管理办法；

（二）业务管理办法；

（三）信息披露管理制度；

（四）业务规划及对偿付能力的影响；

（五）产品说明书。

分红保险，还应当提交红利计算和分配办法、收入分配和费用分摊原则；投资连结保险和万能保险，还应当提交包括销售渠道、销售区域等内容的销售管理办法。

保险公司提交的上述材料与本公司已经中国保监会审批或者备案的同

类险种对应材料完全一致的,可以免于提交该材料,但应当在材料清单表中予以注明。

第二十三条 保险公司报送保险条款和保险费率审批的,除提交第二十一条第(二)项至第(七)项以及第二十二条规定的材料外,还应当提交下列材料:

(一)《人身保险公司保险条款和保险费率审批申请表》;

(二)《人身保险公司保险条款和保险费率审批报送材料清单表》;

(三)保险条款和保险费率的说明材料,包括保险条款和保险费率的主要特点、市场风险和经营风险分析、相应的管控措施等。

第二十四条 保险公司报送下列保险条款和保险费率审批或者备案的,除分别按照第二十一条、第二十二条、第二十三条规定报送材料以外,还应当按照下列规定提交材料:

(一)具有现金价值的,提交包含现金价值表示例的书面材料以及包含各年龄现金价值全表的电子文档;

(二)具有减额交清条款的,提交包含减额交清保额表示例的书面材料以及包含各年龄减额交清保额全表的电子文档;

(三)中国保监会允许费率浮动或者参数调整的,提交由总精算师签署的费率浮动管理办法或者产品参数调整办法;

(四)保险期间超过一年的,提交利润测试模型的电子文档。

第二十五条 保险公司报送保险条款和保险费率审批或者备案的,提交的精算报告至少应当包括下列内容:

(一)数据来源和定价基础;

(二)定价方法和定价假设,保险期间超过一年的,还应当包括利润测试参数、利润测试结果以及主要参数变化的敏感性分析;

(三)法定准备金计算方法;

(四)主要风险及相应管理意见;

(五)总精算师需要特别说明的内容;

(六)中国保监会规定的其他内容。

第二十六条 保险公司报送下列保险条款和保险费率审批或者备案的,提交的精算报告除符合第二十五条规定外,还应当符合下列规定:

(一)具有现金价值的,列明现金价值计算方法;

(二)具有减额交清条款的,列明减额交清保额的计算方法;

（三）具有利益演示的，列明利益演示的计算方法。

第二十七条　中国保监会收到保险公司报送的保险条款和保险费率审批申请后，应当根据下列情况分别作出处理：

（一）申请材料不齐全的，自收到材料之日起5日内一次告知保险公司需要补正的全部内容；

（二）申请材料齐全或者保险公司按照规定提交全部补正申请材料的，受理该申请，并向保险公司出具加盖受理专用印章的书面凭证。

第二十八条　中国保监会应当自受理保险条款和保险费率审批申请之日起20日内作出批准或者不予批准的决定。20日内不能作出决定的，经中国保监会负责人批准，审批期限可以延长10日。中国保监会应当将延长期限的理由告知保险公司。

决定批准的，中国保监会应当将批准决定在保监会文告或者网站上向社会公布；决定不予批准的，中国保监会应当书面通知保险公司，说明理由并告知其享有依法申请行政复议或者提起行政诉讼的权利。

第二十九条　中国保监会可以对审批的保险条款和保险费率进行专家评审，并将专家评审所需时间书面告知保险公司。

中国保监会对涉及社会公共利益的保险条款和保险费率可以组织听证，并根据《中华人民共和国行政许可法》有关规定予以实施。

专家评审时间和听证时间不在本办法第二十八条规定的审批期限内计算。

第三十条　保险公司在保险条款和保险费率审批申请受理后、审批决定作出前，撤回审批申请的，应当向中国保监会提交书面申请，中国保监会应当及时终止对保险条款和保险费率审批申请的审查，并将审批申请材料退回保险公司。

第三十一条　保险公司在保险条款和保险费率审批申请受理后、审批决定作出前，对申报的保险条款和保险费率进行修改的，应当向中国保监会申请撤回审批。

保险公司有前款规定情形的，审批期限自中国保监会收到修改后的完整申请材料之日起重新计算。

第三十二条　保险公司对于未获批准的保险条款和保险费率，可以在修改后重新报送中国保监会审批。

第三十三条　保险公司报送保险条款和保险费率备案，不得迟于使用后

10 日。

第三十四条　中国保监会收到备案材料后,应当根据下列情况分别作出处理:

(一)备案材料不齐全的,一次告知保险公司在 10 日内补正全部备案材料;

(二)备案材料齐全或者保险公司按照规定提交全部补正材料的,将备案材料存档,并向保险公司出具备案回执;

(三)发现备案的保险条款和保险费率有《保险法》第一百三十六条规定情形的,责令保险公司立即停止使用。

第四章　变更与停止使用

第三十五条　保险公司变更已经审批或者备案的保险条款和保险费率,改变其保险责任、险种类别或者定价方法的,应当将保险条款和保险费率重新报送审批或者备案。

第三十六条　保险公司变更已经审批或者备案的保险条款和保险费率,且不改变保险责任、险种类别和定价方法的,应当在发生变更之日起 10 日内向中国保监会备案,并提交下列材料:

(一)《变更备案报送材料清单表》;

(二)变更原因、主要变更内容的对比说明;

(三)已经审批或者备案的保险条款;

(四)变更后的相关材料;

(五)总精算师声明书;

(六)法律责任人声明书;

(七)中国保监会规定的其他材料。

保险公司名称变更导致人身保险定名发生变更,但其他内容未变更的,可以不提交前款第(三)、(四)、(五)项规定的材料。

第三十七条　保险公司决定在全国范围内停止使用保险条款和保险费率的,应当在停止使用后 10 日内向中国保监会提交报告,说明停止使用的原因、后续服务的相关措施等情况,并将报告抄送原使用区域的中国保监会派出机构。

保险公司决定在部分区域停止使用保险条款和保险费率的,不得以停止使用保险条款和保险费率进行宣传和销售误导。

保险公司省级分公司及以下分支机构,不得决定停止使用保险条款和保险费率。

第三十八条 保险公司决定重新销售已经停止使用的保险条款和保险费率的，应当在重新销售后10日内向中国保监会提交报告，说明重新使用的原因、管理计划等情况，并将报告抄送拟使用区域的中国保监会派出机构。

第五章 总精算师和法律责任人

第三十九条 保险公司总精算师应当对报送审批或者备案的保险条款和保险费率出具总精算师声明书，并签署相关的精算报告、费率浮动管理办法或者产品参数调整办法。

保险公司总精算师对报送审批或者备案的保险条款和保险费率承担下列责任：

（一）分类准确，定名符合本办法规定；

（二）精算报告内容完备；

（三）精算假设和精算方法符合一般精算原理和中国保监会的精算规定；

（四）具有利益演示的险种，利益演示方法符合一般精算原理和中国保监会的有关规定；

（五）保险费率厘定合理，满足充足性、适当性和公平性原则；

（六）中国保监会规定的其他责任。

第四十条 保险公司应当指定法律责任人，并向中国保监会备案。

第四十一条 保险公司指定的法律责任人应当符合下列条件：

（一）在中华人民共和国境内有住所；

（二）具有本科以上学历；

（三）具有中国律师资格证书或者法律职业资格证书；

（四）属于公司正式员工，且在公司内担任部门负责人及以上职务；

（五）具有5年以上国内保险或者法律从业经验，其中包括三年以上在保险行业内的法律从业经验；

（六）过去3年内未因违法执业行为受到行政处罚；

（七）未受过刑事处罚；

（八）中国保监会规定的其他条件。

第四十二条 保险公司法律责任人履行下列职责：

（一）参与制定人身保险开发策略；

（二）审核保险条款的相关材料；

（三）定期分析由保险条款引发的诉讼案件；

（四）及时向中国保监会报告保险条款的重大风险隐患；

（五）中国保监会或者保险公司章程规定的其他职责。

第四十三条 保险公司法律责任人应当对报送审批或者备案的保险条款出具法律责任人声明书，并承担下列责任：

（一）保险条款公平合理，不损害社会公共利益，不侵害投保人、被保险人和受益人的合法权益；

（二）保险条款文字准确，表述严谨；

（三）具有产品说明书的，产品说明书符合条款表述，内容全面、真实，符合中国保监会的有关规定；

（四）保险条款符合《保险法》等法律、行政法规和中国保监会有关规定；

（五）中国保监会规定的其他责任。

第四十四条 保险公司报送法律责任人备案的，应当向中国保监会提交下列材料一式两份：

（一）《法律责任人备案情况表》；

（二）拟任人身份证明和住所证明复印件；

（三）学历证明和专业资格证明复印件；

（四）从业经历证明；

（五）中国保监会规定的其他材料。

第四十五条 保险公司应当加强对法律责任人管理，建立法律责任人相关制度，向法律责任人提供其承担工作职责所必需的信息，并保证法律责任人能够独立地履行职责。

第四十六条 法律责任人因辞职、被免职或者被撤职等原因离职的，保险公司应当自作出批准辞职或者免职、撤职等决定之日起30日内，向中国保监会报告，并提交下列材料：

（一）法律责任人被免职或者被撤职的原因说明；

（二）免职、撤职或者批准辞职等有关决定的复印件；

（三）法律责任人作出的离职报告或者保险公司对未作离职报告的法律责任人作出的离职说明报告。

第六章 法律责任

第四十七条 保险公司未按照规定申请批准保险条款、保险费率的，由中国保监会依据《保险法》第一百六十四条进行处罚。

第四十八条　保险公司使用的保险条款和保险费率有下列情形之一的，由中国保监会责令停止使用，限期修改；情节严重的，可以在一定期限内禁止申报新的保险条款和保险费率：

（一）损害社会公共利益；

（二）内容显失公平或者形成价格垄断，侵害投保人、被保险人或者受益人的合法权益；

（三）条款设计或者费率厘定不当，可能危及保险公司偿付能力；

（四）违反法律、行政法规或者中国保监会的其他规定。

第四十九条　保险公司有下列行为之一的，由中国保监会依据《保险法》第一百六十九条进行处罚：

（一）未按照规定报送保险条款、保险费率备案的；

（二）未按照规定报送停止使用保险条款和保险费率相关报告的；

（三）未按照规定报送或者保管与保险条款、保险费率相关的其他报告、报表、文件、资料的，或者未按照规定提供有关信息、资料的。

第五十条　保险公司有下列行为之一的，由中国保监会依据《保险法》第一百七十条进行处罚：

（一）报送审批、备案保险条款和保险费率时，编制或者提供虚假的报告、报表、文件、资料的；

（二）报送法律责任人备案时，编制或者提供虚假的报告、报表、文件、资料的；

（三）未按照规定使用经批准或者备案的保险条款、保险费率的。

第五十一条　保险公司违反本办法第三十七条第三款的由中国保监会给予警告，处3万元以下罚款。

第五十二条　保险公司以停止使用保险条款和保险费率进行销售误导的，由中国保监会依据《保险法》第一百六十一条进行处罚。

第五十三条　保险公司违反本办法规定，聘任不符合规定条件的法律责任人的，由中国保监会责令限期改正；逾期不改正的，给予警告，处1万元以下罚款。

第七章　附　　则

第五十四条　中国保监会对保险公司总精算师、法律责任人另有规定的,适用其规定。

团体保险的保险条款和保险费率的管理,中国保监会另有规定的,适用其规定。

第五十五条 本办法规定的期限以工作日计算。

第五十六条 本办法由中国保监会负责解释。

第五十七条 本办法自颁布之日起施行。中国保监会2000年3月23日发布的《人身保险产品定名暂行办法》(保监发〔2000〕42号)、2000年5月16日发布的《关于放开短期意外险费率及简化短期意外险备案手续的通知》(保监发〔2000〕78号)、2004年6月30日发布的《人身保险产品审批和备案管理办法》(保监会令〔2004〕6号)以及2004年7月1日发布的《关于〈人身保险产品审批和备案管理办法〉若干问题的通知》(保监发〔2004〕76号)同时废止。

附件:人身保险公司保险条款和费率管理办法格式文本(略)

三、财 产 保 险

财产保险公司保险条款和保险费率管理办法

(2021年8月16日银保监会令〔2021〕10号公布
自2021年10月1日起施行)

第一章 总 则

第一条 为了加强和改进对财产保险公司保险条款和保险费率的监督管理,保护投保人、被保险人和受益人的合法权益,维护保险市场秩序,鼓励财产保险公司创新,根据《中华人民共和国保险法》,制定本办法。

第二条 中国银行保险监督管理委员会(以下简称银保监会)及其派出机构依法对财产保险公司及其分支机构的保险条款和保险费率实施监督管理,遵循保护社会公众利益、防止不正当竞争、与市场行为监管协调配合原则。

第三条 财产保险公司保险条款和保险费率实施分类监管、属地监管,具体由银保监会另行规定。

第四条 财产保险公司应当依据法律、行政法规和银保监会的有关规定制订保险条款和保险费率,并对保险条款和保险费率承担相应的责任。

第五条 财产保险公司应当依据本办法的规定向银保监会或其省一级派出机构申报保险条款和保险费率审批或者备案。财产保险公司分支机构不得申报保险条款和保险费率审批或者备案。

第六条 中国保险行业协会应当切实履行保险条款和保险费率行业自律管理职责,推进保险条款和保险费率的通俗化、标准化、规范化工作,研究制订修订主要险种的行业示范条款,建立保险条款费率评估和创新保护机制。中国精算师协会应当研究制订修订主要险种的行业基准纯风险损失率。

第二章 条款开发和费率厘定

第七条 财产保险公司的保险条款和保险费率,应当依法合规,公平合理,不侵害投保人、被保险人和受益人的合法权益,不危及财产保险公司财务稳健和偿付能力;应当符合保险原理,尊重社会公德,不违背公序良俗,不损害社会公共利益,符合《中华人民共和国保险法》等法律、行政法规和银保监会的有关规定。

第八条 财产保险公司的保险条款应当要素完整、结构清晰、文字准确、表述严谨、通俗易懂,名称符合命名规则。

第九条 财产保险公司的保险费率应当按照合理、公平、充足原则科学厘定,不得妨碍市场公平竞争;保险费率可以上下浮动的,应当明确保险费率调整的条件和范围。

第十条 财产保险公司的合规负责人和总精算师分别负责保险条款审查和保险费率审查,并承担相应的责任。

第十一条 财产保险公司应当向合规负责人和总精算师提供其履行工作职责所必需的信息,并充分尊重其专业意见。

财产保险公司应当加强对合规负责人和总精算师的管理，按照银保监会的相关规定，建立健全相应的内部管控及问责机制。

第十二条　财产保险公司应当按照本办法规定提交由合规负责人出具的法律审查声明书。合规负责人应对以下内容进行审查：

（一）保险条款符合《中华人民共和国保险法》等法律、行政法规和银保监会的有关规定；

（二）保险条款公平合理，符合保险原理，不损害社会公共利益，不侵害投保人、被保险人和受益人的合法权益，并已通过消费者权益保护审查；

（三）命名符合规定，要素完备、文字准确、语言通俗、表述严谨。

第十三条　财产保险公司应当按照本办法规定提交由总精算师签署的精算报告和出具的精算审查声明书。总精算师应对以下内容进行审查：

（一）精算报告内容完备；

（二）精算假设和精算方法符合通用精算原理；

（三）保险费率厘定科学准确，满足合理性、公平性和充足性原则，并已通过消费者权益保护审查；

（四）保险费率符合《中华人民共和国保险法》等法律、行政法规和银保监会的有关规定。

第三章　审批和备案

第十四条　财产保险公司应当将关系社会公众利益的保险险种、依法实行强制保险的险种的保险条款和保险费率报银保监会审批。

其他险种的保险条款和保险费率，财产保险公司应当报银保监会或其省一级派出机构备案。

具体应当报送审批或者备案的险种，由银保监会另行规定。

第十五条　对于应当审批的保险条款和保险费率，在银保监会批准前，财产保险公司不得经营使用。

对于应当备案的保险条款和保险费率，财产保险公司应当在经营使用后十个工作日内报银保监会或其省一级派出机构备案。

第十六条　财产保险公司报送审批或者备案保险条款和保险费率，应当提交下列材料：

（一）申请文件；

（二）保险条款和保险费率文本；

(三)可行性报告,包括可行性分析、保险条款和保险费率的主要特点、经营模式、风险分析以及风险控制措施等;

(四)总精算师签署的保险费率精算报告,包括费率结果、基础数据及数据来源、厘定方法和模型,以及费率厘定的主要假设、参数和精算职业判断等;

(五)法律审查声明书,精算审查声明书;

(六)银保监会规定的其他材料。

第十七条 财产保险公司使用中国保险行业协会示范条款的,无需提交可行性报告。

财产保险公司使用行业基准纯风险损失率的,应当在精算报告中予以说明,无需提供纯风险损失率数据来源。

附加险无需提供可行性报告及精算报告,另有规定的除外。

第十八条 财产保险公司修改经批准或备案的保险条款或者保险费率的,应当依照本办法重新报送审批或备案。财产保险公司报送修改保险条款或者保险费率的,除应当提交本办法第十六条规定的材料外,还应当提交保险条款或保险费率的修改前后对比表和修订说明。

修改后的保险条款和保险费率经批准或者备案后,原保险条款和保险费率自动废止,财产保险公司不得在新订立的保险合同中使用原保险条款和保险费率。

第十九条 财产保险公司因名称发生变更,仅申请变更其保险条款和保险费率中涉及的公司名称的,无需提交本办法第十六条中(三)、(四)项规定的材料。

第二十条 银保监会或其省一级派出机构收到备案材料后,应根据下列情况分别作出处理:

(一)备案材料不完整齐备的,要求财产保险公司补正材料;

(二)备案材料完整齐备的,编号后反馈财产保险公司。

第二十一条 财产保险公司及其分支机构可以对已经审批或者备案的保险条款和保险费率进行组合式经营使用,但应当分别列明各保险条款对应的保险费和保险金额。

财产保险公司及其分支机构经营使用组合式保险条款和保险费率,不得修改已经审批或者备案的保险条款和保险费率。如需修改,应当按照本办法的规定重新报送审批或者备案。

第二十二条 在共保业务中，其他财产保险公司可直接使用首席承保人经审批或者备案的保险条款和保险费率，无需另行申报。

第四章 监督管理

第二十三条 财产保险公司及其分支机构应当严格执行经批准或者备案的保险条款和保险费率，不得违反本办法规定以任何方式改变保险条款或者保险费率。

第二十四条 财产保险公司及其分支机构使用的保险条款或者保险费率被发现违反法律、行政法规或者本办法第七条、第八条、第九条规定的，由银保监会或其省一级派出机构责令停止使用、限期修改；情节严重的，可以在一定期限内禁止申报新的保险条款和保险费率。

第二十五条 财产保险公司应当制定保险条款和保险费率开发管理制度，建立审议机制，对保险条款和保险费率开发和管理的重大事项进行审议。

第二十六条 财产保险公司应当指定专门部门履行保险条款和保险费率开发管理职能，负责研究开发、报送审批备案、验证修订、清理注销等全流程归口管理。

第二十七条 财产保险公司应当加强对使用中保险条款和保险费率的管理，指定专门部门进行跟踪评估、完善修订，对不再使用的及时清理。

第二十八条 财产保险公司应当于每年 3 月底前，统计分析前一年保险条款和保险费率的开发情况、修订情况和清理情况，并形成财产保险公司保险条款和保险费率年度分析报告和汇总明细表，经公司产品管理委员会审议通过后同时报银保监会和其省一级派出机构。

第二十九条 财产保险公司履行保险条款和保险费率开发管理职能的部门负责人对本公司保险条款和保险费率开发管理工作负直接责任。合规负责人对保险条款审查负直接责任，总精算师对保险费率审查负直接责任。

第三十条 财产保险公司履行保险条款和保险费率开发管理职能的部门负责人、合规负责人、总精算师违反本办法规定的，由银保监会或其省一级派出机构责令改正、提交书面检查，并可责令公司作出问责处理。

第五章 法律责任

第三十一条 财产保险公司未按照规定申请批准保险条款、保险费率的，由银保监会依法采取监督管理措施或予以行政处罚。

第三十二条 财产保险公司有下列行为之一的，由银保监会或其省一级派出机构依法采取监督管理措施或予以行政处罚：

（一）未按照规定报送保险条款、保险费率备案的；

（二）未按照规定报送或者保管保险条款、保险费率相关的报告、报表、文件、资料的，或者未按照规定提供有关信息、资料的。

第三十三条 财产保险公司报送审批、备案保险条款和保险费率时，编制或者提供虚假的报告、报表、文件、资料的，由银保监会或其省一级派出机构依法采取监督管理措施或予以行政处罚。

第三十四条 财产保险公司及其分支机构有违反本办法第二十三条规定的，由银保监会或其派出机构依法采取监督管理措施或予以行政处罚。

第三十五条 银保监会或其省一级派出机构依照本办法第二十四条的规定，责令财产保险公司及其分支机构停止使用或限期修改保险条款和保险费率，财产保险公司未停止使用或逾期不改正的，依法采取监督管理措施或予以行政处罚。

第三十六条 财产保险公司及其分支机构违反相关规定的，银保监会或其派出机构除依法对该单位给予处罚外，对其直接负责的主管人员和其他直接责任人员依法采取监督管理措施或予以行政处罚。

第六章 附 则

第三十七条 银保监会对财产保险公司保险条款和保险费率的审批程序，适用《中华人民共和国行政许可法》和银保监会的有关规定。

第三十八条 法律、行政法规和国务院对机动车辆保险、农业保险、出口信用保险另有规定的，适用其规定。

第三十九条 本办法由银保监会负责解释。

第四十条 本办法自 2021 年 10 月 1 日起施行。原中国保险监督管理委员会 2010 年 2 月 5 日发布的《财产保险公司保险条款和保险费率管理办法》（中国保险监督管理委员会令 2010 年第 3 号）同时废止。

四、业 务 规 范

保险经纪人监管规定

（2018 年 2 月 1 日中国保险监督管理委员会令〔2018〕3 号公布
自 2018 年 5 月 1 日起施行）

第一章 总 则

第一条 为了规范保险经纪人的经营行为，保护投保人、被保险人和受益人的合法权益，维护市场秩序，根据《中华人民共和国保险法》（以下简称《保险法》）等法律、行政法规，制定本规定。

第二条 本规定所称保险经纪人是指基于投保人的利益，为投保人与保险公司订立保险合同提供中介服务，并依法收取佣金的机构，包括保险经纪公司及其分支机构。

本规定所称保险经纪从业人员是指在保险经纪人中，为投保人或者被保险人拟订投保方案、办理投保手续、协助索赔的人员，或者为委托人提供防灾防损、风险评估、风险管理咨询服务、从事再保险经纪等业务的人员。

第三条 保险经纪公司在中华人民共和国境内经营保险经纪业务，应当符合中国保险监督管理委员会（以下简称中国保监会）规定的条件，取得经营保险经纪业务许可证（以下简称许可证）。

第四条 保险经纪人应当遵守法律、行政法规和中国保监会有关规定，遵循自愿、诚实信用和公平竞争的原则。

第五条 中国保监会根据《保险法》和国务院授权，对保险经纪人履行监管职责。

中国保监会派出机构在中国保监会授权范围内履行监管职责。

第二章　市 场 准 入

第一节　业 务 许 可

第六条　除中国保监会另有规定外，保险经纪人应当采取下列组织形式：

（一）有限责任公司；

（二）股份有限公司。

第七条　保险经纪公司经营保险经纪业务，应当具备下列条件：

（一）股东符合本规定要求，且出资资金自有、真实、合法，不得用银行贷款及各种形式的非自有资金投资；

（二）注册资本符合本规定第十条要求，且按照中国保监会的有关规定托管；

（三）营业执照记载的经营范围符合中国保监会的有关规定；

（四）公司章程符合有关规定；

（五）公司名称符合本规定要求；

（六）高级管理人员符合本规定的任职资格条件；

（七）有符合中国保监会规定的治理结构和内控制度，商业模式科学合理可行；

（八）有与业务规模相适应的固定住所；

（九）有符合中国保监会规定的业务、财务信息管理系统；

（十）法律、行政法规和中国保监会规定的其他条件。

第八条　单位或者个人有下列情形之一的，不得成为保险经纪公司的股东：

（一）最近5年内受到刑罚或者重大行政处罚；

（二）因涉嫌重大违法犯罪正接受有关部门调查；

（三）因严重失信行为被国家有关单位确定为失信联合惩戒对象且应当在保险领域受到相应惩戒，或者最近5年内具有其他严重失信不良记录；

（四）依据法律、行政法规不能投资企业；

（五）中国保监会根据审慎监管原则认定的其他不适合成为保险经纪公司股东的情形。

第九条 保险公司的工作人员、保险专业中介机构的从业人员投资保险经纪公司的，应当提供其所在机构知晓投资的书面证明；保险公司、保险专业中介机构的董事、监事或者高级管理人员投资保险经纪公司的，应当根据有关规定取得股东会或者股东大会的同意。

第十条 经营区域不限于工商注册登记地所在省、自治区、直辖市、计划单列市的保险经纪公司的注册资本最低限额为5000万元。

经营区域为工商注册登记地所在省、自治区、直辖市、计划单列市的保险经纪公司的注册资本最低限额为1000万元。

保险经纪公司的注册资本必须为实缴货币资本。

第十一条 保险经纪人的名称中应当包含"保险经纪"字样。

保险经纪人的字号不得与现有的保险专业中介机构相同，与保险专业中介机构具有同一实际控制人的保险经纪人除外。

第十二条 保险经纪公司申请经营保险经纪业务，应当在领取营业执照后，及时按照中国保监会的要求提交申请材料，并进行相关信息披露。

中国保监会及其派出机构按照法定的职责和程序实施行政许可。

第十三条 中国保监会及其派出机构收到经营保险经纪业务申请后，应当采取谈话、函询、现场验收等方式了解、审查申请人股东的经营记录以及申请人的市场发展战略、业务发展计划、内控制度建设、人员结构、信息系统配置及运行等有关事项，并进行风险测试和提示。

第十四条 中国保监会及其派出机构依法作出批准保险经纪公司经营保险经纪业务的决定的，应当向申请人颁发许可证。申请人取得许可证后，方可开展保险经纪业务，并应当及时在中国保监会规定的监管信息系统中登记相关信息。

中国保监会及其派出机构决定不予批准的，应当作出书面决定并说明理由。申请人应当自收到中国保监会及其派出机构书面决定之日起15日内书面报告工商注册登记所在地的工商行政管理部门。公司继续存续的，不得从事保险经纪业务，并应当依法办理名称、营业范围和公司章程等事项的工商变更登记，确保其名称中无"保险经纪"字样。

第十五条 经营区域不限于工商注册登记地所在省、自治区、直辖市、计划单列市的保险经纪公司可以在中华人民共和国境内从事保险经纪活动。

经营区域不限于工商注册登记地所在省、自治区、直辖市、计划单列市的保险经纪公司向工商注册登记地以外派出保险经纪从业人员，为投保人或者被保险人是自然人的保险业务提供服务的，应当在当地设立分支机构。设立分支机构时应当首先设立省级分公司，指定其负责办理行政许可申请、监管报告和报表提交等相关事宜，并负责管理其他分支机构。

保险经纪公司分支机构包括分公司、营业部。

第十六条　保险经纪公司新设分支机构经营保险经纪业务，应当符合下列条件：

（一）保险经纪公司及其分支机构最近 1 年内没有受到刑罚或者重大行政处罚；

（二）保险经纪公司及其分支机构未因涉嫌违法犯罪正接受有关部门调查；

（三）保险经纪公司及其分支机构最近 1 年内未引发 30 人以上群访群诉事件或者 100 人以上非正常集中退保事件；

（四）最近 2 年内设立的分支机构不存在运营未满 1 年退出市场的情形；

（五）具备完善的分支机构管理制度；

（六）新设分支机构有符合要求的营业场所、业务财务信息系统，以及与经营业务相匹配的其他设施；

（七）新设分支机构主要负责人符合本规定的任职条件；

（八）中国保监会规定的其他条件。

保险经纪公司因严重失信行为被国家有关单位确定为失信联合惩戒对象且应当在保险领域受到相应惩戒的，或者最近 5 年内具有其他严重失信不良记录的，不得新设分支机构经营保险经纪业务。

第十七条　保险经纪公司分支机构应当在营业执照记载的登记之日起 15 日内，书面报告中国保监会派出机构，在中国保监会规定的监管信息系统中登记相关信息，按照规定进行公开披露，并提交主要负责人的任职资格核准申请材料或者报告材料。

第十八条　保险经纪人有下列情形之一的，应当自该情形发生之日起 5 日内，通过中国保监会规定的监管信息系统报告，并按照规定进行公开披露：

（一）变更名称、住所或者营业场所；

（二）变更股东、注册资本或者组织形式；

（三）股东变更姓名或者名称、出资额；

（四）修改公司章程；

（五）股权投资，设立境外保险类机构及非营业性机构；

（六）分立、合并、解散，分支机构终止保险经纪业务活动；

（七）变更省级分公司以外分支机构主要负责人；

（八）受到行政处罚、刑罚或者涉嫌违法犯罪正接受调查；

（九）中国保监会规定的其他报告事项。

保险经纪人发生前款规定的相关情形，应当符合中国保监会相关规定。

第十九条　保险经纪公司变更事项涉及许可证记载内容的，应当按照《保险许可证管理办法》等有关规定办理许可证变更登记，交回原许可证，领取新许可证，并进行公告。

第二节　任 职 资 格

第二十条　本规定所称保险经纪人高级管理人员是指下列人员：

（一）保险经纪公司的总经理、副总经理；

（二）省级分公司主要负责人；

（三）对公司经营管理行使重要职权的其他人员。

保险经纪人高级管理人员应当在任职前取得中国保监会派出机构核准的任职资格。

第二十一条　保险经纪人高级管理人员应当具备下列条件：

（一）大学专科以上学历；

（二）从事金融工作3年以上或者从事经济工作5年以上；

（三）具有履行职责所需的经营管理能力，熟悉保险法律、行政法规及中国保监会的相关规定；

（四）诚实守信，品行良好。

从事金融工作10年以上的人员，学历要求可以不受第一款第（一）项的限制。

保险经纪人任用的省级分公司以外分支机构主要负责人应当具备前两款规定的条件。

第二十二条　有下列情形之一的人员，不得担任保险经纪人高级管理人员和省级分公司以外分支机构主要负责人：

（一）担任因违法被吊销许可证的保险公司或者保险中介机构的董事、监事或者高级管理人员，并对被吊销许可证负有个人责任或者直接领导责任的，自许可证被吊销之日起未逾3年；

（二）因违法行为或者违纪行为被金融监管机构取消任职资格的金融机构的董事、监事或者高级管理人员，自被取消任职资格之日起未逾5年；

（三）被金融监管机构决定在一定期限内禁止进入金融行业的，期限未满；

（四）受金融监管机构警告或者罚款未逾2年；

（五）正在接受司法机关、纪检监察部门或者金融监管机构调查；

（六）因严重失信行为被国家有关单位确定为失信联合惩戒对象且应当在保险领域受到相应惩戒，或者最近5年内具有其他严重失信不良记录；

（七）法律、行政法规和中国保监会规定的其他情形。

第二十三条 保险经纪人应当与其高级管理人员、省级分公司以外分支机构主要负责人建立劳动关系，订立书面劳动合同。

第二十四条 保险经纪人高级管理人员和省级分公司以外分支机构主要负责人不得兼任2家以上分支机构的主要负责人。

保险经纪人高级管理人员和省级分公司以外分支机构主要负责人兼任其他经营管理职务的，应当具有必要的时间履行职务。

第二十五条 非经股东会或者股东大会批准，保险经纪人的高级管理人员和省级分公司以外分支机构主要负责人不得在存在利益冲突的机构中兼任职务。

第二十六条 保险经纪人向中国保监会派出机构提出高级管理人员任职资格核准申请的，应当如实填写申请表、提交相关材料。

中国保监会派出机构可以对保险经纪人拟任高级管理人员进行考察或者谈话。

第二十七条 保险经纪人高级管理人员应当通过中国保监会认可的保险法规及相关知识测试。

第二十八条 保险经纪人的高级管理人员在同一保险经纪人内部调任、兼任其他职务，无须重新核准任职资格。

保险经纪人调整、免除高级管理人员和省级分公司以外分支机构主要负责人职务，应当自决定作出之日起5日内在中国保监会规定的监管信息系统中登记相关信息。

第二十九条 保险经纪人的高级管理人员和省级分公司以外分支机构主要负责人因涉嫌犯罪被起诉的，保险经纪人应当自其被起诉之日起5日内和结案之日起5日内在中国保监会规定的监管信息系统中登记相关信息。

第三十条 保险经纪人高级管理人员和省级分公司以外分支机构主要负责人有下列情形之一,保险经纪人已经任命的,应当免除其职务;经核准任职资格的,其任职资格自动失效:

(一)获得核准任职资格后,保险经纪人超过2个月未任命;

(二)从该保险经纪人离职;

(三)受到中国保监会禁止进入保险业的行政处罚;

(四)因贪污、受贿、侵占财产、挪用财产或者破坏社会主义市场秩序,被判处刑罚执行期满未逾5年,或者因犯罪被剥夺政治权利,执行期满未逾5年;

(五)担任破产清算的公司、企业的董事或者厂长、经理,对该公司、企业的破产负有个人责任的,自该公司、企业破产清算完结之日起未逾3年;

(六)担任因违法被吊销营业执照、责令关闭的公司、企业的法定代表人,并负有个人责任的,自该公司、企业被吊销营业执照之日起未逾3年;

(七)个人所负数额较大的债务到期未清偿。

第三十一条 保险经纪人出现下列情形之一,可以任命临时负责人,但临时负责人任职时间最长不得超过3个月,并且不得就同一职务连续任命临时负责人:

(一)原负责人辞职或者被撤职;

(二)原负责人因疾病、意外事故等原因无法正常履行工作职责;

(三)中国保监会认可的其他特殊情况。

临时负责人应当具有与履行职责相当的能力,并应当符合本规定第二十一条、第二十二条的相关要求。

保险经纪人任命临时负责人的,应当自决定作出之日起5日内在中国保监会规定的监管信息系统中登记相关信息。

第三节 从业人员

第三十二条 保险经纪人应当聘任品行良好的保险经纪从业人员。有下列情形之一的,保险经纪人不得聘任:

(一)因贪污、贿赂、侵占财产、挪用财产或者破坏社会主义市场经济秩序,被判处刑罚,执行期满未逾5年;

(二)被金融监管机构决定在一定期限内禁止进入金融行业,期限未满;

(三)因严重失信行为被国家有关单位确定为失信联合惩戒对象且应当

在保险领域受到相应惩戒,或者最近5年内具有其他严重失信不良记录;

(四)法律、行政法规和中国保监会规定的其他情形。

第三十三条 保险经纪从业人员应当具有从事保险经纪业务所需的专业能力。保险经纪人应当加强对保险经纪从业人员的岗前培训和后续教育,培训内容至少应当包括业务知识、法律知识及职业道德。

保险经纪人可以委托保险中介行业自律组织或者其他机构组织培训。

保险经纪人应当建立完整的保险经纪从业人员培训档案。

第三十四条 保险经纪人应当按照规定为其保险经纪从业人员进行执业登记。

保险经纪从业人员只限于通过一家保险经纪人进行执业登记。

保险经纪从业人员变更所属保险经纪人的,新所属保险经纪人应当为其进行执业登记,原所属保险经纪人应当及时注销执业登记。

第三章 经营规则

第三十五条 保险经纪公司应当将许可证、营业执照置于住所或者营业场所显著位置。

保险经纪公司分支机构应当将加盖所属法人公章的许可证复印件、营业执照置于营业场所显著位置。

保险经纪人不得伪造、变造、出租、出借、转让许可证。

第三十六条 保险经纪人可以经营下列全部或者部分业务:

(一)为投保人拟订投保方案、选择保险公司以及办理投保手续;

(二)协助被保险人或者受益人进行索赔;

(三)再保险经纪业务;

(四)为委托人提供防灾、防损或者风险评估、风险管理咨询服务;

(五)中国保监会规定的与保险经纪有关的其他业务。

第三十七条 保险经纪人从事保险经纪业务不得超出承保公司的业务范围和经营区域;从事保险经纪业务涉及异地共保、异地承保和统括保单,中国保监会另有规定的,从其规定。

第三十八条 保险经纪人及其从业人员不得销售非保险金融产品,经相关金融监管部门审批的非保险金融产品除外。

保险经纪人及其从业人员销售符合条件的非保险金融产品前,应当具备相应的资质要求。

第三十九条 保险经纪人应当根据法律、行政法规和中国保监会的有关规定,依照职责明晰、强化制衡、加强风险管理的原则,建立完善的公司治理结构和制度;明确管控责任,构建合规体系,注重自我约束,加强内部追责,确保稳健运营。

第四十条 保险经纪从业人员应当在所属保险经纪人的授权范围内从事业务活动。

第四十一条 保险经纪人通过互联网经营保险经纪业务,应当符合中国保监会的规定。

第四十二条 保险经纪人应当建立专门账簿,记载保险经纪业务收支情况。

第四十三条 保险经纪人应当开立独立的客户资金专用账户。下列款项只能存放于客户资金专用账户:

(一)投保人支付给保险公司的保险费;

(二)为投保人、被保险人和受益人代领的退保金、保险金。

保险经纪人应当开立独立的佣金收取账户。

保险经纪人开立、使用其他银行账户的,应当符合中国保监会的规定。

第四十四条 保险经纪人应当建立完整规范的业务档案,业务档案至少应当包括下列内容:

(一)通过本机构签订保单的主要情况,包括保险人、投保人、被保险人名称或者姓名,保单号,产品名称,保险金额,保险费,缴费方式,投保日期,保险期间等;

(二)保险合同对应的佣金金额和收取方式等;

(三)保险费交付保险公司的情况,保险金或者退保金的代领以及交付投保人、被保险人或者受益人的情况;

(四)为保险合同签订提供经纪服务的从业人员姓名,领取报酬金额、领取报酬账户等;

(五)中国保监会规定的其他业务信息。

保险经纪人的记录应当真实、完整。

第四十五条 保险经纪人应当按照中国保监会的规定开展再保险经纪业务。

保险经纪人从事再保险经纪业务,应当设立专门部门,在业务流程、财务管理与风险管控等方面与其他保险经纪业务实行隔离。

第四十六条　保险经纪人从事再保险经纪业务，应当建立完整规范的再保险业务档案，业务档案至少应当包括下列内容：

（一）再保险安排确认书；

（二）再保险人接受分入比例。

保险经纪人应当对再保险经纪业务和其他保险经纪业务分别建立账簿记载业务收支情况。

第四十七条　保险经纪人应当向保险公司提供真实、完整的投保信息，并应当与保险公司依法约定对投保信息保密、合理使用等事项。

第四十八条　保险经纪人从事保险经纪业务，应当与委托人签订委托合同，依法约定双方的权利义务及其他事项。委托合同不得违反法律、行政法规及中国保监会有关规定。

第四十九条　保险经纪人从事保险经纪业务，涉及向保险公司解付保险费、收取佣金的，应当与保险公司依法约定解付保险费、支付佣金的时限和违约赔偿责任等事项。

第五十条　保险经纪人在开展业务过程中，应当制作并出示规范的客户告知书。客户告知书至少应当包括以下事项：

（一）保险经纪人的名称、营业场所、业务范围、联系方式；

（二）保险经纪人获取报酬的方式，包括是否向保险公司收取佣金等情况；

（三）保险经纪人及其高级管理人员与经纪业务相关的保险公司、其他保险中介机构是否存在关联关系；

（四）投诉渠道及纠纷解决方式。

第五十一条　保险经纪人应当妥善保管业务档案、会计账簿、业务台账、客户告知书以及佣金收入的原始凭证等有关资料，保管期限自保险合同终止之日起计算，保险期间在1年以下的不得少于5年，保险期间超过1年的不得少于10年。

第五十二条　保险经纪人为政策性保险业务、政府委托业务提供服务的，佣金收取不得违反中国保监会的规定。

第五十三条　保险经纪人向投保人提出保险建议的，应当根据客户的需求和风险承受能力等情况，在客观分析市场上同类保险产品的基础上，推荐符合其利益的保险产品。

保险经纪人应当按照中国保监会的要求向投保人披露保险产品相关

信息。

第五十四条 保险经纪公司应当按规定将监管费交付到中国保监会指定账户。

第五十五条 保险经纪公司应当自取得许可证之日起20日内投保职业责任保险或者缴存保证金。

保险经纪公司应当自投保职业责任保险或者缴存保证金之日起10日内,将职业责任保险保单复印件或者保证金存款协议复印件、保证金入账原始凭证复印件报送中国保监会派出机构,并在中国保监会规定的监管信息系统中登记相关信息。

第五十六条 保险经纪公司投保职业责任保险的,该保险应当持续有效。

保险经纪公司投保的职业责任保险对一次事故的赔偿限额不得低于人民币100万元;一年期保单的累计赔偿限额不得低于人民币1000万元,且不得低于保险经纪人上年度的主营业务收入。

第五十七条 保险经纪公司缴存保证金的,应当按注册资本的5%缴存,保险经纪公司增加注册资本的,应当按比例增加保证金数额。

保险经纪公司应当足额缴存保证金。保证金应当以银行存款形式专户存储到商业银行,或者以中国保监会认可的其他形式缴存。

第五十八条 保险经纪公司有下列情形之一的,可以动用保证金:

(一)注册资本减少;

(二)许可证被注销;

(三)投保符合条件的职业责任保险;

(四)中国保监会规定的其他情形。

保险经纪公司应当自动用保证金之日起5日内书面报告中国保监会派出机构。

第五十九条 保险经纪公司应当在每一会计年度结束后聘请会计师事务所对本公司的资产、负债、利润等财务状况进行审计,并在每一会计年度结束后4个月内向中国保监会派出机构报送相关审计报告。

保险经纪公司应当根据规定向中国保监会派出机构提交专项外部审计报告。

第六十条 保险经纪人应当按照中国保监会的有关规定及时、准确、完整地报送报告、报表、文件和资料,并根据要求提交相关的电子文本。

保险经纪人报送的报告、报表、文件和资料应当由法定代表人、主要负责人或者其授权人签字,并加盖机构印章。

第六十一条 保险经纪人不得委托未通过本机构进行执业登记的个人从事保险经纪业务。

第六十二条 保险经纪人应当对保险经纪从业人员进行执业登记信息管理,及时登记个人信息及授权范围等事项以及接受处罚、聘任关系终止等情况,确保执业登记信息的真实、准确、完整。

第六十三条 保险经纪人及其从业人员在办理保险业务活动中不得有下列行为:

(一)欺骗保险人、投保人、被保险人或者受益人;

(二)隐瞒与保险合同有关的重要情况;

(三)阻碍投保人履行如实告知义务,或者诱导其不履行如实告知义务;

(四)给予或者承诺给予投保人、被保险人或者受益人保险合同约定以外的利益;

(五)利用行政权力、职务或者职业便利以及其他不正当手段强迫、引诱或者限制投保人订立保险合同;

(六)伪造、擅自变更保险合同,或者为保险合同当事人提供虚假证明材料;

(七)挪用、截留、侵占保险费或者保险金;

(八)利用业务便利为其他机构或者个人牟取不正当利益;

(九)串通投保人、被保险人或者受益人,骗取保险金;

(十)泄露在业务活动中知悉的保险人、投保人、被保险人的商业秘密。

第六十四条 保险经纪人及其从业人员在开展保险经纪业务过程中,不得索取、收受保险公司或者其工作人员给予的合同约定之外的酬金、其他财物,或者利用执行保险经纪业务之便牟取其他非法利益。

第六十五条 保险经纪人不得以捏造、散布虚假事实等方式损害竞争对手的商业信誉,不得以虚假广告、虚假宣传或者其他不正当竞争行为扰乱保险市场秩序。

第六十六条 保险经纪人不得与非法从事保险业务或者保险中介业务的机构或者个人发生保险经纪业务往来。

第六十七条 保险经纪人不得以缴纳费用或者购买保险产品作为招聘从业人员的条件,不得承诺不合理的高额回报,不得以直接或者间接发展人员的数量或者销售业绩作为从业人员计酬的主要依据。

第四章 市 场 退 出

第六十八条 保险经纪公司经营保险经纪业务许可证的有效期为3年。

保险经纪公司应当在许可证有效期届满30日前,按照规定向中国保监会派出机构申请延续许可。

第六十九条 保险经纪公司申请延续许可证有效期的,中国保监会派出机构在许可证有效期届满前对保险经纪人前3年的经营情况进行全面审查和综合评价,并作出是否准予延续许可证有效期的决定。决定不予延续的,应当书面说明理由。

保险经纪公司不符合本规定第七条有关经营保险经纪业务的条件,或者不符合法律、行政法规、中国保监会规定的延续保险经纪业务许可应当具备的其他条件的,中国保监会派出机构不予延续许可证有效期。

第七十条 保险经纪公司应当自收到不予延续许可证有效期的决定之日起10日内向中国保监会派出机构缴回原证;准予延续有效期的,应当自收到决定之日起10日内领取新许可证。

第七十一条 保险经纪公司退出保险经纪市场,应当遵守法律、行政法规及其他相关规定。保险经纪公司有下列情形之一的,中国保监会派出机构依法注销许可证,并予以公告:

(一)许可证有效期届满未延续的;

(二)许可证依法被撤回、撤销或者吊销的;

(三)因解散或者被依法宣告破产等原因依法终止的;

(四)法律、行政法规规定的其他情形。

被注销许可证的保险经纪公司应当及时交回许可证原件;许可证无法交回的,中国保监会派出机构在公告中予以说明。

被注销许可证的保险经纪公司应当终止其保险经纪业务活动,并自许可证注销之日起15日内书面报告工商注册登记所在地的工商行政管理部门。公司继续存续的,不得从事保险经纪业务,并应当依法办理名称、营业范围和公司章程等事项的工商变更登记,确保其名称中无"保险经纪"字样。

第七十二条 有下列情形之一的,保险经纪人应当在5日内注销保险经纪从业人员执业登记:

(一)保险经纪从业人员受到禁止进入保险业的行政处罚的;

（二）保险经纪从业人员因其他原因终止执业的；

（三）保险经纪人停业、解散或者因其他原因不再继续经营保险经纪业务的；

（四）法律、行政法规和中国保监会规定的其他情形。

第七十三条 保险经纪人终止保险经纪业务活动，应当妥善处理债权债务关系，不得损害投保人、被保险人、受益人的合法权益。

第五章 行业自律

第七十四条 保险经纪人自愿加入保险中介行业自律组织。

保险中介行业自律组织依法制定保险经纪人自律规则，依据法律法规和自律规则，对保险经纪人实行自律管理。

保险中介行业自律组织依法制定章程，并按照规定报中国保监会或其派出机构备案。

第七十五条 保险中介行业自律组织应当根据法律法规、国家有关规定和自律组织章程，组织会员单位及其保险经纪从业人员进行教育培训。

第七十六条 保险中介行业自律组织应当通过互联网等渠道加强信息披露，并可以组织会员就保险经纪行业的发展、运作及有关内容进行研究，收集整理、发布保险经纪相关信息，提供会员服务，组织行业交流。

第六章 监督检查

第七十七条 中国保监会派出机构按照属地原则负责辖区内保险经纪人的监管。

中国保监会派出机构应当注重对辖区内保险经纪人的行为监管，依法进行现场检查和非现场监管，并实施行政处罚和其他监管措施。

第七十八条 中国保监会及其派出机构根据监管需要，可以对保险经纪人高级管理人员及相关人员进行监管谈话，要求其就经营活动中的重大事项作出说明。

第七十九条 中国保监会及其派出机构根据监管需要，可以委派监管人员列席保险经纪公司的股东会或者股东大会、董事会。

第八十条 保险经纪公司分支机构经营管理混乱，从事重大违法违规活动的，保险经纪公司应当根据中国保监会及其派出机构的监管要求，对分支机构采取限期整改、停业、撤销等措施。

第八十一条　中国保监会及其派出机构依法对保险经纪人进行现场检查，主要包括下列内容：

（一）业务许可及相关事项是否依法获得批准或者履行报告义务；

（二）资本金是否真实、足额；

（三）保证金是否符合规定；

（四）职业责任保险是否符合规定；

（五）业务经营是否合法；

（六）财务状况是否良好；

（七）向中国保监会及其派出机构提交的报告、报表及资料是否及时、完整和真实；

（八）内控制度是否符合中国保监会的有关规定；

（九）任用高级管理人员和省级分公司以外分支机构主要负责人是否符合规定；

（十）是否有效履行从业人员管理职责；

（十一）对外公告是否及时、真实；

（十二）业务、财务信息管理系统是否符合中国保监会的有关规定；

（十三）中国保监会规定的其他事项。

第八十二条　中国保监会及其派出机构依法履行职责，被检查、调查的单位和个人应当配合。

第八十三条　中国保监会及其派出机构可以在现场检查中，委托会计师事务所等社会中介机构提供相关服务；委托上述中介机构提供服务的，应当签订书面委托协议。

中国保监会及其派出机构应当将委托事项告知被检查的保险经纪人。

第七章　法律责任

第八十四条　未取得许可证，非法从事保险经纪业务的，由中国保监会及其派出机构予以取缔，没收违法所得，并处违法所得1倍以上5倍以下罚款；没有违法所得或者违法所得不足5万元的，处5万元以上30万元以下罚款。

第八十五条　行政许可申请人隐瞒有关情况或者提供虚假材料申请保险经纪业务许可或者申请其他行政许可的，中国保监会及其派出机构不予受理或者不予批准，并给予警告，申请人在1年内不得再次申请该行政许可。

第八十六条　被许可人通过欺骗、贿赂等不正当手段取得保险经纪业务许可或者其他行政许可的，由中国保监会及其派出机构予以撤销，并依法给予行政处罚；申请人在3年内不得再次申请该行政许可。

第八十七条　保险经纪人聘任不具有任职资格的人员的，由中国保监会及其派出机构责令改正，处2万元以上10万元以下罚款；对该机构直接负责的主管人员和其他直接责任人员，给予警告，并处1万元以上10万元以下罚款，情节严重的，撤销任职资格。

保险经纪人未按规定聘任省级分公司以外分支机构主要负责人或者未按规定任命临时负责人的，由中国保监会及其派出机构责令改正，给予警告，并处1万元以下罚款；对该机构直接负责的主管人员和其他直接责任人员，给予警告，并处1万元以下罚款。

第八十八条　保险经纪人未按规定聘任保险经纪从业人员，或者未按规定进行执业登记和管理的，由中国保监会及其派出机构责令改正，给予警告，并处1万元以下罚款；对该机构直接负责的主管人员和其他直接责任人员，给予警告，并处1万元以下罚款。

第八十九条　保险经纪人出租、出借或者转让许可证的，由中国保监会及其派出机构责令改正，处1万元以上10万元以下罚款；情节严重的，责令停业整顿或者吊销许可证；对该机构直接负责的主管人员和其他直接责任人员，给予警告，并处1万元以上10万元以下罚款，情节严重的，撤销任职资格。

第九十条　保险经纪人在许可证使用过程中，有下列情形之一的，由中国保监会及其派出机构责令改正，给予警告，没有违法所得的，处1万元以下罚款，有违法所得的，处违法所得3倍以下罚款，但最高不得超过3万元；对该机构直接负责的主管人员和其他直接责任人员，给予警告，并处1万元以下罚款：

（一）未按规定在住所或者营业场所放置许可证或者其复印件；

（二）未按规定办理许可证变更登记；

（三）未按规定交回许可证；

（四）未按规定进行公告。

第九十一条　保险经纪人有下列情形之一的，由中国保监会及其派出机构责令改正，处2万元以上10万元以下罚款；情节严重的，责令停业整顿或者吊销许可证；对该机构直接负责的主管人员和其他直接责任人员，给予警告，并处 1 万元以上 10 万元以下罚款，情节严重的，撤销任职资格：

（一）未按规定缴存保证金或者投保职业责任保险的；

（二）未按规定设立专门账簿记载业务收支情况的。

第九十二条　保险经纪人超出规定的业务范围、经营区域从事业务活动的，或者与非法从事保险业务或者保险中介业务的单位或者个人发生保险经纪业务往来的，由中国保监会及其派出机构责令改正，给予警告，没有违法所得的，处 1 万元以下罚款，有违法所得的，处违法所得 3 倍以下罚款，但最高不得超过 3 万元；对该机构直接负责的主管人员和其他直接责任人员，给予警告，并处 1 万元以下罚款。

第九十三条　保险经纪人违反本规定第三十七条，由中国保监会及其派出机构责令改正，给予警告，没有违法所得的，处 1 万元以下罚款，有违法所得的，处违法所得 3 倍以下罚款，但最高不得超过 3 万元；对该机构直接负责的主管人员和其他直接责任人员，给予警告，并处 1 万元以下罚款。

第九十四条　保险经纪人违反本规定第四十七条，由中国保监会及其派出机构责令改正，给予警告，并处 1 万元以下罚款；对该机构直接负责的主管人员和其他直接责任人员，给予警告，并处 1 万元以下罚款。

第九十五条　保险经纪人违反本规定第五十条，由中国保监会及其派出机构责令改正，给予警告，并处 1 万元以下罚款；对该机构直接负责的主管人员和其他直接责任人员，给予警告，并处 1 万元以下罚款。

第九十六条　保险经纪人有本规定第六十三条所列情形之一的，由中国保监会及其派出机构责令改正，处 5 万元以上 30 万元以下罚款；情节严重的，吊销许可证；对该机构直接负责的主管人员和其他直接责任人员，给予警告，并处 1 万元以上 10 万元以下罚款，情节严重的，撤销任职资格。

第九十七条　保险经纪人违反本规定第六十四条，由中国保监会及其派出机构责令改正，给予警告，并处 1 万元以下罚款；对该机构直接负责的主管人员和其他直接责任人员，给予警告，并处 1 万元以下罚款。

第九十八条　保险经纪人违反本规定第六十五条、第六十七条，由中国保监会及其派出机构责令改正，给予警告，没有违法所得的，处 1 万元以下罚款，有违法所得的，处违法所得 3 倍以下罚款，但最高不得超过 3 万元；对该机构直接负责的主管人员和其他直接责任人员，给予警告，并处 1 万元以下罚款。

第九十九条　保险经纪人未按本规定报送或者保管报告、报表、文件、资料的，或者未按规定提供有关信息、资料的，由中国保监会及其派出机构责令限期改正;逾期不改正的,处 1 万元以上 10 万元以下罚款;对该机构直接负责的主管人员和其他直接责任人员,给予警告,并处 1 万元以上 10 万元以下罚款,情节严重的,撤销任职资格。

第一百条　保险经纪人有下列情形之一的,由中国保监会及其派出机构责令改正,处 10 万元以上 50 万元以下罚款;情节严重的,可以限制其业务范围、责令停止接受新业务或者吊销许可证;对该机构直接负责的主管人员和其他直接责任人员,给予警告,并处 1 万元以上 10 万元以下罚款,情节严重的,撤销任职资格:

(一)编制或者提供虚假的报告、报表、文件或者资料;

(二)拒绝、妨碍依法监督检查。

第一百零一条　保险经纪人有下列情形之一的,由中国保监会及其派出机构责令改正,给予警告,没有违法所得的,处 1 万元以下罚款,有违法所得的,处违法所得 3 倍以下罚款,但最高不得超过 3 万元;对该机构直接负责的主管人员和其他直接责任人员,给予警告,并处 1 万元以下罚款:

(一)未按规定托管注册资本;

(二)未按规定设立分支机构经营保险经纪业务;

(三)未按规定开展互联网保险经纪业务;

(四)未按规定开展再保险经纪业务;

(五)未按规定建立或者管理业务档案;

(六)未按规定使用银行账户;

(七)违反规定动用保证金;

(八)未按规定进行信息披露;

(九)未按规定缴纳监管费。

第一百零二条　违反法律和行政法规的规定,情节严重的,中国保监会及其派出机构可以禁止有关责任人员一定期限直至终身进入保险业。

第一百零三条　保险经纪人的高级管理人员、省级分公司以外分支机构主要负责人或者从业人员,离职后被发现在原工作期间违反中国保监会及其派出机构有关规定的,应当依法追究其责任。

第八章　附　　则

第一百零四条　本规定所称保险专业中介机构是指保险专业代理机构、保险经纪人和保险公估人。

本规定所称保险中介机构是指保险专业中介机构和保险兼业代理机构。

第一百零五条 经中国保监会批准经营保险经纪业务的外资保险经纪人适用本规定，我国参加的有关国际条约和中国保监会另有规定的，适用其规定。

采取公司以外的组织形式的保险经纪人的设立和管理参照适用本规定，中国保监会另有规定的，适用其规定。

第一百零六条 本规定施行前依法设立的保险经纪公司继续保留，不完全具备本规定条件的，具体适用办法由中国保监会另行规定。

第一百零七条 本规定要求提交的各种表格格式由中国保监会制定。

第一百零八条 本规定有关“5日”“10日”“15日”“20日”的规定是指工作日，不含法定节假日。

本规定所称“以上”“以下”均含本数。

第一百零九条 本规定自2018年5月1日起施行，中国保监会2009年9月25日发布的《保险经纪机构监管规定》（保监会令2009年第6号）、2013年1月6日发布的《保险经纪从业人员、保险公估从业人员监管办法》（保监会令2013年第3号）、2013年4月27日发布的《中国保险监督管理委员会关于修改〈保险经纪机构监管规定〉的决定》（保监会令2013年第6号）同时废止。

保险代理人监管规定

（2020年11月12日中国银行保险监督管理委员会令
2020年第11号公布　自2021年1月1日起施行）

第一章 总 则

第一条 为了规范保险代理人的经营行为，保护投保人、被保险人和受益人的合法权益，维护市场秩序，根据《中华人民共和国保险法》（以下简称《保险法》）等法律、行政法规，制定本规定。

第二条　本规定所称保险代理人是指根据保险公司的委托，向保险公司收取佣金，在保险公司授权的范围内代为办理保险业务的机构或者个人，包括保险专业代理机构、保险兼业代理机构及个人保险代理人。

本规定所称保险专业代理机构是指依法设立的专门从事保险代理业务的保险代理公司及其分支机构。

本规定所称保险兼业代理机构是指利用自身主业与保险的相关便利性，依法兼营保险代理业务的企业，包括保险兼业代理法人机构及其分支机构。

本规定所称个人保险代理人是指与保险公司签订委托代理合同，从事保险代理业务的人员。

本规定所称保险代理机构从业人员是指在保险专业代理机构、保险兼业代理机构中，从事销售保险产品或者进行相关损失勘查、理赔等业务的人员。

第三条　保险专业代理公司、保险兼业代理法人机构在中华人民共和国境内经营保险代理业务，应当符合国务院保险监督管理机构规定的条件，取得相关经营保险代理业务的许可证（以下简称许可证）。

第四条　保险代理人应当遵守法律、行政法规和国务院保险监督管理机构有关规定，遵循自愿、诚实信用和公平竞争的原则。

第五条　国务院保险监督管理机构根据《保险法》和国务院授权，对保险代理人履行监管职责。

国务院保险监督管理机构派出机构在国务院保险监督管理机构授权范围内履行监管职责。

第二章　市 场 准 入

第一节　业 务 许 可

第六条　除国务院保险监督管理机构另有规定外，保险专业代理公司应当采取下列组织形式：

（一）有限责任公司；

（二）股份有限公司。

第七条　保险专业代理公司经营保险代理业务，应当具备下列条件：

（一）股东符合本规定要求，且出资资金自有、真实、合法，不得用银行贷款及各种形式的非自有资金投资；

（二）注册资本符合本规定第十条要求，且按照国务院保险监督管理机构的有关规定托管；

（三）营业执照记载的经营范围符合有关规定；

（四）公司章程符合有关规定；

（五）公司名称符合本规定要求；

（六）高级管理人员符合本规定的任职资格条件；

（七）有符合国务院保险监督管理机构规定的治理结构和内控制度，商业模式科学合理可行；

（八）有与业务规模相适应的固定住所；

（九）有符合国务院保险监督管理机构规定的业务、财务信息管理系统；

（十）法律、行政法规和国务院保险监督管理机构规定的其他条件。

第八条　单位或者个人有下列情形之一的，不得成为保险专业代理公司的股东：

（一）最近5年内受到刑罚或者重大行政处罚的；

（二）因涉嫌重大违法犯罪正接受有关部门调查的；

（三）因严重失信行为被国家有关单位确定为失信联合惩戒对象且应当在保险领域受到相应惩戒，或者最近5年内具有其他严重失信不良记录的；

（四）依据法律、行政法规不能投资企业的；

（五）国务院保险监督管理机构根据审慎监管原则认定的其他不适合成为保险专业代理公司股东的情形。

第九条　保险公司的工作人员、个人保险代理人和保险专业中介机构从业人员不得另行投资保险专业代理公司；保险公司、保险专业中介机构的董事、监事或者高级管理人员的近亲属经营保险代理业务的，应当符合履职回避的有关规定。

第十条　经营区域不限于注册登记地所在省、自治区、直辖市、计划单列市的保险专业代理公司的注册资本最低限额为5000万元。

经营区域为注册登记地所在省、自治区、直辖市、计划单列市的保险专业代理公司的注册资本最低限额为2000万元。

保险专业代理公司的注册资本必须为实缴货币资本。

第十一条　保险专业代理公司名称中应当包含“保险代理”字样。

保险专业代理公司的字号不得与现有的保险专业中介机构相同，与其他保险专业中介机构具有同一实际控制人的保险专业代理公司除外。

保险专业代理公司应当规范使用机构简称，清晰标识所属行业细分类别，不得混淆保险代理公司与保险公司概念，在宣传工作中应当明确标识“保险代理”字样。

第十二条　保险兼业代理机构经营保险代理业务，应当符合下列条件：

（一）有市场监督管理部门核发的营业执照，其主营业务依法须经批准的，应取得相关部门的业务许可；

（二）主业经营情况良好，最近2年内无重大行政处罚记录；

（三）有同主业相关的保险代理业务来源；

（四）有便民服务的营业场所或者销售渠道；

（五）具备必要的软硬件设施，保险业务信息系统与保险公司对接，业务、财务数据可独立于主营业务单独查询统计；

（六）有完善的保险代理业务管理制度和机制；

（七）有符合本规定条件的保险代理业务责任人；

（八）法律、行政法规和国务院保险监督管理机构规定的其他条件。

保险兼业代理机构因严重失信行为被国家有关单位确定为失信联合惩戒对象且应当在保险领域受到相应惩戒的，或者最近5年内具有其他严重失信不良记录的，不得经营保险代理业务。

第十三条　保险兼业代理法人机构及其根据本规定第二十条指定的分支机构应当分别委派本机构分管保险业务的负责人担任保险代理业务责任人。

保险代理业务责任人应当品行良好，熟悉保险法律、行政法规，具有履行职责所需的经营管理能力。

第十四条　保险专业代理公司申请经营保险代理业务，应当在领取营业执照后，及时按照国务院保险监督管理机构的要求提交申请材料，并进行相关信息披露。

保险兼业代理法人机构申请经营保险代理业务，应当及时按照国务院保险监督管理机构的要求提交申请材料，并进行相关信息披露。

国务院保险监督管理机构及其派出机构（以下统称保险监督管理机构）按照法定的职责和程序实施行政许可。

第十五条　保险专业代理公司申请经营保险代理业务的，保险监督管理机构应当采取谈话、询问、现场验收等方式了解、审查申请人股东的经营、诚信记录，以及申请人的市场发展战略、业务发展计划、内控制度建设、人员结构、信息系统配置及运行等有关事项,并进行风险测试和提示。

保险兼业代理法人机构申请经营保险代理业务具体办法由国务院保险监督管理机构另行规定。

第十六条 保险监督管理机构依法作出批准保险专业代理公司、保险兼业代理法人机构经营保险代理业务的决定的,应当向申请人颁发许可证。申请人取得许可证后,方可开展保险代理业务,并应当及时在国务院保险监督管理机构规定的监管信息系统中登记相关信息。

保险监督管理机构决定不予批准的,应当作出书面决定并说明理由。保险专业代理公司继续存续的,应当依法办理名称、营业范围和公司章程等事项的变更登记,确保其名称中无"保险代理"字样。

第十七条 经营区域不限于注册登记地所在省、自治区、直辖市、计划单列市的保险专业代理公司可以在中华人民共和国境内开展保险代理业务。

经营区域不限于注册登记地所在省、自治区、直辖市、计划单列市的保险专业代理公司在注册登记地以外开展保险代理业务的,应当在当地设立分支机构。设立分支机构时应当首先设立省级分公司,指定其负责办理行政许可申请、监管报告和报表提交等相关事宜,并负责管理其他分支机构。

保险专业代理公司分支机构包括分公司、营业部。

第十八条 保险专业代理公司新设分支机构经营保险代理业务,应当符合以下条件:

(一)保险专业代理公司及分支机构最近1年内没有受到刑罚或者重大行政处罚;

(二)保险专业代理公司及分支机构未因涉嫌违法犯罪正接受有关部门调查;

(三)保险专业代理公司及分支机构最近1年内未发生30人以上群访群诉事件或者100人以上非正常集中退保事件;

(四)最近2年内设立的分支机构不存在运营未满1年退出市场的情形;

(五)具备完善的分支机构管理制度;

(六)新设分支机构有符合要求的营业场所、业务财务信息管理系统,以及与经营业务相匹配的其他设施;

(七)新设分支机构主要负责人符合本规定的任职条件;

(八)国务院保险监督管理机构规定的其他条件。

保险专业代理公司因严重失信行为被国家有关单位确定为失信联合惩戒对象且应当在保险领域受到相应惩戒的，或者最近5年内具有其他严重失信不良记录的，不得新设分支机构经营保险代理业务。

第十九条　保险专业代理公司分支机构应当在营业执照记载的登记之日起15日内，书面报告保险监督管理机构，在国务院保险监督管理机构规定的监管信息系统中登记相关信息，按照规定进行公开披露，并提交主要负责人的任职资格核准申请材料或者报告材料。

第二十条　保险兼业代理分支机构获得法人机构关于开展保险代理业务的授权后，可以开展保险代理业务，并应当及时通过国务院保险监督管理机构规定的监管信息系统报告相关情况。

保险兼业代理法人机构授权注册登记地以外的省、自治区、直辖市或者计划单列市的分支机构经营保险代理业务的，应当指定一家分支机构负责该区域全部保险代理业务管理事宜。

第二十一条　保险专业代理机构有下列情形之一的，应当自该情形发生之日起5日内，通过国务院保险监督管理机构规定的监管信息系统报告，并按照规定进行公开披露：

（一）变更名称、住所或者营业场所的；

（二）变更股东、注册资本或者组织形式的；

（三）变更股东姓名或者名称、出资额的；

（四）修改公司章程的；

（五）股权投资、设立境外保险类机构及非营业性机构的；

（六）分立、合并、解散，分支机构终止保险代理业务活动的；

（七）变更省级分公司以外分支机构主要负责人的；

（八）受到行政处罚、刑罚或者涉嫌违法犯罪正接受调查的；

（九）国务院保险监督管理机构规定的其他报告事项。

保险专业代理机构发生前款规定的相关情形，应当符合国务院保险监督管理机构相关规定。

第二十二条　保险兼业代理机构有下列情形之一的，应当自该情形发生之日起5日内，通过国务院保险监督管理机构规定的监管信息系统报告，并按照规定进行公开披露：

（一）变更名称、住所或者营业场所的；

（二）变更保险代理业务责任人的；

（三）变更对分支机构代理保险业务授权的；

（四）国务院保险监督管理机构规定的其他报告事项。

第二十三条 保险专业代理公司、保险兼业代理法人机构变更事项涉及许可证记载内容的，应当按照国务院保险监督管理机构有关规定办理许可证变更登记，交回原许可证，领取新许可证，并进行公告。

第二节 任职资格

第二十四条 本规定所称保险专业代理机构高级管理人员是指下列人员：

（一）保险专业代理公司的总经理、副总经理；

（二）省级分公司主要负责人；

（三）对公司经营管理行使重要职权的其他人员。

保险专业代理机构高级管理人员应当在任职前取得保险监督管理机构核准的任职资格。

第二十五条 保险专业代理机构高级管理人员应当具备下列条件：

（一）大学专科以上学历；

（二）从事金融工作 3 年以上或者从事经济工作 5 年以上；

（三）具有履行职责所需的经营管理能力，熟悉保险法律、行政法规及国务院保险监督管理机构的相关规定；

（四）诚实守信，品行良好。

从事金融工作 10 年以上的人员，学历要求可以不受第一款第（一）项的限制。

保险专业代理机构任用的省级分公司以外分支机构主要负责人应当具备前两款规定的条件。

第二十六条 有下列情形之一的人员，不得担任保险专业代理机构的高级管理人员和省级分公司以外分支机构主要负责人：

（一）无民事行为能力或者限制民事行为能力；

（二）因贪污、贿赂、侵占财产、挪用财产或者破坏社会主义市场秩序，被判处刑罚执行期满未逾 5 年，或者因犯罪被剥夺政治权利，执行期满未逾 5 年；

（三）担任破产清算的公司、企业的董事或者厂长、经理，对该公司、企业的破产负有个人责任的，自该公司、企业破产清算完结之日起未逾 3 年；

（四）担任因违法被吊销营业执照、责令关闭的公司、企业的法定代表人，并负有个人责任的，自该公司、企业被吊销营业执照之日起未逾3年；

（五）担任因违法被吊销许可证的保险公司或者保险中介机构的董事、监事或者高级管理人员，并对被吊销许可证负有个人责任或者直接领导责任的，自许可证被吊销之日起未逾3年；

（六）因违法行为或者违纪行为被金融监管机构取消任职资格的金融机构的董事、监事或者高级管理人员，自被取消任职资格之日起未逾5年；

（七）被金融监管机构决定在一定期限内禁止进入金融行业的，期限未满；

（八）受金融监管机构警告或者罚款未逾2年；

（九）正在接受司法机关、纪检监察部门或者金融监管机构调查；

（十）个人所负数额较大的债务到期未清偿；

（十一）因严重失信行为被国家有关单位确定为失信联合惩戒对象且应当在保险领域受到相应惩戒，或者最近5年内具有其他严重失信不良记录；

（十二）法律、行政法规和国务院保险监督管理机构规定的其他情形。

第二十七条 保险专业代理机构应当与高级管理人员、省级分公司以外分支机构主要负责人建立劳动关系，订立书面劳动合同。

第二十八条 保险专业代理机构高级管理人员、省级分公司以外分支机构主要负责人至多兼任2家分支机构的主要负责人。

保险专业代理机构高级管理人员和省级分公司以外分支机构主要负责人兼任其他经营管理职务的，应当具有必要的时间履行职务。

第二十九条 非经股东会或者股东大会批准，保险专业代理公司的高级管理人员和省级分公司以外分支机构主要负责人不得在存在利益冲突的机构中兼任职务。

第三十条 保险专业代理机构向保险监督管理机构提出高级管理人员任职资格核准申请的，应当如实填写申请表、提交相关材料。

保险监督管理机构可以对保险专业代理机构拟任高级管理人员进行考察或者谈话。

第三十一条 保险专业代理机构高级管理人员应当通过国务院保险监督管理机构认可的保险法规及相关知识测试。

第三十二条 保险专业代理机构高级管理人员在同一保险专业代理机构内部调任、兼任其他职务，无须重新核准任职资格。

保险专业代理机构调整、免除高级管理人员和省级分公司以外分支机构主要负责人职务,应当自决定作出之日起5日内在国务院保险监督管理机构规定的监管信息系统中登记相关信息,并按照规定进行公开披露。

第三十三条 保险专业代理机构的高级管理人员和省级分公司以外分支机构主要负责人因涉嫌犯罪被起诉的,保险专业代理机构应当自其被起诉之日起5日内和结案之日起5日内在国务院保险监督管理机构规定的监管信息系统中登记相关信息。

第三十四条 保险专业代理机构高级管理人员和省级分公司以外分支机构主要负责人有下列情形之一,保险专业代理机构已经任命的,应当免除其职务;经核准任职资格的,其任职资格自动失效:

(一)获得核准任职资格后,保险专业代理机构超过2个月未任命;

(二)从该保险专业代理机构离职;

(三)受到国务院保险监督管理机构禁止进入保险业的行政处罚;

(四)出现《中华人民共和国公司法》第一百四十六条规定的情形。

第三十五条 保险专业代理机构出现下列情形之一,可以指定临时负责人,但临时负责人任职时间最长不得超过3个月,并且不得就同一职务连续任命临时负责人:

(一)原负责人辞职或者被撤职;

(二)原负责人因疾病、意外事故等原因无法正常履行工作职责;

(三)国务院保险监督管理机构认可的其他特殊情况。

临时负责人应当具有与履行职责相当的能力,并应当符合本规定第二十五条、第二十六条的相关要求。

保险专业代理机构任命临时负责人的,应当自决定作出之日起5日内在国务院保险监督管理机构规定的监管信息系统中登记相关信息。

第三节 从业人员

第三十六条 保险公司应当委托品行良好的个人保险代理人。保险专业代理机构、保险兼业代理机构应当聘任品行良好的保险代理机构从业人员。

保险公司、保险专业代理机构、保险兼业代理机构应当加强对个人保险代理人、保险代理机构从业人员招录工作的管理,制定规范统一的招录政策、标准和流程。

有下列情形之一的，保险公司、保险专业代理机构、保险兼业代理机构不得聘任或者委托：

（一）因贪污、受贿、侵占财产、挪用财产或者破坏社会主义市场经济秩序，被判处刑罚，执行期满未逾5年的；

（二）被金融监管机构决定在一定期限内禁止进入金融行业，期限未满的；

（三）因严重失信行为被国家有关单位确定为失信联合惩戒对象且应当在保险领域受到相应惩戒，或者最近5年内具有其他严重失信不良记录的；

（四）法律、行政法规和国务院保险监督管理机构规定的其他情形。

第三十七条　个人保险代理人、保险代理机构从业人员应当具有从事保险代理业务所需的专业能力。保险公司、保险专业代理机构、保险兼业代理机构应当加强对个人保险代理人、保险代理机构从业人员的岗前培训和后续教育。培训内容至少应当包括业务知识、法律知识及职业道德。

保险公司、保险专业代理机构、保险兼业代理机构可以委托保险中介行业自律组织或者其他机构组织培训。

保险公司、保险专业代理机构、保险兼业代理机构应当建立完整的个人保险代理人、保险代理机构从业人员培训档案。

第三十八条　保险公司、保险专业代理机构、保险兼业代理机构应当按照规定为其个人保险代理人、保险代理机构从业人员进行执业登记。

个人保险代理人、保险代理机构从业人员只限于通过一家机构进行执业登记。

个人保险代理人、保险代理机构从业人员变更所属机构的，新所属机构应当为其进行执业登记，原所属机构应当在规定的时限内及时注销执业登记。

第三十九条　国务院保险监督管理机构对个人保险代理人实施分类管理，加快建立独立个人保险代理人制度。

第三章　经营规则

第四十条　保险专业代理公司应当将许可证、营业执照置于住所或者营业场所显著位置。

保险专业代理公司分支机构应当将加盖所属法人公章的许可证复印件、分支机构营业执照置于营业场所显著位置。

保险兼业代理机构应当按照国务院保险监督管理机构的有关规定放置许可证或者许可证复印件。

保险专业代理机构和兼业代理机构不得伪造、变造、出租、出借、转让许可证。

第四十一条　保险专业代理机构可以经营下列全部或者部分业务：

（一）代理销售保险产品；

（二）代理收取保险费；

（三）代理相关保险业务的损失勘查和理赔；

（四）国务院保险监督管理机构规定的其他相关业务。

第四十二条　保险兼业代理机构可以经营本规定第四十一条规定的第（一）、（二）项业务及国务院保险监督管理机构批准的其他业务。

保险公司兼营保险代理业务的，除同一保险集团内各保险子公司之间开展保险代理业务外，一家财产保险公司在一个会计年度内只能代理一家人身保险公司业务，一家人身保险公司在一个会计年度内只能代理一家财产保险公司业务。

第四十三条　保险代理人从事保险代理业务不得超出被代理保险公司的业务范围和经营区域；保险专业代理机构从事保险代理业务涉及异地共保、异地承保和统括保单，国务院保险监督管理机构另有规定的，从其规定。

除国务院保险监督管理机构另有规定外，保险兼业代理机构不得在主业营业场所外另设代理网点。

第四十四条　保险专业代理机构及其从业人员、个人保险代理人不得销售非保险金融产品，经相关金融监管部门审批的非保险金融产品除外。

保险专业代理机构及其从业人员、个人保险代理人销售符合条件的非保险金融产品前，应当具备相应的资质要求。

第四十五条　保险专业代理机构应当根据法律、行政法规和国务院保险监督管理机构的有关规定，依照职责明晰、强化制衡、加强风险管理的原则，建立完善的公司治理结构和制度；明确管控责任，构建合规体系，注重自我约束，加强内部追责，确保稳健运营。

第四十六条　个人保险代理人、保险代理机构从业人员应当在所属机构的授权范围内从事保险代理业务。

保险公司兼营保险代理业务的，其个人保险代理人可以根据授权，代为办理其他保险公司的保险业务。个人保险代理人所属保险公司应当及时变更执业登记，增加记载授权范围等事项。法律、行政法规和国务院保险监督管理机构另有规定的，适用其规定。

第四十七条 保险代理人通过互联网、电话经营保险代理业务，国务院保险监督管理机构另有规定的，适用其规定。

第四十八条 保险专业代理机构、保险兼业代理机构应当建立专门账簿，记载保险代理业务收支情况。

第四十九条 保险专业代理机构、保险兼业代理机构代收保险费的，应当开立独立的代收保险费账户进行结算。

保险专业代理机构、保险兼业代理机构应当开立独立的佣金收取账户。

保险专业代理机构、保险兼业代理机构开立、使用其他与经营保险代理业务有关银行账户的，应当符合国务院保险监督管理机构的规定。

第五十条 保险专业代理机构、保险兼业代理机构应当建立完整规范的业务档案。

保险专业代理机构业务档案至少应当包括下列内容：

（一）代理销售保单的基本情况，包括保险人、投保人、被保险人名称或者姓名，保单号，产品名称，保险金额，保险费，缴费方式，投保日期，保险期间等；

（二）保险费代收和交付被代理保险公司的情况；

（三）保险代理佣金金额和收取情况；

（四）为保险合同签订提供代理服务的保险代理机构从业人员姓名、领取报酬金额、领取报酬账户等；

（五）国务院保险监督管理机构规定的其他业务信息。

保险兼业代理机构的业务档案至少应当包括前款第（一）至（三）项内容，并应当列明为保险合同签订提供代理服务的保险兼业代理机构从业人员姓名及其执业登记编号。

保险专业代理机构、保险兼业代理机构的记录应当真实、完整。

第五十一条 保险代理人应当加强信息化建设，通过业务信息系统等途径及时向保险公司提供真实、完整的投保信息，并应当与保险公司依法约定对投保信息保密、合理使用等事项。

第五十二条 保险代理人应当妥善管理和使用被代理保险公司提供的各种单证、材料；代理关系终止后，应当在 30 日内将剩余的单证及材料交付被代理保险公司。

第五十三条 保险代理人从事保险代理业务,应当与被代理保险公司签订书面委托代理合同,依法约定双方的权利义务,并明确解付保费、支付佣金的时限和违约赔偿责任等事项。委托代理合同不得违反法律、行政法规及国务院保险监督管理机构有关规定。

保险代理人根据保险公司的授权代为办理保险业务的行为,由保险公司承担责任。保险代理人没有代理权、超越代理权或者代理权终止后以保险公司名义订立合同,使投保人有理由相信其有代理权的,该代理行为有效。

个人保险代理人、保险代理机构从业人员开展保险代理活动有违法违规行为的,其所属保险公司、保险专业代理机构、保险兼业代理机构依法承担法律责任。

第五十四条 除国务院保险监督管理机构另有规定外,保险专业代理机构、保险兼业代理机构在开展业务过程中,应当制作并出示客户告知书。客户告知书至少应当包括以下事项:

(一)保险专业代理机构或者保险兼业代理机构及被代理保险公司的名称、营业场所、业务范围、联系方式;

(二)保险专业代理机构的高级管理人员与被代理保险公司或者其他保险中介机构是否存在关联关系;

(三)投诉渠道及纠纷解决方式。

第五十五条 保险专业代理机构、保险兼业代理机构应当对被代理保险公司提供的宣传资料进行记录存档。

保险代理人不得擅自修改被代理保险公司提供的宣传资料。

第五十六条 保险专业代理机构、保险兼业代理机构应当妥善保管业务档案、会计账簿、业务台账、客户告知书以及佣金收入的原始凭证等有关资料,保管期限自保险合同终止之日起计算,保险期间在 1 年以下的不得少于 5 年,保险期间超过 1 年的不得少于 10 年。

第五十七条 保险代理人为政策性保险业务、政府委托业务提供服务的,佣金收取不得违反国务院保险监督管理机构的规定。

第五十八条 保险代理人应当向投保人全面披露保险产品相关信息,并明确说明保险合同中保险责任、责任减轻或者免除、退保及其他费用扣除、现金价值、犹豫期等条款。

第五十九条 保险专业代理公司应当按规定将监管费交付到国务院保险监督管理机构指定账户。国务院保险监督管理机构对监管费另有规定的,适用其规定。

第六十条　保险专业代理公司应当自取得许可证之日起20日内投保职业责任保险或者缴存保证金。

保险专业代理公司应当自投保职业责任保险或者缴存保证金之日起10日内,将职业责任保险保单复印件或者保证金存款协议复印件、保证金入账原始凭证复印件报送保险监督管理机构,并在国务院保险监督管理机构规定的监管信息系统中登记相关信息。

保险兼业代理机构应当按照国务院保险监督管理机构的规定投保职业责任保险或者缴存保证金。

第六十一条　保险专业代理公司投保职业责任保险,该保险应当持续有效。

保险专业代理公司投保的职业责任保险对一次事故的赔偿限额不得低于人民币100万元;一年期保单的累计赔偿限额不得低于人民币1000万元,且不得低于保险专业代理公司上年度的主营业务收入。

第六十二条　保险专业代理公司缴存保证金的,应当按照注册资本的5%缴存。保险专业代理公司增加注册资本的,应当按比例增加保证金数额。

保险专业代理公司应当足额缴存保证金。保证金应当以银行存款形式专户存储到商业银行,或者以国务院保险监督管理机构认可的其他形式缴存。

第六十三条　保险专业代理公司有下列情形之一的,可以动用保证金:

(一)注册资本减少;

(二)许可证被注销;

(三)投保符合条件的职业责任保险;

(四)国务院保险监督管理机构规定的其他情形。

保险专业代理公司应当自动用保证金之日起5日内书面报告保险监督管理机构。

第六十四条　保险专业代理公司应当在每一会计年度结束后聘请会计师事务所对本公司的资产、负债、利润等财务状况进行审计,并在每一会计年度结束后4个月内向保险监督管理机构报送相关审计报告。

保险专业代理公司应当根据规定向保险监督管理机构提交专项外部审计报告。

第六十五条　保险专业代理机构、保险兼业代理机构应当按照国务院保险监督管理机构的有关规定及时、准确、完整地报送报告、报表、文件和资料，并根据要求提交相关的电子文本。

保险专业代理机构、保险兼业代理机构报送的报告、报表、文件和资料应当由法定代表人、主要负责人或者其授权人签字，并加盖机构印章。

第六十六条 保险公司、保险专业代理机构、保险兼业代理机构不得委托未通过该机构进行执业登记的个人从事保险代理业务。国务院保险监督管理机构另有规定的除外。

第六十七条 保险公司、保险专业代理机构、保险兼业代理机构应当对个人保险代理人、保险代理机构从业人员进行执业登记信息管理，及时登记个人信息及授权范围等事项以及接受处罚、聘任或者委托关系终止等情况，确保执业登记信息的真实、准确、完整。

第六十八条 保险公司、保险专业代理机构、保险兼业代理机构应当承担对个人保险代理人、保险代理机构从业人员行为的管理责任，维护人员规范有序流动，强化日常管理、监测、追责，防范其超越授权范围或者从事违法违规活动。

第六十九条 保险公司应当制定个人保险代理人管理制度。明确界定负责团队组织管理的人员（以下简称团队主管）的职责，将个人保险代理人销售行为合规性与团队主管的考核、奖惩挂钩。个人保险代理人发生违法违规行为的，保险公司应当按照有关规定对团队主管追责。

第七十条 保险代理人及其从业人员在办理保险业务活动中不得有下列行为：

（一）欺骗保险人、投保人、被保险人或者受益人；

（二）隐瞒与保险合同有关的重要情况；

（三）阻碍投保人履行如实告知义务，或者诱导其不履行如实告知义务；

（四）给予或者承诺给予投保人、被保险人或者受益人保险合同约定以外的利益；

（五）利用行政权力、职务或者职业便利以及其他不正当手段强迫、引诱或者限制投保人订立保险合同；

（六）伪造、擅自变更保险合同，或者为保险合同当事人提供虚假证明材料；

（七）挪用、截留、侵占保险费或者保险金；

（八）利用业务便利为其他机构或者个人牟取不正当利益；

（九）串通投保人、被保险人或者受益人，骗取保险金；

（十）泄露在业务活动中知悉的保险人、投保人、被保险人的商业秘密。

第七十一条 个人保险代理人、保险代理机构从业人员不得聘用或者委托其他人员从事保险代理业务。

第七十二条 保险代理人及保险代理机构从业人员在开展保险代理业务过程中，不得索取、收受保险公司或其工作人员给予的合同约定之外的酬金、其他财物，或者利用执行保险代理业务之便牟取其他非法利益。

第七十三条 保险代理人不得以捏造、散布虚假事实等方式损害竞争对手的商业信誉，不得以虚假广告、虚假宣传或者其他不正当竞争行为扰乱保险市场秩序。

第七十四条 保险代理人不得与非法从事保险业务或者保险中介业务的机构或者个人发生保险代理业务往来。

第七十五条 保险代理人不得将保险佣金从代收的保险费中直接扣除。

第七十六条 保险代理人及保险代理机构从业人员不得违反规定代替投保人签订保险合同。

第七十七条 保险公司、保险专业代理机构以及保险兼业代理机构不得以缴纳费用或者购买保险产品作为招聘从业人员的条件，不得承诺不合理的高额回报，不得以直接或者间接发展人员的数量作为从业人员计酬的主要依据。

第七十八条 保险代理人自愿加入保险中介行业自律组织。

保险中介行业自律组织依法制定保险代理人自律规则，依据法律法规和自律规则，对保险代理人实行自律管理。

保险中介行业自律组织依法制定章程，按照规定向批准其成立的登记管理机关申请审核，并报保险监督管理机构备案。

第四章 市 场 退 出

第七十九条 保险专业代理公司、保险兼业代理法人机构退出保险代理市场，应当遵守法律、行政法规及其他相关规定。保险专业代理公司、保险兼业代理法人机构有下列情形之一的，保险监督管理机构依法注销许可证，并予以公告：

（一）许可证依法被撤回、撤销或者吊销的；

（二）因解散或者被依法宣告破产等原因依法终止的；

（三）法律、行政法规规定的其他情形。

被注销许可证的保险专业代理公司、保险兼业代理法人机构应当及时交回许可证原件；许可证无法交回的，保险监督管理机构在公告中予以说明。

被注销许可证的保险专业代理公司、保险兼业代理法人机构应当终止其保险代理业务活动。

第八十条 保险专业代理公司许可证注销后，公司继续存续的，不得从事保险代理业务，并应当依法办理名称、营业范围和公司章程等事项的变更登记，确保其名称中无“保险代理”字样。

保险兼业代理法人机构被保险监督管理机构依法吊销许可证的，3 年之内不得再次申请许可证；因其他原因被依法注销许可证的，1 年之内不得再次申请许可证。

第八十一条 有下列情形之一的，保险公司、保险专业代理机构、保险兼业代理机构应当在规定的时限内及时注销个人保险代理人、保险代理机构从业人员执业登记：

（一）个人保险代理人、保险代理机构从业人员受到禁止进入保险业的行政处罚；

（二）个人保险代理人、保险代理机构从业人员因其他原因终止执业；

（三）保险公司、保险专业代理机构、保险兼业代理机构停业、解散或者因其他原因不再继续经营保险代理业务；

（四）法律、行政法规和国务院保险监督管理机构规定的其他情形。

第八十二条 保险代理人终止保险代理业务活动，应妥善处理债权债务关系，不得损害投保人、被保险人、受益人的合法权益。

第五章 监督检查

第八十三条 国务院保险监督管理机构派出机构按照属地原则负责辖区内保险代理人的监管。

国务院保险监督管理机构派出机构应当注重对辖区内保险代理人的行为监管，依法进行现场检查和非现场监管，并实施行政处罚和采取其他监管措施。

国务院保险监督管理机构派出机构在依法对辖区内保险代理人实施行政处罚和采取其他监管措施时，应当同时依法对该行为涉及的保险公司实施行政处罚和采取其他监管措施。

第八十四条　保险监督管理机构根据监管需要，可以对保险专业代理机构的高级管理人员、省级分公司以外分支机构主要负责人或者保险兼业代理机构的保险代理业务责任人进行监管谈话，要求其就经营活动中的重大事项作出说明。

第八十五条　保险监督管理机构根据监管需要，可以委派监管人员列席保险专业代理公司的股东会或者股东大会、董事会。

第八十六条　保险专业代理公司、保险兼业代理法人机构的分支机构保险代理业务经营管理混乱，从事重大违法违规活动的，保险专业代理公司、保险兼业代理法人机构应当根据保险监督管理机构的监管要求，对分支机构采取限期整改、停业、撤销或者解除保险代理业务授权等措施。

第八十七条　保险监督管理机构依法对保险专业代理机构进行现场检查，主要包括下列内容：

（一）业务许可及相关事项是否依法获得批准或者履行报告义务；

（二）资本金是否真实、足额；

（三）保证金是否符合规定；

（四）职业责任保险是否符合规定；

（五）业务经营是否合法；

（六）财务状况是否真实；

（七）向保险监督管理机构提交的报告、报表及资料是否及时、完整和真实；

（八）内控制度是否符合国务院保险监督管理机构的有关规定；

（九）任用高级管理人员和省级分公司以外分支机构主要负责人是否符合规定；

（十）是否有效履行从业人员管理职责；

（十一）对外公告是否及时、真实；

（十二）业务、财务信息管理系统是否符合国务院保险监督管理机构的有关规定；

（十三）国务院保险监督管理机构规定的其他事项。

保险监督管理机构依法对保险兼业代理机构进行现场检查，主要包括前款规定除第（二）项、第（九）项以外的内容。

保险监督管理机构依法对保险公司是否有效履行对其个人保险代理人的管控职责进行现场检查。

第八十八条 保险监督管理机构依法履行职责，被检查、调查的单位和个人应当配合。

保险监督管理机构依法进行监督检查或者调查，其监督检查、调查的人员不得少于二人，并应当出示合法证件和监督检查、调查通知书；监督检查、调查的人员少于二人或者未出示合法证件和监督检查、调查通知书的，被检查、调查的单位和个人有权拒绝。

第八十九条 保险监督管理机构可以在现场检查中，委托会计师事务所等社会中介机构提供相关服务；保险监督管理机构委托上述中介机构提供服务的，应当签订书面委托协议。

保险监督管理机构应当将委托事项告知被检查的保险专业代理机构、保险兼业代理机构。

第六章 法律责任

第九十条 未取得许可证，非法从事保险代理业务的，由保险监督管理机构予以取缔，没收违法所得，并处违法所得1倍以上5倍以下罚款；没有违法所得或者违法所得不足5万元的，处5万元以上30万元以下罚款。

第九十一条 行政许可申请人隐瞒有关情况或者提供虚假材料申请相关保险代理业务许可或者申请其他行政许可的，保险监督管理机构不予受理或者不予批准，并给予警告，申请人在1年内不得再次申请该行政许可。

第九十二条 被许可人通过欺骗、贿赂等不正当手段取得保险代理业务许可或者其他行政许可的，由保险监督管理机构予以撤销，并依法给予行政处罚；申请人在3年内不得再次申请该行政许可。

第九十三条 保险专业代理机构聘任不具有任职资格的人员的，由保险监督管理机构责令改正，处2万元以上10万元以下罚款；对该机构直接负责的主管人员和其他直接责任人员，给予警告，并处1万元以上10万元以下罚款，情节严重的，撤销任职资格。

保险专业代理机构未按规定聘任省级分公司以外分支机构主要负责人或者未按规定任命临时负责人的，由保险监督管理机构责令改正，给予警告，并处1万元以下罚款；对该机构直接负责的主管人员和其他直接责任人员，给予警告，并处1万元以下罚款。

保险兼业代理机构未按规定指定保险代理业务责任人的，由保险监督管理机构责令改正，给予警告，并处1万元以下罚款；对该机构直接负责的主管人员和其他直接责任人员，给予警告，并处1万元以下罚款。

第九十四条 保险公司、保险专业代理机构、保险兼业代理机构未按规定委托或者聘任个人保险代理人、保险代理机构从业人员，或者未按规定进行执业登记和管理的，由保险监督管理机构责令改正，给予警告，并处1万元以下罚款；对该机构直接负责的主管人员和其他直接责任人员，给予警告，并处1万元以下罚款。

第九十五条 保险专业代理机构、保险兼业代理机构出租、出借或者转让许可证的，由保险监督管理机构责令改正，处1万元以上10万元以下罚款；情节严重的，责令停业整顿或者吊销许可证；对保险专业代理机构直接负责的主管人员和其他直接责任人员，给予警告，并处1万元以上10万元以下罚款，情节严重的，撤销任职资格；对保险兼业代理机构直接负责的主管人员和其他直接责任人员，给予警告，并处1万元以下罚款。

第九十六条 保险专业代理机构、保险兼业代理机构在许可证使用过程中，有下列情形之一的，由保险监督管理机构责令改正，给予警告，没有违法所得的，处1万元以下罚款，有违法所得的，处违法所得3倍以下罚款，但最高不得超过3万元；对该机构直接负责的主管人员和其他直接责任人员，给予警告，并处1万元以下罚款：

（一）未按规定放置许可证的；

（二）未按规定办理许可证变更登记的；

（三）未按规定交回许可证的；

（四）未按规定进行公告的。

第九十七条 保险专业代理机构、保险兼业代理机构有下列情形之一的，由保险监督管理机构责令改正，处2万元以上10万元以下罚款；情节严重的，责令停业整顿或者吊销许可证；对保险专业代理机构直接负责的主管人员和其他直接责任人员，给予警告，并处1万元以上10万元以下罚款，情节严重的，撤销任职资格；对保险兼业代理机构直接负责的主管人员和其他直接责任人员，给予警告，并处1万元以下罚款：

（一）未按照规定缴存保证金或者投保职业责任保险的；

（二）未按规定设立专门账簿记载业务收支情况的。

第九十八条 保险专业代理机构未按本规定设立分支机构或者保险兼业代理分支机构未按本规定获得法人机构授权经营保险代理业务的，由保险监督管理机构责令改正，给予警告，没有违法所得的，处1万元以下罚款，有违法所得的，处违法所得3倍以下的罚款，但最高不得超过3万元；对该机构直接负责的主管人员和其他直接责任人员，给予警告，并处1万元以下罚款。

第九十九条 保险专业代理机构、保险兼业代理机构有下列情形之一的，由保险监督管理机构责令改正，给予警告，没有违法所得的，处1万元以下罚款，有违法所得的，处违法所得3倍以下的罚款，但最高不得超过3万元；对该机构直接负责的主管人员和其他直接责任人员，给予警告，并处1万元以下罚款：

（一）超出规定的业务范围、经营区域从事保险代理业务活动的；

（二）与非法从事保险业务或者保险中介业务的机构或者个人发生保险代理业务往来的。

第一百条 保险专业代理机构、保险兼业代理机构违反本规定第四十三条的，由保险监督管理机构责令改正，给予警告，没有违法所得的，处1万元以下罚款，有违法所得的，处违法所得3倍以下罚款，但最高不得超过3万元；对该机构直接负责的主管人员和其他直接责任人员，给予警告，并处1万元以下罚款。

第一百零一条 保险专业代理机构、保险兼业代理机构违反本规定第五十一条、第五十四条的，由保险监督管理机构责令改正，给予警告，并处1万元以下罚款；对该机构直接负责的主管人员和其他直接责任人员，给予警告，并处1万元以下罚款。

第一百零二条 保险专业代理机构、保险兼业代理机构有本规定第七十条所列情形之一的，由保险监督管理机构责令改正，处5万元以上30万元以下罚款；情节严重的，吊销许可证；对保险专业代理机构直接负责的主管人员和其他直接责任人员，给予警告，并处1万元以上10万元以下罚款，情节严重的，撤销任职资格；对保险兼业代理机构直接负责的主管人员和其他直接责任人员，给予警告，并处1万元以下罚款。

第一百零三条 个人保险代理人、保险代理机构从业人员聘用或者委托其他人员从事保险代理业务的，由保险监督管理机构给予警告，没有违法所得的，处1万元以下罚款，有违法所得的，处违法所得3倍以下罚款，但最高不得超过3万元。

第一百零四条 保险专业代理机构、保险兼业代理机构违反本规定第七十二条的，由保险监督管理机构给予警告，没有违法所得的，处1万元以下罚款，有违法所得的，处违法所得3倍以下罚款，但最高不得超过3万元；对该机构直接负责的主管人员和其他直接责任人员，给予警告，并处1万元以下罚款。

第一百零五条 保险专业代理机构、保险兼业代理机构违反本规定第七十三条、第七十七条的，由保险监督管理机构给予警告，没有违法所得的，处1万元以下罚款，有违法所得的，处违法所得3倍以下罚款，但最高不得超过3万元；对该机构直接负责的主管人员和其他直接责任人员，给予警告，并处1万元以下罚款。

第一百零六条 保险专业代理机构、保险兼业代理机构未按本规定报送或者保管报告、报表、文件、资料的，或者未按照本规定提供有关信息、资料的，由保险监督管理机构责令限期改正；逾期不改正的，处1万元以上10万元以下罚款；对保险专业代理机构直接负责的主管人员和其他直接责任人员，给予警告，并处1万元以上10万元以下罚款，情节严重的，撤销任职资格；对保险兼业代理机构直接负责的主管人员和其他直接责任人员，给予警告，并处1万元以下罚款。

第一百零七条 保险专业代理机构、保险兼业代理机构有下列情形之一的，由保险监督管理机构责令改正，处10万元以上50万元以下罚款；情节严重的，可以限制其业务范围、责令停止接受新业务或者吊销许可证；对保险专业代理机构直接负责的主管人员和其他直接责任人员，给予警告，并处1万元以上10万元以下罚款，情节严重的，撤销任职资格；对保险兼业代理机构直接负责的主管人员和其他直接责任人员，给予警告，并处1万元以下罚款：

（一）编制或者提供虚假的报告、报表、文件或者资料的；

（二）拒绝或者妨碍依法监督检查的。

第一百零八条 保险专业代理机构、保险兼业代理机构有下列情形之一的，由保险监督管理机构责令改正，给予警告，没有违法所得的，处1万元以下罚款，有违法所得的，处违法所得3倍以下罚款，但最高不得超过3万元；对该机构直接负责的主管人员和其他直接责任人员，给予警告，并处1万元以下罚款：

（一）未按规定托管注册资本的；

（二）未按规定建立或者管理业务档案的；

（三）未按规定使用银行账户的；

（四）未按规定进行信息披露的；

（五）未按规定缴纳监管费的；

（六）违反规定代替投保人签订保险合同的；

（七）违反规定动用保证金的；

（八）违反规定开展互联网保险业务的；

（九）从代收保险费中直接扣除保险佣金的。

第一百零九条 个人保险代理人、保险代理机构从业人员违反本规定，依照《保险法》或者其他法律、行政法规应当予以处罚的，由保险监督管理机构依照相关法律、行政法规进行处罚；法律、行政法规未作规定的，由保险监督管理机构给予警告，没有违法所得的，处1万元以下罚款，有违法所得的，处违法所得3倍以下罚款，但最高不得超过3万元。

第一百一十条 保险公司违反本规定，由保险监督管理机构依照法律、行政法规进行处罚；法律、行政法规未作规定的，对保险公司给予警告，没有违法所得的，处1万元以下罚款，有违法所得的，处违法所得3倍以下罚款，但最高不得超过3万元；对其直接负责的主管人员和其他直接责任人员，给予警告，并处1万元以下罚款。

第一百一十一条 违反法律和行政法规的规定，情节严重的，国务院保险监督管理机构可以禁止有关责任人员一定期限直至终身进入保险业。

第一百一十二条 保险专业代理机构的高级管理人员或者从业人员，离职后被发现在原工作期间违反保险监督管理规定的，应当依法追究其责任。

第一百一十三条 保险监督管理机构从事监督管理工作的人员有下列情形之一的，依法给予行政处分；构成犯罪的，依法追究刑事责任：

（一）违反规定批准代理机构经营保险代理业务的；

（二）违反规定核准高级管理人员任职资格的；

（三）违反规定对保险代理人进行现场检查的；

（四）违反规定对保险代理人实施行政处罚的；

（五）违反规定干预保险代理市场佣金水平的；

（六）滥用职权、玩忽职守的其他行为。

第七章 附 则

第一百一十四条 本规定所称保险专业中介机构指保险专业代理机构、保险经纪人和保险公估人。

本规定所称保险中介机构是指保险专业中介机构和保险兼业代理机构。

第一百一十五条 经保险监督管理机构批准经营保险代理业务的外资保险专业代理机构适用本规定，法律、行政法规另有规定的，适用其规定。

采取公司以外的组织形式的保险专业代理机构的设立和管理参照本规定，国务院保险监督管理机构另有规定的，适用其规定。

第一百一十六条 本规定施行前依法设立的保险代理公司继续保留，不完全具备本规定条件的，具体适用办法由国务院保险监督管理机构另行规定。

第一百一十七条 本规定要求提交的各种表格格式由国务院保险监督管理机构制定。

第一百一十八条 本规定中有关“5 日”“10 日”“15 日”“20 日”的规定是指工作日，不含法定节假日。

本规定所称“以上”“以下”均含本数。

第一百一十九条 本规定自 2021 年 1 月 1 日起施行，原中国保监会 2009 年 9 月 25 日发布的《保险专业代理机构监管规定》（中国保险监督管理委员会令 2009 年第 5 号）、2013 年 1 月 6 日发布的《保险销售从业人员监管办法》（中国保险监督管理委员会令 2013 年第 2 号）、2013 年 4 月 27 日发布的《中国保险监督管理委员会关于修改〈保险专业代理机构监管规定〉的决定》（中国保险监督管理委员会令 2013 年第 7 号）、2000 年 8 月 4 日发布的《保险兼业代理管理暂行办法》（保监发〔2000〕144 号）同时废止。

保险销售行为管理办法

（2023 年 9 月 20 日国家金融监督管理总局令
2023 年第 2 号公布　自 2024 年 3 月 1 日起施行）

第一章　总　　则

第一条 为保护投保人、被保险人、受益人的合法权益，规范保险销售行为,统一保险销售行为监管要求,根据《中华人民共和国保险法》《国务院办公厅关于加强金融消费者权益保护工作的指导意见》等法律、行政法规和文件,制定本办法。

第二条 保险公司为订立保险合同所开展的销售行为,保险中介机构、保险销售人员受保险公司委托或者与保险公司合作为订立保险合同所开展的销售行为,应当遵守本办法的规定。

本办法所称保险公司不包括再保险公司。

本办法所称保险中介机构包括:保险代理机构和保险经纪人。保险代理机构包括专业代理机构和兼业代理机构。

本办法所称保险销售人员包括:保险公司中从事保险销售的员工、个人保险代理人及纳入销售人员管理的其他用工形式的人员,保险代理机构中从事保险代理的人员,保险经纪人中从事保险经纪业务的人员。

第三条 除下列机构和人员外,其他机构和个人不得从事保险销售行为:

(一)保险公司和保险中介机构;

(二)保险销售人员。

保险公司、保险中介机构应当为其所属的保险销售人员办理执业登记。

第四条 保险销售行为应当遵循依法合规、平等自愿、公平适当、诚实守信等原则,尊重和保障投保人、被保险人、受益人的合法权益。

第五条 本办法所称保险销售行为包括保险销售前行为、保险销售中行为和保险销售后行为。

保险销售前行为是指保险公司及受其委托或者与其合作的保险中介机构、保险销售人员为订立保险合同创造环境、准备条件、招揽保险合同相对人的行为。

保险销售中行为是指保险公司及受其委托或者与其合作的保险中介机构、保险销售人员与特定相对人为订立保险合同就合同内容进行沟通、商谈,作出要约或承诺的行为。

保险销售后行为是指保险公司及受其委托或者与其合作的保险中介机构、保险销售人员履行依照法律法规和监管制度规定的以及基于保险合同订立而产生的保单送达、回访、信息通知等附随义务的行为。

第六条 保险公司、保险中介机构应当以适当方式、通俗易懂的语言定期向公众介绍保险知识、发布保险消费风险提示,重点讲解保险条款中的专业性词语、集中性疑问、容易引发争议纠纷的行为以及保险消费中的各类风险等内容。

第七条　保险公司、保险中介机构应当按照合法、正当、必要、诚信的原则收集处理投保人、被保险人、受益人以及保险业务活动相关当事人的个人信息，并妥善保管，防止信息泄露；未经该个人同意，保险公司、保险中介机构、保险销售人员不得向他人提供该个人的信息，法律法规规章另有规定以及开展保险业务所必需的除外。

保险公司、保险中介机构应当加强对与其合作的其他机构收集处理投保人、被保险人、受益人以及保险业务活动相关当事人个人信息的行为管控，在双方合作协议中明确其他机构的信息收集处理行为要求，定期了解其他机构执行协议要求情况，发现其他机构存在违反协议要求情形时，应当及时采取措施予以制止和督促纠正，并依法追究该机构责任。

第八条　保险公司、保险中介机构应当履行销售管理主体责任，建立健全保险销售各项管理制度，加强对与其有委托代理关系的保险销售人员身份和保险销售业务真实性管理，定期自查、评估制度有效性和落实情况；应当明确各级机构及其高级管理人员销售管理责任，建立销售制度执行、销售管控和内部责任追究机制，不得违法违规开展保险销售业务，不得利用开展保险销售业务为其他机构或者个人牟取不正当利益。

第九条　具有保险销售业务合作关系的保险公司、保险中介机构应当在相关协议中确定合作范围，明确双方的权利义务。保险公司与保险中介机构的保险销售业务合作关系应当真实，不得通过虚假合作套取费用。

保险中介机构应当依照相关法律法规规定及双方业务合作约定，并以相关业务开展所必需为限，将所销售的保险业务相关信息以及投保人、被保险人、受益人信息如实完整及时地提供给与其具有保险销售业务合作关系的保险公司，以利于保险公司与投保人订立保险合同。

保险公司应当支持与其具有保险销售业务合作关系的保险中介机构为投保人提供专业服务，依照相关法律法规规定及双方业务合作约定，并以相关业务开展所必需为限，将该保险中介机构所销售的保险业务相关保单存续期管理信息如实完整及时地提供给该保险中介机构，以利于该保险中介机构为投保人提供后续服务。

保险公司应当加强对与其具有保险销售业务合作关系的保险中介机构保险销售行为合规性监督，定期了解该保险中介机构在合作范围内的保险销售行为合规情况,发现该保险中介机构在从事保险销售中存在违反法律法规及合作协议要求情形时,应当及时采取措施予以制止和督促纠正,并依法追究该保险中介机构责任。

具有保险销售业务合作关系的保险公司、保险中介机构应当通过技术手段,实现双方业务信息系统的互联互通、数据对接。

第十条 国家金融监督管理总局(以下简称金融监管总局)依据《中华人民共和国保险法》,对保险销售行为履行监督管理职责。

金融监管总局派出机构依据授权对保险销售行为履行监督管理职责。

第二章 保险销售前行为管理

第十一条 保险公司、保险中介机构不得超出法律法规和监管制度规定以及监管机构批准核准的业务范围和区域范围从事保险销售行为。保险销售人员不得超出所属机构的授权范围从事保险销售行为。

第十二条 保险公司、保险中介机构开展保险销售行为,应当具备相应的业务、财务、人员等信息管理系统和核心业务系统,确保系统数据准确、完整、更新及时,并与监管机构要求录入各类监管信息系统中的数据信息保持一致。

第十三条 保险公司应当依法依规制订保险合同条款,不得违反法律法规和监管制度规定,确保保险合同双方权利义务公平合理;按照要素完整、结构清晰、文字准确、表述严谨、通俗易懂等原则制订保险合同条款,推进合同文本标准化。

保险合同及相关文件中使用的专业名词术语,其含义应当符合国家标准、行业标准或者通用标准。

第十四条 保险公司应当按照真实、准确、完整的原则,在其官方网站、官方 APP 等官方线上平台公示本公司现有保险产品条款信息和该保险产品说明。保险产品说明应当重点突出该产品所使用条款的审批或者备案名称、保障范围、保险期间、免除或者减轻保险人责任条款以及保单预期利益等内容。

保险产品条款发生变更的,保险公司应当于变更条款正式实施前更新所对外公示的该保险产品条款信息和该保险产品说明。

保险公司决定停止使用保险产品条款的,除法律法规及监管制度另有规定的外,应当在官方线上平台显著位置和营业场所公告,并在公示的该保险产品条款信息和该保险产品说明的显著位置标明停止使用的起始日期，该起始日期不得早于公告日期。

第十五条 保险公司应当建立保险产品分级管理制度，根据产品的复杂程度、保险费负担水平以及保单利益的风险高低等标准，对本机构的保险产品进行分类分级。

第十六条 保险公司、保险中介机构应当支持行业自律组织发挥优势推动保险销售人员销售能力分级工作，在行业自律组织制定的销售能力分级框架下，结合自身实际情况建立本机构保险销售能力资质分级管理体系，以保险销售人员的专业知识、销售能力、诚信水平、品行状况等为主要标准，对所属保险销售人员进行分级，并与保险公司保险产品分级管理制度相衔接，区分销售能力资质实行差别授权，明确所属各等级保险销售人员可以销售的保险产品。

第十七条 保险公司、保险中介机构应当建立保险销售宣传管理制度，确保保险销售宣传符合下列要求：

（一）在形式上和实质上未超出保险公司、保险中介机构合法经营资质所载明的业务许可范围及区域；

（二）明示所销售宣传的是保险产品；

（三）不得引用不真实、不准确的数据和资料，不得隐瞒限制条件，不得进行虚假或者夸大表述，不得使用偷换概念、不当类比、隐去假设等不当宣传手段；

（四）不得以捏造、散布虚假事实等手段恶意诋毁竞争对手，不得通过不当评比、不当排序等方式进行宣传，不得冒用、擅自使用与他人相同或者近似等可能引起混淆的注册商标、字号、宣传册页；

（五）不得利用监管机构对保险产品的审核或者备案程序，不得使用监管机构为该保险产品提供保证等引人误解的不当表述；

（六）不得违反法律、行政法规和监管制度规定的其他行为。

第十八条 保险销售人员未经授权不得发布保险销售宣传信息。

保险公司、保险中介机构对所属保险销售人员发布保险销售宣传信息的行为负有管理主体责任，对保险销售人员发布的保险销售宣传信息，应当进行事前审核及授权发布；发现保险销售人员自行编发或者转载未经其审核授权发布的保险销售宣传信息的，应当及时予以制止并采取有效措施进行处置。

第十九条 保险公司决定停止销售某一保险产品或者调整某一保险产品价格的,应当在官方线上平台显著位置和营业场所公告,但保险公司在经审批或者备案的费率浮动区间或者费率参数调整区间内调整价格的除外。公告内容应当包括停止销售或者调整价格的保险产品名称、停止销售或者价格调整的起始日期等信息,其中起始日期不得早于公告日期。

前款公告的停止销售或者调整价格的起始日期经过后,保险公司应当按照公告内容停止销售相应保险产品或者调整相应保险产品价格。

在保险公司未就某一保险产品发出停止销售或者调整价格的公告前,保险销售人员不得在保险销售中向他人宣称某一保险产品即将停止销售或者调整价格。

第二十条 保险公司、保险中介机构应当加强保险销售渠道业务管理,落实对保险销售渠道业务合规性的管控责任,完善保险销售渠道合规监督,不得利用保险销售渠道开展违法违规活动。

第三章 保险销售中行为管理

第二十一条 保险公司应当通过合法方式,了解投保人的保险需求、风险特征、保险费承担能力、已购买同类保险的情况以及其他与销售保险产品相关的信息,根据前述信息确定该投保人可以购买本公司保险产品类型和等级范围,并委派合格保险销售人员销售该等级范围内的保险产品。

保险中介机构应当协助所合作的保险公司了解前款规定的投保人相关信息,并按照所合作保险公司确定的该投保人可以购买的保险产品类型和等级范围,委派合格保险销售人员销售该等级范围内的保险产品。

第二十二条 保险公司、保险中介机构销售人身保险新型产品的,应当向投保人提示保单利益的不确定性,并准确、全面地提示相关风险;法律、行政法规和监管制度规定要求对投保人进行风险承受能力测评的,应当进行测评,并根据测评结果销售相适应的保险产品。

第二十三条 保险公司、保险中介机构及其保险销售人员不得使用强制搭售、信息系统或者网页默认勾选等方式与投保人订立保险合同。

前款所称强制搭售是指因保险公司、保险中介机构的原因,致使投保人不能单独就某一个保险产品或者产品组合与保险公司订立保险合同的情形,以及自然人、法人、非法人组织在购买某一非保险类金融产品或者金融服务时,在未被告知保险产品或者保险服务的存在、未被提供自主选择权利行使条件的情况下,被要求必须同时与指定保险公司就指定保险产品订立保险合同的情形。

第二十四条 保险公司、保险中介机构以互联网方式销售保险产品的,应当向对方当事人提示本机构足以识别的名称。

保险销售人员以面对面方式销售保险产品的,应当向对方当事人出示执业证件;以非面对面方式销售保险产品的,应当向对方当事人说明本人姓名、所属保险公司或者保险中介机构全称、本人执业证件编号。

第二十五条 订立保险合同,采用保险公司提供的格式条款的,保险公司或者受其委托及与其合作的保险中介机构、保险销售人员应当在投保人投保前以适当方式向投保人提供格式条款及该保险产品说明,并就以下内容向投保人作出明确提示:

(一)双方订立的是保险合同;

(二)保险合同的基本内容,包括保险产品名称、主要条款、保障范围、保险期间、保险费及交费方式、赔偿限额、免除或者减轻保险人责任的条款、索赔程序、退保及其他费用扣除、人身保险的现金价值、犹豫期、宽限期、等待期、保险合同效力中止与恢复等;

(三)提示投保人违反如实告知义务的后果;

(四)保险公司、保险中介机构服务电话,以及咨询、报案、投诉等的途径方式;

(五)金融监管总局规定的其他提示内容。

保险公司、保险中介机构在销售保险产品时,经投保人同意,对于权利义务简单且投保人在三个月内再次投保同一保险公司的同一保险产品的,可以合理简化相应的提示内容。

第二十六条 订立保险合同时,保险公司及受其委托及与其合作的保险中介机构、保险销售人员应当对免除或者减轻保险人责任的条款,以足以引起投保人注意的文字、字体、符号或者其他明显标志作出提示,并对有关免除保险人责任条款的概念、内容及其法律后果以书面或者口头形式向投保人作出明确的常人能够理解的解释说明。

免除或者减轻保险人责任的条款包括责任免除条款、免赔额、免赔率、比例赔付或者给付等。

第二十七条 订立保险合同,保险公司应当提示投保人履行如实告知义务。

保险公司及受其委托及与其合作的保险中介机构、保险销售人员应当就保险标的或者被保险人的有关情况提出有具体内容的询问，以投保单询问表方式进行询问的，投保单询问表中不得有概括性条款，但该概括性条款有具体内容的除外。

投保人的如实告知义务限于保险公司及受其委托的保险中介机构、保险销售人员询问范围和内容，法律法规另有规定的除外。

第二十八条 保险公司、保险中介机构、保险销售人员在销售保险时，发现投保人具有下列情形之一的，应当建议投保人终止投保：

（一）投保人的保险需求与所销售的保险产品明显不符的；

（二）投保人持续承担保险费的能力明显不足的；

（三）投保人已购买以补偿损失为目的的同类型保险，继续投保属于重复保险或者超额保险的。

投保人不接受终止投保建议，仍然要求订立保险合同的，保险公司、保险中介机构应当向投保人说明有关风险，并确认销售行为的继续是出于投保人的自身意愿。

第二十九条 保险公司、保险中介机构应当按照有关法律法规和监管制度规定，要求投保人以书面或者其他可保存的形式，签署或者确认投保声明、投保提示书、免除或者减轻保险人责任条款的说明等文件，以及监管规定的相关文书材料。通过电话销售保险的，可以以签署投保单或者电话录音等方式确认投保人投保意愿。通过互联网开展保险销售的，可以通过互联网保险销售行为可回溯方式确认投保人投保意愿，并符合监管制度规定。

投保文书材料应当由投保人或者其书面委托的人员以签字、盖章或者其他法律法规认可的方式进行确认。保险销售人员不得代替保险业务活动相关当事人在订立保险合同的有关文书材料中确认。

第三十条 保险公司、保险中介机构应当严格按照经金融监管总局及其派出机构审批或者备案的保险条款和保险费率销售保险产品。

第三十一条 保险公司、保险中介机构应当按照相关监管制度规定，根据不同销售方式，采取录音、录像、销售页面管理和操作轨迹记录等方法，对保险产品销售行为实施可回溯管理。对可回溯管理过程中产生的视听资料及电子资料，应当做好备份存档。

第三十二条 保险公司、保险中介机构应当加强资金管理，建立资金管理机制，严格按照相关规定进行资金收付管理。

保险销售人员不得接受投保人、被保险人、受益人委托代缴保险费、代领退保金、代领保险金，不得经手或者通过非投保人、被保险人、受益人本人账户支付保险费、领取退保金、领取保险金。

第三十三条 投保人投保后，保险销售人员应当将所销售的保险业务相关信息以及投保人、被保险人、受益人信息如实完整及时地提供给其所在的保险公司、保险中介机构，以利于保险公司与投保人订立保险合同。

第四章 保险销售后行为管理

第三十四条 保险公司在核保通过后应当及时向投保人提供纸质或者电子保单，并按照相关政策提供发票。电子保单应当符合国家电子签名相关法律规定。保险公司应当在官方线上平台设置保单查询功能。

第三十五条 保险合同订立后，保险公司应当按照有关监管制度规定，通过互联网、电话等方式对金融监管总局规定的相关保险产品业务进行回访。回访内容包括确认投保人身份和投保信息的真实性、是否完整知悉合同主要内容以及其他应当披露的信息等。在回访中，保险公司工作人员应当如实与投保人进行答问，不得有误导、欺骗、隐瞒等行为，并如实记录回访过程。

保险公司在回访中发现存在销售误导的，应当按照规定及时予以处理。

按照相关监管制度规定，对保险产品销售行为实施可回溯管理，且对有关信息已确认的，可以根据监管规定合理简化回访要求。

第三十六条 保险公司、保险中介机构与其所属的保险销售人员解除劳动合同及其他用工合同或者委托合同，通过该保险销售人员签订的一年期以上的人身保险合同尚未履行完毕的，保险公司、保险中介机构应当在该保险销售人员的离职手续办理完成后的 30 日内明确通知投保人或者被保险人有关该保险销售人员的离职信息、保险合同状况以及获得后续服务的途径，不因保险销售人员离职损害投保人、被保险人合法利益。

保险公司与保险中介机构终止合作，通过该保险中介机构签订的一年期以上的人身保险合同尚未履行完毕的，保险公司应当在与该保险中介机构终止合作后的 30 日内明确通知投保人或者被保险人有关该保险公司与该保险中介机构终止合作的信息、保险合同状况以及获得后续服务的途径，不因终止合作损害投保人、被保险人合法利益。

保险销售人员因工作岗位变动无法继续提供服务的，适用上述条款规定。

第三十七条　保险销售人员离职后、保险中介机构与保险公司终止合作后，不得通过怂恿退保等方式损害投保人合法利益。

保险公司、保险中介机构应当在与保险销售人员签订劳动、劳务等用工合同或者委托合同时，保险公司应当在与保险中介机构签订委托合同时，要求保险销售人员或者保险中介机构就不从事本条第一款规定的禁止性行为作出书面承诺。

第三十八条　行业自律组织应当针对本办法第三十六条、第三十七条的规定建立行业自律约束机制，并督促成员单位及相关人员切实执行。

第三十九条　任何机构、组织或者个人不得违法违规开展保险退保业务推介、咨询、代办等活动，诱导投保人退保，扰乱保险市场秩序。

第四十条　保险公司应当健全退保管理制度，细化各项保险产品的退保条件标准，优化退保流程，不得设置不合法不合理的退保阻却条件。

保险公司应当在官方线上平台披露各项保险产品的退保条件标准和退保流程时限，并在保险合同签订前明确提示投保人该保险产品的退保条件标准和退保流程时限。

保险公司应当设立便捷的退保渠道，在收到投保人的退保申请后，及时一次性告知投保人办理退保所需要的全部材料。

第四十一条　保险公司、保险中介机构应当建立档案管理制度，妥善保管业务档案、会计账簿、业务台账、人员档案、投保资料以及开展可回溯管理产生的视听资料、电子数据等档案资料，明确管理责任，规范归档资料和数据的保管、保密和调阅程序。档案保管期限应当符合相关法律法规及监管制度规定。

第五章　监督管理

第四十二条　保险公司、保险中介机构应当按照金融监管总局及其派出机构的规定，记录、保存、报送有关保险销售的报告、报表、文件和资料。

第四十三条　违反本办法第三条、第三十九条规定的，由金融监管总局及其派出机构依照《中华人民共和国保险法》等法律法规和监管制度的相关规定处理。

第四十四条　保险公司、保险中介机构、保险销售人员违反本办法规定和金融监管总局关于财产保险、人身保险、保险中介销售管理的其他相关规定,情节严重或者造成严重后果的,由金融监管总局及其派出机构依照法律、行政法规进行处罚;法律、行政法规没有规定的,金融监管总局及其派出机构可以视情况给予警告或者通报批评,处以一万元以上十万元以下罚款。

第四十五条 保险公司、保险中介机构违反本办法规定和金融监管总局关于财产保险、人身保险、保险中介销售管理的其他相关规定,情节严重或者造成严重后果的,金融监管总局及其派出机构除分别依照本办法有关规定对该单位给予处罚外,对其直接负责的主管人员和其他直接责任人员依照法律、行政法规进行处罚;法律、行政法规没有规定的,金融监管总局及其派出机构对其直接负责的主管人员和其他直接责任人员可以视情况给予警告或者通报批评,处以一万元以上十万元以下罚款。

第四十六条 违反本办法第三十六条、第三十七条规定的,金融监管总局及其派出机构可以视情况予以通报并督促行业自律组织对相关人员、保险公司、保险中介机构给予行业自律约束处理。

第六章 附 则

第四十七条 保险公司、保险中介机构开展保险销售行为,除遵守本办法相关规定外,应当符合法律法规和金融监管总局关于财产保险、人身保险、保险中介销售管理的其他相关规定。

第四十八条 相互保险组织、外国保险公司分公司、保险集团公司适用本办法。

第四十九条 本办法由金融监管总局负责解释。

第五十条 本办法自2024年3月1日起施行。

反保险欺诈工作办法

(2024 年 7 月 22 日国家金融监督管理总局印发
金规〔2024〕10 号)

第一章 总 则

第一条 为防范和化解保险欺诈风险,提升保险行业全面风险管理能力,保护保险活动当事人合法权益,维护市场秩序,促进行业高质量发展,根据《中华人民共和国保险法》《中华人民共和国刑法》等法律法规,结合行业发展现状,制定本办法。

第二条 本办法所称保险欺诈(以下简称欺诈)是指利用保险合同谋取非法利益的行为,主要包括故意虚构保险标的,骗取保险金;编造未曾发生的保险事故、编造虚假的事故原因或者夸大损失程度,骗取保险金;故意造成保险事故,骗取保险金的行为等。

本办法所称保险欺诈风险(以下简称欺诈风险)是指欺诈实施者进行欺诈活动,给保险活动当事人及社会公众造成经济损失或其他损害的风险。

第三条 反欺诈工作目标是建立"监管引领、机构为主、行业联防、各方协同"四位一体的工作体系,反欺诈体制机制基本健全,欺诈违法犯罪势头有效遏制,行业欺诈风险防范化解能力显著提升,消费者反欺诈意识明显增强。

第四条 保险机构应建立全流程欺诈风险管理体系,逐步健全事前多方预警、事中智能管控、事后回溯管理的工作流程。

行业组织应按照职责分工充分发挥大数据和行业联防在打击欺诈违法犯罪中的作用,加强反欺诈智能化工具有效应用,健全行业欺诈风险监测、预警、处置流程,为监管部门、公安司法机关和保险机构反欺诈工作提供支持。

第五条 保险机构和行业组织应按照职责分工统筹网络安全、数据安全与创新发展，依法履行安全保护义务，完善管理制度，加强网络安全和数据安全防护，保障必要的人员和资源投入，采取网络安全、数据安全管理和技术措施，确保反欺诈信息系统安全可控运行。

第六条　保险机构应将消费者权益保护作为反欺诈工作的出发点和落脚点，不断提升保险服务质效，引导保险中介机构、第三方外包服务商、消费者等依法合规、诚实守信参与保险活动，营造良好保险市场秩序，切实保护消费者合法权益。

第二章　反欺诈监督管理

第七条　金融监管总局及其派出机构依法对欺诈风险管理工作实施监管。

第八条　金融监管总局及其派出机构应建立反欺诈监管框架，健全反欺诈监管制度，加强对保险机构和行业组织反欺诈工作指导，推动与公安司法机关、相关行业主管部门及地方政府职能部门的沟通协作和信息交流，加强反欺诈跨境合作。

第九条　金融监管总局及其派出机构应指导保险机构开展以下工作：

（一）建立健全欺诈风险管理体系；

（二）防范和应对欺诈风险；

（三）参与反欺诈行业协作；

（四）开展反欺诈宣传教育。

第十条　金融监管总局及其派出机构定期对保险机构欺诈风险管理体系的健全性和有效性进行检查和评价，主要包括：

（一）对反欺诈监管规定的执行情况；

（二）内部欺诈风险管理制度的制定情况；

（三）欺诈风险管理组织架构的建立和人员履职情况；

（四）欺诈风险管理流程的完备性、可操作性和运行情况；

（五）欺诈风险管理信息系统的建设和运行情况；

（六）反欺诈协作情况；

（七）欺诈风险和案件处置情况；

（八）反欺诈培训和宣传教育情况；

（九）网络安全、数据安全和个人信息保护情况。

第十一条　金融监管总局及其派出机构通过监管评价、风险提示、通报、约谈等方式对保险机构欺诈风险管理进行持续性监管。保险机构违反本办法规定，造成不良后果的，由金融监管总局及其派出机构依据《中华人民共和国保险法》等法律法规采取监管措施或者予以行政处罚。

第十二条　金融监管总局指导银保信公司、保险业协会、保险学会等行业组织深入开展行业合作，构建行业内外数据共享和欺诈风险信息互通机制，强化风险处置协作，联合开展打击欺诈的行业行动，组织反欺诈宣传教育，深化理论研究和学术交流，协同推进反欺诈工作。

金融监管总局派出机构应指导地方保险行业协会、保险机构及其分支机构根据实际情况健全反欺诈组织，可设立或与公安机关共同成立反欺诈中心、反欺诈办公室等。

第三章　保险机构欺诈风险管理

第十三条　保险机构应承担欺诈风险管理的主体责任，建立健全欺诈风险管理制度和机制，规范操作流程，完善信息系统，稳妥处置欺诈风险，加强行业协作，开展反欺诈交流培训、宣传教育，履行报告义务。

第十四条　保险机构欺诈风险管理体系应包括以下基本要素：

（一）董事会、监事会（监事）或履行监事会职责的专业委员会、管理层的有效监督和管理；

（二）与业务性质、规模和风险特征相适应的制度机制；

（三）欺诈风险管理组织架构和流程设置；

（四）职责、权限划分和考核问责机制；

（五）欺诈风险识别、计量、评估、监测和处置程序；

（六）内部控制和监督机制；

（七）欺诈风险管理信息系统；

（八）反欺诈培训和人才队伍建设；

（九）反欺诈宣传教育；

（十）反欺诈协作机制参与和配合；

（十一）诚实守信和合规文化建设。

第十五条　保险机构应在综合考虑业务发展、技术更新及市场变化等因素的基础上定期对欺诈风险管理体系有效性进行评价，并根据评价结果判断相关策略、制度和程序是否需要更新和修订。

保险机构应当于每年一季度向金融监管总局或其派出机构报送上一年

度欺诈风险管理体系有效性评价报告。保险机构省级分支机构按照属地派出机构的要求报送欺诈风险管理体系有效性评价报告。

第十六条 保险机构应制定欺诈风险管理制度，明确董事会、监事会（监事）或履行监事会职责的专业委员会、管理层、欺诈风险管理负责人和反欺诈职能部门在欺诈风险管理中的作用、职责及报告路径，规范操作流程，严格考核、问责制度执行。

第十七条 保险机构应合理确定各项业务活动和管理活动的欺诈风险控制点，明确欺诈风险管理相关事项的审核部门和审批权限，执行标准统一的业务流程和管理流程，将欺诈风险管控覆盖到各关键业务单元，强化承保端和理赔端风险信息核验，提升理赔质效。

保险机构应加强诚信教育与合规文化建设，健全人员选任和在岗履职检查机制，加强员工行为管理，开展从业人员异常行为排查，严防内部人员欺诈。

保险机构应审慎选择保险中介业务合作对象或与业务相关的外包服务商，加强反欺诈监督。

第十八条 保险机构应建立欺诈风险识别机制，对关键业务单元面临的欺诈风险及风险发生的可能性和危害程度进行评估，选择合适的风险处置策略和工具，控制事件发展态势、弥补资产损失，妥善化解风险。

第十九条 保险机构应建立欺诈风险管理信息系统或将现有信息系统嵌入相关功能，做好业务要素数据内部标准与行业标准衔接，确保欺诈风险管理相关数据的真实、完整、准确、规范。

保险机构应依法处理和使用消费者个人信息和行业数据信息，保证数据安全性和完备性。

第二十条 保险机构应将反欺诈宣传教育纳入消费者日常教育与集中教育活动，建立多元化反欺诈宣传教育渠道，通过官方网站、移动互联网应用程序、营业场所等开展反欺诈宣传，提高消费者对欺诈的认识，增强消费者防范欺诈的意识和能力。

第二十一条 保险机构发现欺诈线索可能涉及其他保险机构的，应报请银保信公司或地方保险行业协会和反欺诈组织对欺诈线索进行核查与串并。

保险机构应建立健全欺诈线索协查机制，积极配合行业组织开展线索串并、风险排查、案件处置等工作。

保险机构应建立激励机制，对在举报、调查、打击欺诈违法犯罪中成效突出的单位和人员进行表彰奖励。

第二十二条　保险机构开展农业保险、首台(套)重大技术装备保险、重点新材料首批次应用保险等由财政部门给予保险费补贴的险种,应单独就欺诈风险开展持续性评估,并根据结果合理制定欺诈风险管理措施。

保险机构应加强对协助办理业务机构的监督,不得以虚假理赔、虚列费用、虚假退保或者截留、挪用保险金、挪用经营经费等方式冲销投保人应缴的保险费或者财政给予的保险费补贴。禁止任何单位和个人挪用、截留、侵占保险机构应赔偿被保险人的保险金。

第二十三条　保险机构收到投保人、被保险人或者受益人的理赔或者给付保险金的请求后,应依照法律法规和合同约定及时作出处理,没有确凿证据或线索的,不得以涉嫌欺诈为借口拖延理赔、无理拒赔。

第四章　反欺诈行业协作

第二十四条　保险业协会应在金融监管总局指导下发挥行业自律和协调推动作用,承担以下职责:

(一)建立反欺诈联席会议制度,定期召开联席会议协调推动行业反欺诈工作;

(二)建立反欺诈专业人才库,组织开展反欺诈交流培训;

(三)组织开展反欺诈专题教育和公益宣传活动;

(四)加强与其他行业、自律组织或国际反欺诈组织的交流合作;

(五)组织开展反欺诈课题研究;

(六)每年一季度向金融监管总局书面报告上一年度反欺诈工作情况;

(七)其他应承担的反欺诈工作。

第二十五条　银保信公司等应在金融监管总局及其派出机构指导下充分发挥大数据平台集中管理优势,探索建立多险种的行业反欺诈信息平台、反欺诈情报中心等基础设施,对行业欺诈风险进行监测分析,对欺诈可疑数据进行集中筛查,对发现的欺诈线索交由地方保险行业协会和反欺诈组织、保险机构进行核查。涉嫌犯罪的,及时向公安机关报案。

金融监管总局派出机构、地方保险行业协会和反欺诈组织可参照上述模式组织开展辖内大数据反欺诈工作。

第二十六条　地方保险行业协会和反欺诈组织应在金融监管总局派出机构指导下,秉承“服务、沟通、协调、自律”的工作方针,承担以下职责:

（一）建立辖内反欺诈合作机制；

（二）发布辖内欺诈风险提示、警示，探索建立辖内欺诈风险指标体系；

（三）组织协调辖内保险机构配合银保信公司等开展欺诈线索核查、串并工作，完善案件调查、移交立案、证据调取等相关机制；

（四）探索建立地方反欺诈信息平台，为辖内欺诈风险分析与预警提供信息数据支持，针对区域性欺诈线索组织开展排查、研判，配合公安机关打击工作；

（五）加强与其他主管部门或自律组织的反欺诈合作与协调，加强数据和信息共享，为反欺诈工作提供便利；

（六）组织开展辖内反欺诈专题教育和公益宣传活动；

（七）建立辖内反欺诈专业人才库和案例库，组织开展反欺诈交流培训；

（八）每年一季度向属地派出机构书面报告上一年度反欺诈工作情况；

（九）其他应承担的反欺诈工作。

第二十七条 银保信公司、地方保险行业协会和反欺诈组织、保险机构等应严格遵守个人信息保护法律法规，加强个人信息全生命周期管理，建立信息收集、存储、使用、加工、传输、提供、删除等制度机制，明确信息使用用途和信息处理权责，严格管控信息使用的范围和权限。未经信息主体授权或法律法规许可，任何机构不得以书面形式、口头形式或者其他形式对外公开、提供个人信息。

第二十八条 银保信公司、地方保险行业协会和反欺诈组织、保险机构等应定期就反欺诈信息系统建设、欺诈指标和监测模型设计、欺诈案件调查、典型案例分享等方面开展交流和合作。

第五章　反欺诈各方协同

第二十九条 金融监管总局及其派出机构应建立健全与公安机关、人民检察院、人民法院之间反欺诈行政执法与刑事司法衔接机制，在统一法律适用、情况通报、信息共享、信息发布、案件移送、调查取证、案件会商、司法建议等方面加强合作。

第三十条 金融监管总局及其派出机构发现欺诈违法事实涉嫌犯罪的，应根据行政执法机关移送涉嫌犯罪案件的相关规定，及时将案件线索移送公安机关，并将案件移送书抄送同级人民检察院。涉嫌公职人员职务犯罪的，及时移送纪检监察机关。

金融监管总局及其派出机构应加强与公安机关、人民检察院执法联动，针对重点领域、新型、重大欺诈案件，开展联合打击或督办。

第三十一条　金融监管总局及其派出机构应建立健全与市场监管、司法行政、医疗保障等部门的协作机制，在信息共享、通报会商、线索移送、交流互训、联合执法等方面加强合作。

第三十二条　金融监管总局及其派出机构应加强与地方政府职能部门的协调联动，推动建立反欺诈常态化沟通机制，及时通报重要监管信息、重点风险线索和重大专项行动，加强信息共享和执法协作。

第三十三条　金融监管总局及其派出机构应加强反欺诈跨境合作，建立健全跨境交流与合作的框架体系，指导行业组织加强与境外反欺诈组织的沟通联络，在跨境委托调查、信息查询通报、交流互访等方面开展反欺诈合作。

第六章　附　　则

第三十四条　本办法所称保险机构，是指经金融监管总局及其派出机构批准设立的保险公司、相互保险组织及其分支机构。保险集团(控股)公司、再保险公司、保险专业中介机构和其他具有反欺诈职能的机构根据自身经营实际和风险特点参照本办法开展反欺诈相关工作。

第三十五条　保险机构欺诈风险管理体系有效性评价方法和指标另行规定。

第三十六条　本办法由金融监管总局负责解释、修订。

第三十七条　本办法自2024年8月1日起施行，《中国保监会关于印发〈反保险欺诈指引〉的通知》(保监发〔2018〕24号)同时废止。